GUIDE ÉLECTORAL

PRATIQUE

A L'USAGE

DES ÉLECTEURS, DES MAIRES, DES JUGES DE PAIX

ET DES CONSEILS DE PRÉFECTURE

CONTENANT UN APPENDICE SPÉCIAL A L'ALGÉRIE

PAR

EDMOND REISSER

VICE-PRÉSID. DU CONSEIL DE PRÉFECTURE
DE LA LOZÈRE

GASTON RIDEL

CONSEILLER DE PRÉFECTURE
DE LA LOZÈRE

BERGER-LEVRAULT ET Cie, ÉDITEURS

PARIS
5, RUE DES BEAUX-ARTS

NANCY
18, RUE DES GLACIS

1901

$I_{\cdot}e\,^{8}_{232}$

GUIDE ÉLECTORAL

PRATIQUE

BIBLIOTHÈQUE NATIONALE — R.F. — IMPRIMÉS

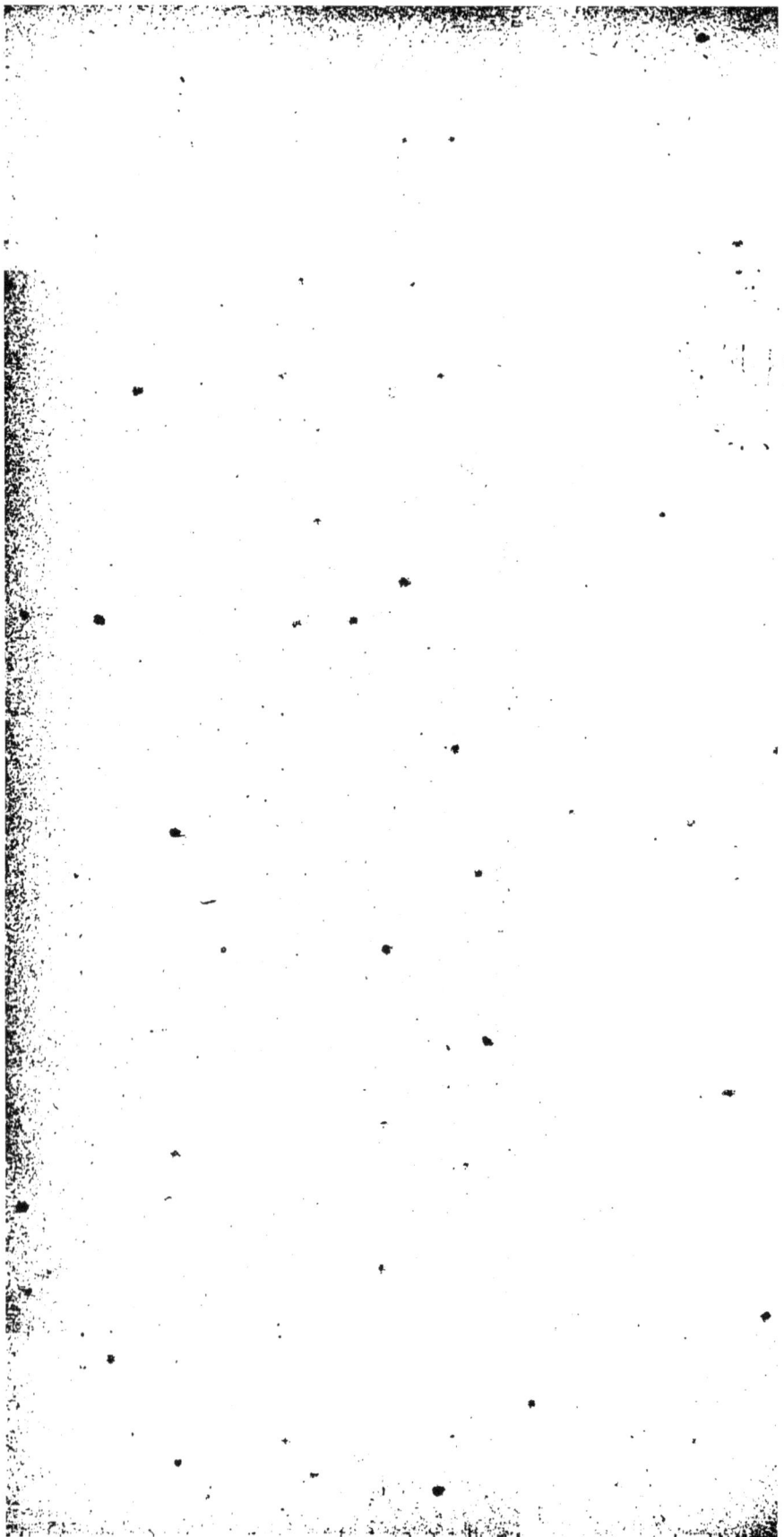

GUIDE ÉLECTORAL

PRATIQUE

A L'USAGE

DES ÉLECTEURS, DES MAIRES, DES JUGES DE PAIX
ET DES CONSEILS DE PRÉFECTURE

CONTENANT UN APPENDICE SPÉCIAL A L'ALGÉRIE

PAR

EDMOND REISSER	GASTON RIDEL
ICE-PRÉSID. DU CONSEIL DE PRÉFECTURE	CONSEILLER DE PRÉFECTURE
DE LA LOZÈRE	DE LA LOZÈRE

BERGER-LEVRAULT ET Cie, ÉDITEURS

PARIS	NANCY
5, RUE DES BEAUX-ARTS	18, RUE DES GLACIS

1901

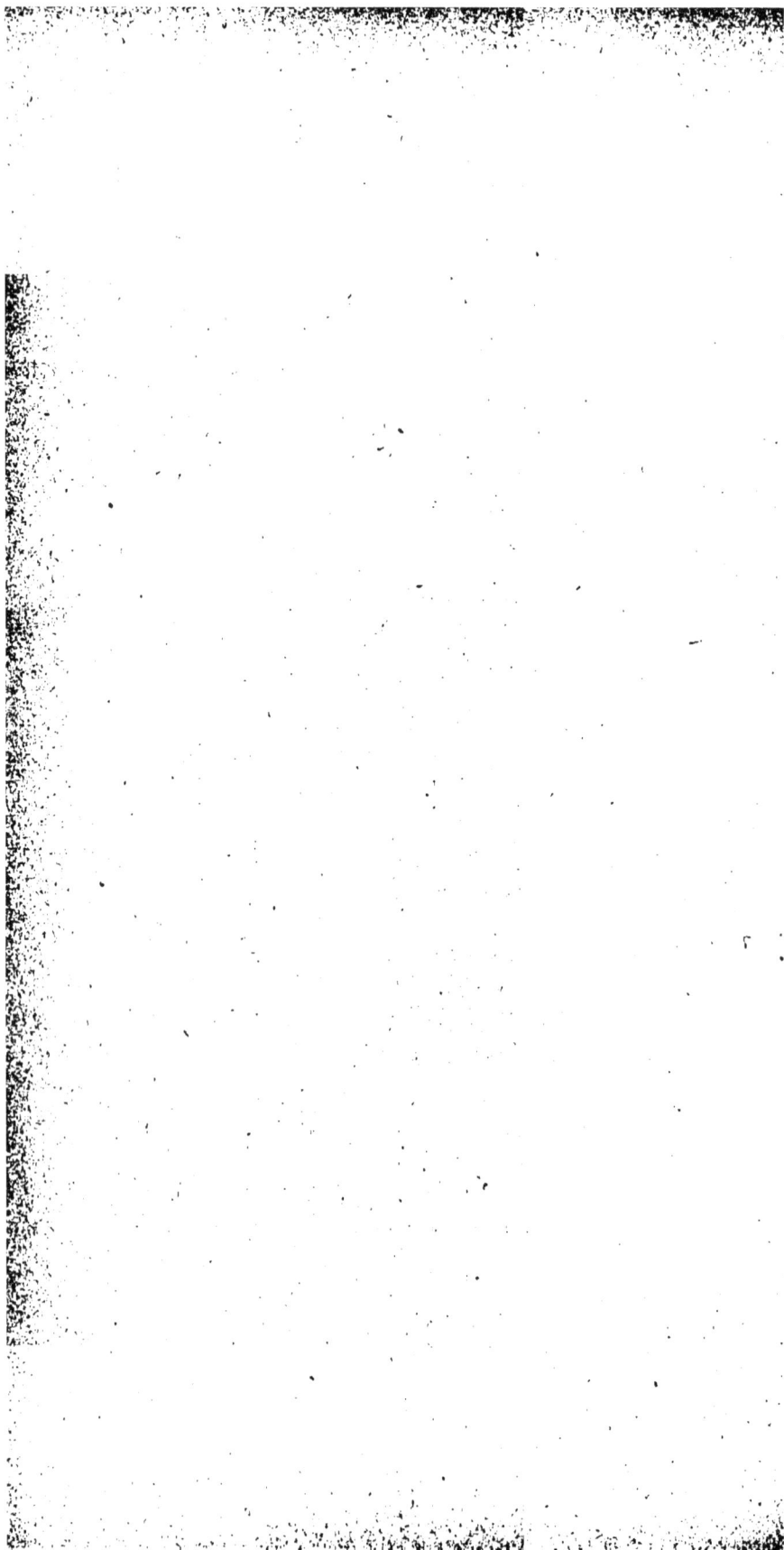

AVANT-PROPOS

Ce livre contient deux parties : la première traite des opérations préliminaires, la seconde des élections municipales proprement dites. Nous nous sommes efforcés, dans ce guide pratique, de présenter d'une façon claire la marche générale des opérations, de faire la division précise des fonctions et de limiter exactement les droits et les devoirs de chacun depuis la confection de la liste jusqu'à la nomination des maires et adjoints. Sous les principes généraux que nous avons essayé de dégager, les tribunaux compétents, les municipalités et les électeurs trouveront la solution des principales espèces souvent très complexes.

Les dissertations purement théoriques et sans intérêt immédiat pour la mise en œuvre du droit électoral ont été volontairement évitées : Nous nous sommes bornés à signaler, par quel-

ques discussions rapides, les points où la jurisprudence nous semblait moins certaine quant
aux principes juridiques et plus flottante dans
ses décisions; on en retiendra, notamment en
ce qui concerne les nullités, la fixation de certains délais, la nécessité rigoureuse d'observer
strictement la loi ou les prescriptions administratives.

L'ouvrage se termine par un appendice re-
latif aux élections municipales en Algérie où la
loi du 5 avril 1884 est applicable, avec certaines modifications.

Mende, 1901.

TABLE MÉTHODIQUE DES MATIÈRES

PREMIÈRE PARTIE

OPÉRATIONS PRÉLIMINAIRES — LA LISTE ÉLECTORALE
SA REVISION — SON CONTENTIEUX

TITRE Ier

EXERCICE DE L'ÉLECTORAT

TITRE II

DEUXIÈME PARTIE

ÉLECTIONS PROPREMENT DITES

TITRE Ier

ÉLIGIBILITÉ AU CONSEIL MUNICIPAL

TITRE II

COMPOSITION ET RENOUVELLEMENT DES CONSEILS MUNICIPAUX

TITRE III

PÉRIODE ÉLECTORALE

TITRE IV

LE VOTE

TITRE V

TITRE VI

TITRE VII

APPENDICE

DOCUMENTS LÉGISLATIFS

BIBLIOTHÈQUE NATIONALE
R.F.
IMPRIMÉS

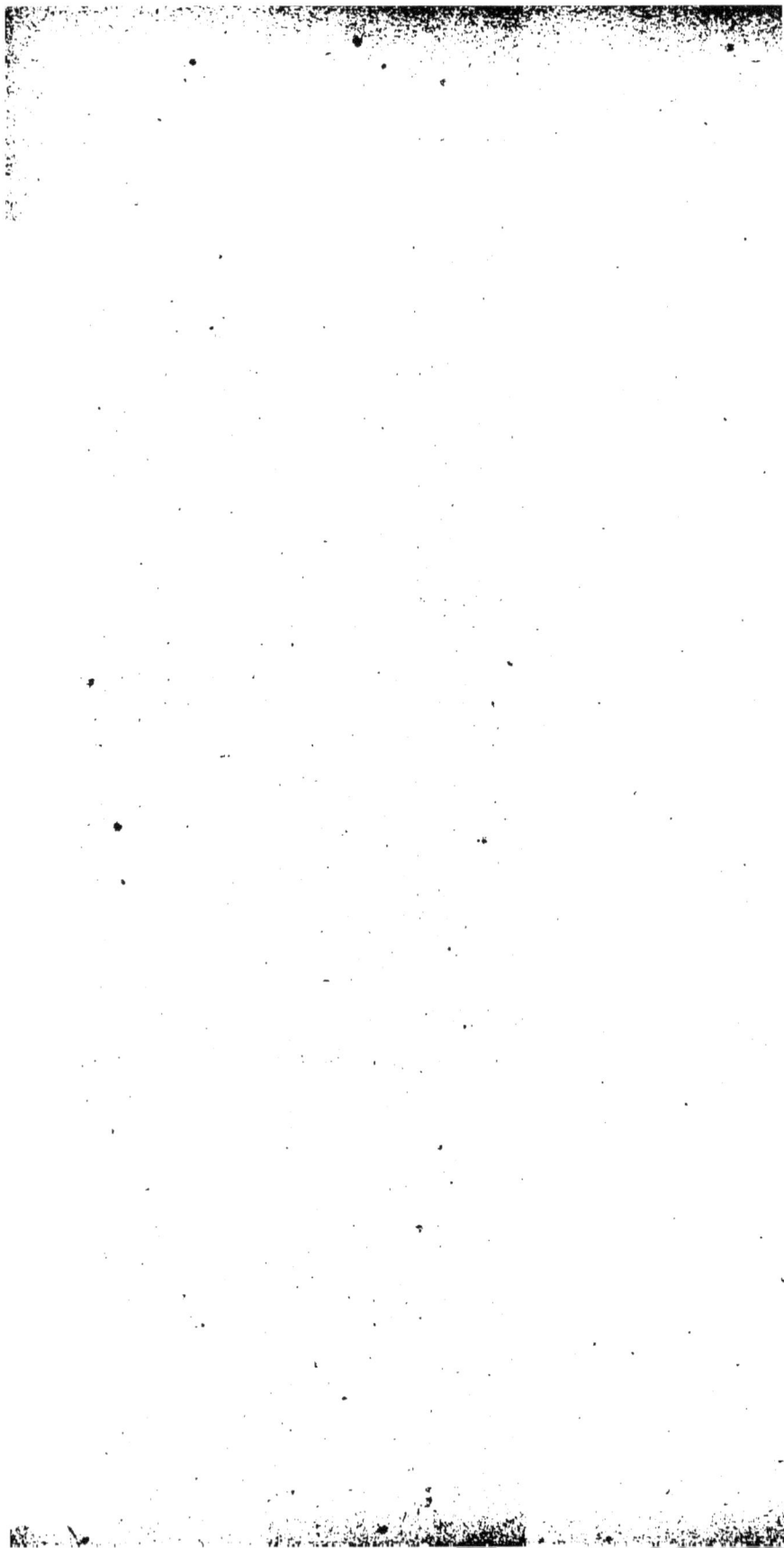

GUIDE ÉLECTORAL

PRATIQUE

––––––––––––– ⚬ –––––––––––––

PREMIÈRE PARTIE

**OPÉRATIONS PRÉLIMINAIRES — LA LISTE ÉLECTORALE
SA REVISION — SON CONTENTIEUX**

––––––––––

TITRE Iᵉʳ

EXERCICE DE L'ÉLECTORAT

––––––––––

Tout citoyen qui veut exercer son droit de vote dans une commune, doit :

a) *Être électeur ;*

b) *Être inscrit* sur la liste électorale de cette commune.

Nous allons examiner successivement les conditions requises pour être électeur, et pour être inscrit sur la liste d'une commune.

––––––––––

CHAPITRE Ier

(Art. 14-2 loi du 5 avril 1884. — C. cass. 10 août 1885; 21 mars 1893)

Est électeur :

I. Tout Français, c'est-à-dire :

a) Tout individu né d'un Français, en France ou à l'étranger (art. 8-1, C. c.). L'enfant naturel dont la filiation est établie, pendant la minorité, par reconnaissance ou par jugement, suit la nationalité de celui des parents à l'égard duquel la preuve a d'abord été faite. Si elle résulte, pour le père et la mère, du même acte ou du même jugement, l'enfant suivra la nationalité du père (art. 8-4, C. c.).

b) Tout individu né en France de parents inconnus ou dont la nationalité est inconnue (art. 8-2, C. c.).

c) Tout individu né en France de parents étrangers dont l'un y est lui-même né, sauf la faculté pour cet individu, si c'est la mère qui est née en France, de décliner dans l'année qui suivra sa majorité la qualité de Français.

Quant aux enfants naturels, ils pourront, aux mêmes conditions que l'enfant légitime, décliner la qualité de Français, lorsque le parent qui est né en France n'est pas celui dont il devrait, aux termes du paragraphe 1-2 de l'article 8, suivre la nationalité, c'est-à-dire celui des parents à l'égard duquel la preuve a d'abord été faite (art. 8-3, C. c.).

d) Tout individu naturalisé à la suite d'une demande. Peuvent être naturalisés :

    I. Les étrangers qui ont obtenu l'autorisation de fixer leur domicile en France, après trois ans de domicile à dater de l'enregistrement de leur demande au **ministère de la justice;**

II. Les étrangers qui peuvent justifier d'une résidence non interrompue pendant dix années. Est assimilé à la résidence en France, le séjour en pays étranger pour l'exercice d'une fonction conférée par le gouvernement français ;

III. Les étrangers admis à fixer leur domicile en France après un an, s'ils ont rendu des services importants, etc. ;

IV. L'étranger qui a épousé une Française après une année de domicile autorisé (art. 8-5, C. c.).

e) Tout individu naturalisé par le bienfait de la loi, c'est :

I. L'individu né en France d'un étranger et qui, à l'époque de sa majorité, y est domicilié. Il peut, dans l'année qui suit sa majorité, telle qu'elle est réglée par la loi française, décliner la qualité de Français en prouvant qu'il a conservé la nationalité de ses parents par une attestation en due forme de son gouvernement, laquelle demeurera annexée à la déclaration, et en produisant, s'il y a lieu, un certificat constatant qu'il a répondu à l'appel sous les drapeaux conformément à la loi militaire de son pays, sauf les exceptions prévues aux traités (art. 8-4, C. c.) ;

II. L'individu né en France d'un étranger et qui n'y est pas domicilié à l'époque de sa majorité. Il peut encore, jusqu'à l'âge de 22 ans accomplis, faire sa soumission de fixer en France son domicile et, s'il l'y établit dans l'année à compter de l'acte de soumission, réclamer la qualité de Français par une déclaration qui sera, à peine de nullité, enregistrée au ministère de la justice. Cet individu devient Français si, porté sur le tableau de recensement, il prend part aux opérations de recrutement sans opposer son extranéité (art. 9 *in fine*, C. c.) ;

III. L'individu né en France ou à l'étranger de pa-

rents dont l'un a perdu la qualité de Français : il
pourra réclamer cette qualité à tout âge en se conformant aux formalités prescrites à l'article 9 du Code
civil, à moins que, domicilié en France et appelé sous
les drapeaux lors de sa majorité, il n'ait revendiqué la
qualité d'étranger (art. 10, C. c.) ;

IV. L'enfant majeur de l'étranger naturalisé : il peut
obtenir la qualité de Français sans condition de stage,
soit par le décret qui confère cette qualité au père ou
à la mère, soit comme conséquence de la déclaration
qu'il fera dans les termes et sous les conditions de
l'article 9 du Code civil (art. 12-2 et 3, C. c.) ;

V. L'enfant mineur d'un père et d'une mère survi-
vant qui se fait naturaliser Français, à moins que,
dans l'année qui suivra cette majorité, il ne décline
cette qualité en se conformant aux conditions de l'article 8-4 du Code civil (art. 9-8, C. c.) ;

VI. Le descendant des familles proscrites lors de la
révocation de l'édit de Nantes (art. 4, loi 26 juin 1889).

f) Tout individu naturalisé par le fait de l'annexion à la
France d'un territoire étranger ; mais il s'agit seulement de
l'individu appartenant à la nationalité du pays annexé (C. cass.
22 mai 1865).

Preuve de la qualité de Français.

1° Quand cette nationalité est « acquise », la preuve
se fait par les documents de naturalisation ;

2° Lorsqu'elle résulte pour l'enfant de sa naissance
en France d'un étranger qui y est né ou d'un Français
qui lui-même y est né, la preuve s'infère de l'établissement de sa naissance après la loi du 7 février 1851

reproduite par l'article 8-3 du Code civil, ou bien par l'établissement de ce fait que ses père et mère ou l'un d'eux sont nés en France.

La jurisprudence admet encore que quiconque se prétend Français d'origine peut invoquer la possession d'état et la justifier par la preuve testimoniale ; que la naissance en France, lorsqu'elle est vérifiée, laisse présumer la possession de la qualité de Français : la vérification peut résulter d'un acte de naissance en France (C. cass. 11 mars 1863), même s'il n'indique pas la localité (C. cass. 16 mars 1865), d'un acte de mariage (C. cass. 30 mars 1863), d'un certificat de libération du service militaire (C. cass. 24 mars 1863), d'un passeport (C. cass. 15 juin 1864), etc., etc.

Nota. — La justification de la qualité de Français doit avoir lieu au moment de la demande d'inscription sur la liste électorale. S'il y a contestation, il est statué par la commission municipale, sauf recours devant le juge de paix, juge d'appel des décisions de ladite commission (art. 22, décret organique 2 février 1852). Si l'on soulève non seulement une simple difficulté, mais une question d'état, le juge de paix renverra à se pourvoir devant le tribunal civil.

II. **Agé de vingt et un ans accomplis le 31 mars,** jour de la clôture de la liste (art. 5 du décret organique du 2 février 1852 ; art. 5 de la loi du 7 juillet 1874 ; art. 14 de la loi du 5 avril 1884 ; circul. ministérielle du 30 novembre 1884 ; C. cass. 22 janvier 1895).

Preuve de la majorité requise.

La preuve est exigée de celui qui réclame l'inscription et se fait en suivant la même procédure qu'en matière de nationalité.

L'acte de naissance est la preuve de droit commun ; les extraits des actes de naissance nécessaires pour établir l'âge des électeurs sont délivrés gratuitement sur papier libre à tout réclamant ; ils portent en tête de leur texte l'énonciation de leur destination spéciale et ne peuvent servir à une destination différente (art. 24 du décret organique du 2 février 1852).

L'acte de naissance se supplée par une autre pièce, un contrat de mariage par exemple.

L'acte de baptême, la preuve testimoniale, et le serment ne suffisent pas pour établir la majorité requise (C. cass. 28 novembre 1874, 1er décembre 1874).

III. Jouissant des droits civils et politiques. — Les incapacités électorales sont perpétuelles ou temporaires.

Les incapacités temporaires sont fixées à l'origine pour un temps limitativement déterminé, indépendamment de la durée de la peine principale.

Les incapacités perpétuelles ne peuvent disparaître que pour l'une des causes extraordinaires énumérées plus loin : elles sont perpétuelles.

Incapacités perpétuelles.

Ce sont celles qui résultent :

a) De condamnations à des peines afflictives et infamantes ou à des peines infamantes seulement (art. 15, § 1er, du décret organique du 2 février 1852).

b) De condamnations correctionnelles interdisant le droit de vote et d'élection, par application des lois qui autorisent cette interdiction (art. 15-2).

c) De condamnations à l'emprisonnement pour crime, par application de l'article 463 du Code pénal (art. 15-3).

d) De condamnations à trois mois de prison par application de l'article 423 du Code pénal et de l'article 1er de la loi du 27 mars 1851 (art. unique, loi du 24 janvier 1889).

e) De condamnations pour vol, escroquerie, abus de confiance, *soustraction commise par les dépositaires de deniers publics ou attentat aux mœurs prévu par les articles* 330 et 336 du Code pénal, quelle que soit la durée de l'emprisonnement (art. 15-5).

f) De condamnations pour outrage à la morale publique ou *religieuse ou aux bonnes mœurs et pour attaque contre le* principe de la propriété et des droits de famille, par application de l'article 8 de la loi du 17 mai 1819 et de l'article 3 du décret du 11 août 1848 (art. 15-6).

g) De condamnations à plus de trois mois d'emprisonnement, *en vertu des articles* 31, 33, 34, 35, 36, 38, 39, 40, 41, 42, 45, 46 du décret du 2 février 1852 (art. 15-7).

h) Des jugements ou décisions judiciaires emportant la destitution pour les notaires, greffiers et officiers ministériels (art. 15-8).

La *décision judiciaire* peut être constituée, s'il s'agit d'officiers ministériels, par le décret de révocation pris à la suite d'une poursuite disciplinaire exercée conformément à l'article

102 du décret du 30 mars 1808 et aux articles 1031 et 1036 du Code de procédure civile, ou encore à la suite de poursuites correctionnelles ou criminelles ; — s'il s'agit de greffier, par un décret pris soit à la suite de mesures disciplinaires prononcées par le magistrat près duquel il est placé et après rapport au garde des sceaux, soit à la suite de condamnations correctionnelles ou criminelles.

S'il s'agit de notaires, la décision judiciaire sera le jugement de destitution prononcé par le tribunal civil de leur résidence à la poursuite des intéressés, ou d'office aux poursuites et diligences du ministère public (art. 53 de la loi du 25 ventôse an XI ; décisions du garde des sceaux du 7 juin 1833, 12 novembre 1862 ; C. cass. 10 mai 1864).

A noter :

Que le décret survenu à la suite d'une poursuite contre un officier ministériel ou un greffier peut aggraver la peine prononcée par le tribunal et ordonner la révocation. La Cour de cassation (9 mai 1882) assimile les défenseurs en Algérie aux officiers ministériels.

i) Des condamnations pour vagabondage ou mendicité (art. 15-9).

j) Des condamnations à trois mois de prison au moins par application des articles 439, 443, 444, 445, 446, 447 et 452 du Code pénal (art. 15-10).

k) Des condamnations pour délits prévus par les articles 410, 411 du Code pénal et par la loi du 21 mai 1836 portant prohibition des loteries (art. 15-11).

l) Des condamnations aux boulets ou aux travaux publics frappant les militaires (art. 15-12).

m) Des condamnations à l'emprisonnement par application de la loi sur le recrutement de l'armée (art. 15-13).

n) Des condamnations à l'emprisonnement par application de l'article 2 de la loi du 27 mars 1851 (art. unique de la loi du 24 janvier 1889).

o) Des condamnations pour délit d'usure (art. 15-15).

p) Des condamnations civiles emportant l'interdiction judiciaire pour cause d'imbécillité, de démence ou de fureur (art. 489 et suiv. C. c. ; art. 15-16).

L'*aliénation mentale* ne suffit pas, en dehors de l'interdiction, pour retirer la qualité d'électeur (C. cass 17 avril 1878, 19 avril 1880). Cependant, l'article 18 du décret réglementaire du 2 février 1852 suspend l'exercice du droit de vote pour les personnes non interdites, mais retenues en vertu de la loi du 30 juin 1838 dans un établissement public d'aliénés.

Donc les *fous libres* non interdits peuvent voter, de même les individus en état d'*ébriété*, les *sourds-muets* (Cons. d'État 11 juin 1886), les *aveugles* (Cons. d'État 14 novembre 1884), parce que le bureau chargé de veiller aux opérations du scrutin n'est pas juge du degré de capacité ou d'indignité des électeurs qui se présentent devant lui. Le juge même n'aurait pas le droit d'invalider le suffrage exprimé sous prétexte qu'il a été inconscient (Cons. d'État 4 janvier 1884, 11 février 1881 ; en sens contraire, 25 avril 1861).

Les *détenus* et les *condamnés contumaces* ont leur droit de vote suspendu (art. 18, décret régl. 2 février 1852).

A noter :

Ne pas confondre l'interdiction et la dation d'un conseil judiciaire, qui n'est pas une cause d'incapacité.

q) Des condamnations emportant déclaration de faillite, lorsqu'il n'y a pas eu réhabilitation postérieure, que ces condamnations soient prononcées par des tribunaux français ou qu'elles résultent de jugements rendus à l'étranger, mais déclarés exécutoires en France (art. 15-17).

L'incapacité subsiste, alors même que l'intéressé a interjeté appel du jugement de faillite (C. cass. 12 novembre 1850).

r) Du service militaire pris à l'étranger par un Français sans autorisation du Gouvernement (C. c. art. 21 ; décret org. du 2 février 1852, art. 12).

Incapacités temporaires.

Ce sont celles qui résultent :

a) D'une condamnation à plus d'un mois d'emprisonnement pour rébellion, outrage et violence envers les dépositaires de la force publique, pour outrage public envers un juré à raison de ses fonctions, ou envers un témoin à raison de sa déposition, pour délit prévu par la loi sur les attroupements loi du 7 juin 1848); la loi sur les clubs (art. 13, décret du 28 juillet 1848, et art. 1er, 25 mars 1852) et l'article 1er de la loi du 27 mars 1851 tendant à la répression de certaines fraudes dans la vente des marchandises et pour infractions à la loi sur le colportage (art. 18 à 22 de la loi du 29 juillet 1881, qui remplacent la loi du 27 juillet 1849).

Cette incapacité est de cinq ans, qui commencent à courir à l'expiration de la peine.

b) D'une condamnation correctionnelle emportant l'interdiction du droit de vote et d'élection (C. pénal, 42, 86, 89, 79, 123 ; loi sur l'ivresse du 23 janvier 1873, art. 6 ; — 15-2, décret org. du 2 février 1852).

Pour l'interdiction correctionnelle, la durée de l'incapacité est fixée par le jugement.

Pour l'ivresse, la durée est fixée à deux ans.

Les incapacités sont de droit strict.

Les incapacités étant de droit étroit ne peuvent être étendues par analogie d'un cas à un autre. Exemple : l'article 15-3 du décret organique du 2 février 1852 n'est pas applicable aux personnes condamnées à l'emprisonnement en vertu de la loi militaire (C. cass. 17 mai 1881).

NOMENCLATURE PAR ORDRE ALPHABÉTIQUE DES CRIMES, DÉLITS ET AUTRES CAUSES entraînant l'incapacité.	NATURE ET DURÉE DES PEINES emportant l'exclusion de la liste électorale.	DURÉE DE L'EXCLUSION.	ARTICLES du DÉCRET ORGANIQUE qui prononcent l'exclusion.
Abus de confiance. (C. P., art. 406 à 409.)	Emprisonnem. quelle qu'en soit la durée.	Perpétuelle.	Art. 15, § 5.
Arbre abattu, sachant qu'il appartient à autrui. (C. P., art. 445.)	Emprisonnement de 3 mois au moins.	Perpétuelle.	Art. 15, § 10.
Arbre mutilé, coupé ou écorcé de manière à le faire périr, sachant qu'il appartient à autrui. (C. P., art. 446.)	Emprisonnement de 3 mois au moins.	Perpétuelle.	Art. 15, § 10.
Attaque publique contre la liberté des cultes, le principe de la propriété et les droits de la famille. (L. 11 août 1848, art. 3.)	Quelle que soit la peine.	Perpétuelle.	Art. 15, § 6.
Attroupements (Délits prévus par la loi sur les). [L. 10 avril 1831 et 7 juin 1848.]	Emprisonnement de plus d'un mois.	L'exclusion dure 5 ans à dater de l'expiration de la peine.	Art. 16.
Boissons falsifiées contenant des mixtions nuisibles à la santé (Vente et débit des). [C. P., art. 318.]	Emprisonnement de 3 mois.	Perpétuelle.	Art. 15, § 4.
Clubs (Délits prévus par la loi sur les). [V. Sociétés secrètes.]	»	»	»
Colportage d'écrits (Infractions à la loi sur le). [L. 27 juillet 1849.] V. lois des 17 juin 1880 et 24 janvier 1889.	Emprisonnement de plus d'un mois.	L'exclusion dure 5 ans à dater de l'expiration de la peine.	Art. 16.

NOMENCLATURE PAR ORDRE ALPHABÉTIQUE DES CRIMES, DÉLITS ET AUTRES CAUSES entraînant l'incapacité.	NATURE ET DURÉE DES PEINES emportant l'exclusion de la liste électorale.	DURÉE DE L'EXCLUSION.	ARTICLES du DÉCRET ORGANIQUE qui prononcent l'exclusion.
Crimes suivis d'une condamnation à des peines afflictives et infamantes (travaux forcés, déportation, détention et réclusion), ou à des peines infamantes seulement (bannissement, dégradation civique). [C. P., art. 7 et 8.]	Quelle que soit la durée de la peine.	Perpétuelle.	Art. 15, § 1.
Crimes suivis d'une condamnation à l'emprisonnement correctionnel en vertu de l'article 463 du Code pénal.	Quelle que soit la durée de la peine.	Perpétuelle.	Art. 15, § 3.
Deniers publics soustraits par les dépositaires auxquels ils étaient confiés. (C. P., art. 169 à 171.)	Emprisonnem. quelle qu'en soit la durée.	Perpétuelle.	Art. 15, § 5.
Destruction de registres, minutes, actes originaux de l'autorité publique, titres, billets, lettres de change, effets de commerce ou de banque, contenant ou opérant obligation ou décharge. (C. P., art. 439.)	Emprisonnement de 3 mois au moins.	Perpétuelle.	Art. 15, § 10.
Élections :			
Bulletin ajouté, soustrait ou altéré par les personnes chargées, dans un scrutin, de recevoir, compter ou dépouiller les bulletins contenant les suffrages des citoyens.	Emprisonnement de plus de 3 mois.	Perpétuelle.	Art. 15, § 7 ; art. 35.
Lecture des noms autres que ceux inscrits . . .	Emprisonnement de plus de 3 mois.	Perpétuelle.	Art. 15, § 7 ; art. 35.
Inscription sur le bulletin d'autrui de noms autres que ceux qu'on était chargé d'y inscrire.	Emprisonnement de plus de 3 mois.	Perpétuelle.	Art. 15, § 7 ; art. 36.

NOMENCLATURE PAR ORDRE ALPHABÉTIQUE DES CRIMES, DÉLITS ET AUTRES CAUSES entraînant l'incapacité.	NATURE ET DURÉE DES PEINES emportant l'exclusion de la liste électorale.	DURÉE DE L'EXCLUSION.	ARTICLES du DÉCRET ORGANIQUE qui prononcent l'exclusion.
Élections (*suite*)			
Collège électoral. (Irruption dans un collège électoral consommée ou tentée avec violence, en vue d'empêcher un choix.)	Emprisonnement de plus de 3 mois.	Perpétuelle.	Art. 15, § 7 ; art. 42.
Liste électorale. (Inscriptions obtenues sous de faux noms ou de fausses qualités, ou en dissimulant une incapacité prévue par la loi.) Radiation.	Emprisonnement de plus de 3 mois.	Perpétuelle.	Art. 15, § 7 ; art. 31. L. 7 juillet 1874, art. 6.
Opérations électorales retardées ou empêchées au moyen de voies de fait ou de menace par des électeurs. Bureau outragé dans son ensemble ou dans l'un de ses membres par des électeurs pendant la réunion. Scrutin violé.	Emprisonnement de plus de 3 mois.	Perpétuelle.	Art. 15, § 7 ; art. 45.
Liste électorale. Inscription réclamée et obtenue sur deux ou plusieurs listes.	Emprisonnement de plus de 3 mois.	Perpétuelle.	Art. 15, § 7 ; art. 31. L. 7 juillet 1874, art. 6.
Opérations électorales troublées par attroupements, clameurs ou démonstrations menaçantes. Atteinte portée à l'exercice du droit électoral ou à la liberté du vote.	Emprisonnement de plus de 3 mois.	Perpétuelle.	Art. 15, § 7 ; art. 41.
Suffrages. Deniers ou valeurs quelconques donnés, promis ou reçus sous la condition soit de donner ou de procurer un suffrage, soit de s'abstenir de voter. Offre ou promesse faite ou acceptée, sous les mêmes conditions, d'emplois publics ou privés.	Emprisonnement de plus de 3 mois.	Perpétuelle.	Art. 15, § 7 ; art. 38.

NOMENCLATURE PAR ORDRE ALPHABÉTIQUE DES CRIMES, DÉLITS ET AUTRES CAUSES entraînant l'incapacité.	NATURE ET DURÉE DES PEINES emportant l'exclusion de la liste électorale.	DURÉE DE L'EXCLUSION.	ARTICLES du DÉCRET ORGANIQUE qui prononcent l'exclusion.
Élections (*suite*) :			
Suffrages influencés, soit par voies de fait, violences ou menaces contre un électeur, soit en lui faisant craindre de perdre son emploi ou d'exposer à un dommage sa personne, sa famille ou sa fortune. — Abstention de voter déterminée par les mêmes moyens.	Emprisonnement de plus de 3 mois.	Perpétuelle.	Art. 15, § 7 ; art. 39.
Suffrages surpris ou détournés à l'aide de fausses nouvelles, bruits calomnieux ou autres manœuvres frauduleuses. — Abstention de voter déterminée par les mêmes moyens.	Emprisonnement de plus de 3 mois.	Perpétuelle.	Art. 15, § 7 ; art. 40.
Urne (Enlèvement de l') contenant les suffrages émis et non encore dépouillés.	Emprisonnement de plus de 3 mois.	Perpétuelle.	Art. 15, § 7 ; art. 46.
Vote en vertu d'une inscription obtenue sous de faux noms ou de fausses qualités, ou en dissimulant une incapacité ou en prenant faussement les noms et qualités d'un électeur inscrit.	Emprisonnement de plus de 3 mois.	Perpétuelle.	Art. 15, § 7 ; art. 33.
Vote multiple à l'aide d'une inscription multiple .	Emprisonnement de plus de 3 mois.	Perpétuelle.	Art. 15, § 7 ; art. 34.
Empoisonnement de chevaux ou autres bêtes de voiture, de monture ou de charge, de bestiaux à cornes, de moutons, chèvres ou porcs, ou de poissons dans des étangs, viviers ou réservoirs. (C. P., art. 432.)	Emprisonnement de 3 mois.	Perpétuelle.	Art. 15, § 10.

NOMENCLATURE PAR ORDRE ALPHABÉTIQUE DES CRIMES, DÉLITS ET AUTRES CAUSES entraînant l'incapacité.	NATURE ET DURÉE DES PEINES emportant l'exclusion de la liste électorale.	DURÉE DE L'EXCLUSION.	ARTICLES du DÉCRET ORGANIQUE qui prononcent l'exclusion.
Escroquerie. (C. P., art. 405.).	Emprisonnem. quelle qu'en soit la durée.	Perpétuelle.	Art. 15, § 7.
Faillite déclarée soit par les tribunaux français, soit par jugement rendu à l'étranger, mais exécutoire en France. (C. comm., art. 437 et suiv.; L. 4 mars 1889.)	Emprisonnem. quelle qu'en soit la durée.	L'exclusion cesse après la réhabilitation ou le concordat.	Art. 15, § 17.
Falsification de substances ou denrées alimentaires ou médicamenteuses destinées à être vendues. — Vente ou mise en vente de ces denrées, sachant qu'elles sont falsifiées ou corrompues. (L. 27 mars 1851; 5 mai 1855, art. 1er; 24 janvier 1889.)	Emprisonnement de 3 mois.	Perpétuelle.	Art. 15, § 14.
Greffe détruite. (C. P., art. 447.).	Emprisonnement de 3 mois au moins.	Perpétuelle.	Art. 15, § 10.
Interdiction civile pour causes d'imbécillité, de démence ou de fureur. (C. civ., art. 489 et suiv.)	»	L'exclusion cesse à la levée judiciaire de l'interdiction. (C. C., art. 512.)	Art. 15, § 16.
Interdiction correctionnelle du droit de vote et d'élection. (C. P., art. 42, 86, 89, 91, 123; art. 6 de la loi du 23 janvier 1875 sur l'ivresse.)	»	La durée de l'exclusion est fixée par le jugement et court à dater de l'expiration de la peine.	Art. 15, § 2.

NOMENCLATURE PAR ORDRE ALPHABÉTIQUE DES CRIMES, DÉLITS ET AUTRES CAUSES entraînant l'incapacité.	NATURE ET DURÉE DES PEINES emportant l'exclusion de la liste électorale.	DURÉE DE L'EXCLUSION.	ARTICLES du DÉCRET ORGANIQUE qui prononcent l'exclusion.
Ivresse. (Délit prévu par la loi du 23 février 1873, art. 3.)	»	L'exclusion dure 2 ans à dater du jour où la condamnation est devenue irrévocable.	»
Jeux de hasard (Maison de). [C. P., art. 410.]	Quelle que soit la peine.	Perpétuelle.	Ar. 15, § 11.
Marchandises ou matières servant à la fabrication gâtées volontairement. (C. P. art. 443.)	Emprisonnement de 3 mois au moins.	Perpétuelle.	Art. 15, § 10.
Mendicité. (C. P., art. 274 à 279.)	Quelle que soit la peine.	Perpétuelle.	Art. 15, § 9.
Militaires condamnés au boulet ou aux travaux publics.	Quelle que soit la durée de la peine.	Perpétuelle.	Art. 15, § 12.
Mœurs (Attentat aux). [C. P., art. 330 et 334.]	Emprisonnem. quelle qu'en soit la durée.	Perpétuelle.	Art. 15, § 5.
Officiers ministériels (avoués, huissiers, greffiers, notaires) destitués en vertu de jugements ou de décisions judiciaires.	»	Perpétuelle.	Art. 15, § 5.
Outrage public à la morale publique et religieuse et aux bonnes mœurs. (L. 17 mai 1819, art. 8.)	Quelle que soit la peine.	Perpétuelle.	Art. 15, § 6.
Outrage public envers un juré à raison de ses fonctions ou envers un témoin à raison de ses dépositions. (L. 25 mars 1822, art. 6 ; 24 janvier 1889.)	Emprisonnement de plus d'un mois.	L'exclusion dure 5 ans à dater de l'expiration de la peine.	Art. 16.

NOMENCLATURE PAR ORDRE ALPHABÉTIQUE DES CRIMES, DÉLITS ET AUTRES CAUSES entraînant l'incapacité.	NATURE ET DURÉE DES PEINES emportant l'exclusion de la liste électorale.	DURÉE DE L'EXCLUSION.	ARTICLES du DÉCRET ORGANIQUE qui prononcent l'exclusion.
Outrage et violences envers les dépositaires de l'autorité ou de la force publique. (C. P., art. 222 à 230 ; L. 24 janvier 1889.)	Emprisonnement de plus d'un mois.	L'exclusion dure 5 ans à dater de l'expiration de la peine.	Art. 16.
Prêts sur gage ou nantissement (Maisons de) établies ou tenues sans autorisation légale. Registre non tenu. (C. P., art. 411.)	Quelle que soit la peine.	Perpétuelle.	Art. 15, § 11.
Rébellion envers les dépositaires de l'autorité ou de la force publique. (C. P., art. 209 à 221.)	Emprisonnement de plus d'un mois.	L'exclusion dure 5 ans à dater de l'expiration de la peine.	Art. 16.
Récoltes (Dévastations de). [C. P., art. 444.]	Emprisonnement de 3 mois au moins.	Perpétuelle.	Art. 15, § 10.
Recrutement. Jeunes gens omis sur les tableaux de recensement par suite de fraudes ou de manœuvres. (L. 21 mars 1832, art. 38 ; 27 juillet 1872, art. 60.)	Emprisonnem. quelle qu'en soit la durée.	Perpétuelle.	Art. 15, § 13.
Recrutement. Jeunes gens appelés à faire partie du contingent de leur classe qui se sont rendus impropres au service militaire, soit temporairement, soit d'une manière permanente, dans le but de se soustraire aux obligations imposées par la loi. — Complicité. — Refus de satisfaire aux obligations du service militaire et insoumission. (L. 21 mars 1832, art. 41 ; 27 juillet 1872, art. 63 ; 15 juillet 1889, art. 73.)	Emprisonnem. quelle qu'en soit la durée.	Perpétuelle.	Art. 15, § 13.

NOMENCLATURE PAR ORDRE ALPHABÉTIQUE DES CRIMES, DÉLITS ET AUTRES CAUSES entraînant l'incapacité.	NATURE ET DURÉE DES PEINES emportant l'exclusion de la liste électorale.	DURÉE DE L'EXCLUSION.	ARTICLES du DÉCRET ORGANIQUE qui prononcent l'exclusion.
Recrutement. Substitution ou remplacement effectué, soit en contravention à la loi, soit au moyen de pièces fausses ou de manœuvres frauduleuses. — Complicité. (L. 21 mars 1832, art. 43.)	Emprisonnem. quelle qu'en soit la durée.	Perpétuelle.	Art. 15, § 13.
Recrutement. Médecins, chirurgiens ou officiers de santé qui, déjà désignés pour assister au conseil de revision ou dans la prévision de cette désignation, ont reçu des dons ou agréé des promesses pour être favorables aux jeunes gens qu'ils doivent examiner, ou qui ont reçu des dons pour une réforme justement prononcée. (L. 21 mars 1832, art. 45 ; 27 juillet 1872, art. 46.)	Emprisonnem. quelle qu'en soit la durée.	Perpétuelle.	Art. 15, § 13.
Service militaire à l'étranger pris par un Français majeur sans autorisation du Gouvernement. (C. civ., art. 21.)	»	L'exclusion dure jusqu'à ce que la qualité de Français ait été recouvrée.	Art. 12.
Sociétés secrètes. D. 28 juillet 1848, art. 13.)	Emprisonnement de plus d'un mois.	L'exclusion dure 5 ans à dater de l'expiration de la peine.	»
Tromperie sur le titre des matières d'or ou d'argent ; sur la qualité d'une pierre fausse vendue pour fine ; sur la nature de toutes marchandises. (C. P., art. 423.)	Emprisonnement de 3 mois.	Perpétuelle.	Art. 15, § 4.

NOMENCLATURE PAR ORDRE ALPHABÉTIQUE DES CRIMES, DÉLITS ET AUTRES CAUSES entraînant l'incapacité.	NATURE ET DURÉE DES PEINES emportant l'exclusion de la liste électorale.	DURÉE DE L'EXCLUSION.	ARTICLES du DÉCRET ORGANIQUE qui prononcent l'exclusion.
Tromperie par le vendeur ou l'acheteur sur la quantité des choses livrées, par l'usage de faux poids ou de fausses mesures ou d'instruments inexacts, ou par des manœuvres et des indications frauduleuses relatives au pesage ou au mesurage ; tentative de ces délits. (L. 27 mars 1851, art. 1er; 24 janvier 1889.)	Emprisonnement de plus d'un mois.	L'exclusion dure 5 ans à dater de l'expiration de la peine.	Art. 15, § 14.
Usure. (L. 3 septembre 1807 et 19 décembre 1850.). .	Quelle que soit la peine.	Perpétuelle.	Art. 15, § 15.
Vagabondage. (C. P., art. 269 à 271.)	Quelle que soit la peine.	Perpétuelle.	Art. 15, § 9.
Vol. (C. P., art. 379, 388 et 401.).	Emprisonnem. quelle qu'en soit la durée.	Perpétuelle.	Art. 15, § 5.

Preuve de la condamnation.

La preuve doit être rapportée par la production du jugement ou un extrait du casier judiciaire. Aux termes de la loi du 5 avril 1899 sur le casier judiciaire et la réhabilitation de plein droit, il est envoyé à l'autorité administrative de tout Français ou étranger naturalisé un duplicata des bulletins n° 1 du casier judiciaire lorsqu'il s'agit de condamnations entraînant la privation des droits électoraux : ces duplicata forment le casier électoral. Il est inutile que les incapacités soient prononcées par le jugement de condamnation (C. cass. 3o avril 1870).

Une condamnation définitive seule fera encourir les incapacités : il faut donc qu'elle ait acquis l'autorité de la chose jugée, qu'elle ait été prononcée contradictoirement ou par défaut (C. cass. 22 mars 1864).

Rétroactivité des lois de capacité électorale.

Les lois qui disposent de la capacité électorale sont rétroactives, en ce sens que les délits qu'elles prévoient comme cause d'exclusion écartent les individus condamnés même antérieurement à ces lois.

Disparition des incapacités.

1° Par la réhabilitation ;
2° Par l'amnistie ;

3° Par l'expiration de la période d'incapacité fixée judiciairement, s'il s'agit d'une incapacité temporaire ;

4° Par le recouvrement de la qualité de Français, dans le cas prévu par l'article 21 du Code civil.

La prescription de la peine, la grâce, la commutation de peine (C. cass. 24 mars 1874) laissent subsister les incapacités. Quant aux sursis (loi du 26 mars 1891), l'article 2 de cette loi dispose expressément que la suspension de la peine ne comprend pas les incapacités résultant de la condamnation (Cons. d'État 31 mai 1896, élection de Carmaux).

Point de départ de l'incapacité.

Le jour où expire la peine infligée. Donc le point de départ sera placé à l'époque où le condamné est affranchi de sa peine, c'est-à-dire au jour où il l'a purgée ou prescrite, ou bien au jour où il a été gracié, s'il ne l'a pas subie (C. cass. 16 mai 1865).

Une exception à ce principe en ce qui concerne l'ivresse : le point de départ de l'incapacité est fixé au jour où la condamnation est devenue irrévocable (art. 3 loi du 23 janvier 1873).

IV. **Du sexe masculin** (C. cass. 10 août 1885, 21 mars 1893).

CHAPITRE II

CONDITIONS REQUISES POUR ÊTRE INSCRIT SUR LA LISTE ÉLECTORALE

(Art. 14 de la loi du 5 avril 1884.)

Sont inscrits sur la liste électorale d'une commune :
I. **Ceux qui ont leur domicile réel dans cette commune, alors qu'en fait ils n'y résident point.**

a) Une seule condition est nécessaire : l'établissement du domicile réel dans la commune.

Ils seront donc inscrits d'office, sans qu'on puisse exiger d'eux qu'un laps de temps de résidence ou d'habitation se soit écoulé. — Toutefois, s'ils font une démarche pour obtenir leur inscription, ils devront prouver qu'ils ont sollicité leur radiation de la liste où ils figuraient jusque-là.

Le domicile réel est le lieu du principal établissement, le lieu de prédilection, en d'autres termes, le centre des intérêts matériels ou d'affection, ou des uns et des autres à la fois. Il s'acquiert, conformément à l'article 103 du Code civil, par l'habitation réelle, c'est-à-dire la prise de possession de l'habitation nouvelle (si courte que soit la résidence), jointe à l'intention d'y fixer son principal établissement. Cette intention se justifie par une déclaration à la mairie du lieu que l'on quitte et à la mairie du lieu où l'on veut s'établir.

Elle peut encore se prouver par des circonstances de fait que le juge de paix doit apprécier (art. 105 C. c.; C. cass. 30 avril 1888). Exemples :

I. Il a été jugé notamment que l'entrée au *séminaire* ou dans une association religieuse résidant dans la commune est une présomption d'établissement de domicile. Le séminariste ou le membre de l'association religieuse résidant dans la commune peut donc être inscrit d'office sur la liste électorale du lieu où se trouve le séminaire, son domicile réel, ou ladite association.

Toutefois, cette présomption peut être démentie soit par la déclaration de l'intéressé, soit par d'autres preuves établissant que ce dernier n'a pas voulu abandonner son ancien domicile (sentence du juge de paix d'Anse, 7 février 1860; C. cass., deux arrêts du 15 mai 1872).

Si l'inscription n'a pas encore eu lieu d'office et que le séminariste se présente soit devant la commission administrative, soit devant la commission municipale pour l'obtenir, l'inscription dans ce sens étant provoquée par l'électeur, on peut lui demander une preuve des diligences qu'il a faites pour être radié dans la commune où il exerçait auparavant son droit de vote; cette preuve, il pourra ne la fournir qu'en appel, devant le juge de paix.

La même règle s'applique lorsque la demande émane d'un tiers électeur. Si déjà l'inscription avait été opérée d'office, le séminariste n'aurait pas à justifier, pour *conserver* le bénéfice de cette inscription, qu'il a demandé ou obtenu sa radiation de la liste où il figurait antérieurement (C. cass. 16 avril, 23 avril 1885).

Il en est de même des élèves des écoles d'instruc-

tion, comme *école normale* (argument de cette jurisprudence), des pensionnaires d'un *hospice* (C. cass.
1er avril 1873, 24 avril 1877), des pensionnaires d'un
hospice d'incurables (C. cass. 9 mai 1864).

Quant aux *internés d'un dépôt de mendicité,* s'ils ne
sont pas privés de leurs droits électoraux, ils ne doivent pas être inscrits (décision du juge de paix de Vil-
lers-Cotterets, 24 février 1891).

II..... Qu'un *étudiant* qui réside à Paris pour y ac-
complir son stage d'avocat, n'a pas son domicile à
Paris, mais a conservé son domicile d'origine, parce
qu'il a gardé l'esprit de retour (C. cass. 17 avril 1888).

S'il s'agit d'un *avocat* inscrit au barreau d'une ville
qui n'est pas le lieu de son domicile d'origine, il conserve ce dernier domicile à défaut d'indication plus
expresse de ses intentions, parce que sa situation n'est
pas assimilable à celle d'un fonctionnaire.

III..... Que l'électeur qui est revenu habiter son domicile d'origine après l'avoir *quitté* pendant plusieurs
années pour résider au lieu de ses études, est réputé
avoir conservé ce domicile et peut y exercer ses droits
électoraux (C. cass. 7 mai 1849).

IV..... Que le citoyen qui, *avant* de faire son *service
militaire,* avait son domicile chez son père conserve ce
domicile (C. cass. 25 avril 1849).

La loi, dans certains cas, *définit* d'une façon *expresse*
quel est le *domicile* de certaines personnes.

Exemple : Les **majeurs** qui **servent** ou **travaillent**
habituellement chez autrui auront le même domicile
que la personne qu'ils servent ou chez laquelle ils travaillent (art. 109 du C. c.).

En règle générale, à défaut de déclaration et d'indication précise du domicile réel, on devra, pour apprécier celui-ci en fait, s'attacher au domicile d'origine qui est présumé conservé tant que l'intention de le changer n'est pas établie (C. cass. 16 avril 1885 ; 3 décembre 1894 ; 23 décembre 1895 ; 24 mars 1896).

II. **Ceux qui résident dans la commune depuis plus de 6 mois, alors que leur domicile est fixé ailleurs.** — Trois conditions sont nécessaires : celles énumérées ci-dessous. L'inscription aura donc eu lieu d'office, sans qu'on puisse exiger une demande de la part de ces citoyens. Toutefois, s'ils font une démarche en vue d'être inscrits, on pourra exiger d'eux la production d'un certificat de radiation ou tout au moins la preuve qu'ils ont sollicité cette radiation.

Il faut :

a) Que ces citoyens résident depuis six mois; l'échéance de ce délai pourra tomber au jour même de la clôture de la liste (le 31 mars inclus) [Circ. min. int. 12 juillet 1874 ; C. cass. 16 mars 1863];

b) Que la résidence précède immédiatement l'inscription (arg. art. 14 de la loi du 5 avril 1884) ;

c) Qu'elle soit sans interruption, sauf celle résultant d'absences faites de temps à autre et momentanées, pour se livrer à des travaux professionnels (C. cass. 26 mars 1877). Une des conséquences de cette jurisprudence, d'après laquelle la présence constante de l'électeur n'est pas exigée, c'est que l'inscription pour l'habitation durant six mois peut avoir lieu dans plusieurs communes à la fois.

Nota. — Un citoyen devenu majeur à la clôture de la liste, le 31 mars inclus, peut réclamer son inscription en tenant compte, pour le calcul des mois réglementaires, du temps qu'il a passé dans la commune avant sa majorité, lors même que son père ou son tuteur habiterait dans une autre commune (C. cass. 2 avril 1884) ; il en est de même des séminaristes.

Caractères de la résidence.

a) Par résidence, on entend une simple habitation (C. cass. 13 mars, 3 avril, 16 mai 1865 ; 27 avril, 3 mai 1869 ; 15 mars, 4 avril, 25 avril 1870 ; 2 avril 1884).

b) Aucune autre condition n'est nécessaire, lors même qu'on n'aurait aucune attache de famille dans la commune (C. cass. 4 juillet 1870).

c) Peu importe que la résidence soit momentanée (C. cass. 3 avril 1866).

Le droit électoral est attaché au fait et à la durée de la résidence, sans que la loi exige que cette résidence soit définitive dans l'intention du résidant (C. cass. 18 novembre 1874).

Espèces.

I. Un *notaire,* auquel son domicile a été fixé par le Gouvernement, doit être inscrit néanmoins sur la liste électorale de la commune où il a sa résidence depuis six mois (C. cass. 21 avril 1873).

II. La qualité d'*avocat* à une cour d'appel ne fait pas obstacle à ce que le citoyen auquel cette qualité appartient conserve dans une autre commune que le chef-lieu de la cour une résidence de nature à lui attribuer le droit d'être porté sur les listes électorales de cette commune (C. cass. 24 avril 1877 ; 23 avril 1879). Il ne sera pas maintenu sur la liste électorale de cette commune s'il a cessé d'y avoir sa résidence depuis plusieurs années et s'il n'y figure pas au rôle des contributions (C. cass. 23 avril 1879).

III. Le séjour plus ou moins habituel d'un *patron de barque* dans l'embarcation où il attend les ordres de la compagnie qui l'emploie n'équivaut pas à une habitation fixe et ne peut, dès lors, servir de base à une inscription sur la liste électorale du lieu où stationne cette embarcation (C. cass. 4 avril 1870).

Appréciation de la résidence.

Le juge de paix qui statue comme juge d'appel de la commission municipale a tous les pouvoirs pour apprécier les faits constitutifs de la résidence au point de vue de l'inscription sur la liste électorale (C. cass. 24 avril 1882, 9 juillet 1883).

Sa décision ne saurait relever de la Cour de cassation que dans l'hypothèse où, pour élucider la question d'habitation réelle, il aurait interprété illégalement les éléments qui constituent la résidence (C. cass. 31 mars 1879, décret 27 juin 1877). Par exemple, le juge de paix peut voir sa décision critiquée par la Cour de cassation lorsqu'il a déclaré que des émigrations périodiques commandées pendant la mauvaise saison, par l'état malsain du pays, ont pour résultat de réduire la durée de la résidence (C. cass. 27 juin 1877).

Preuve de la résidence.

La résidence de six mois peut être prouvée par témoins (C. cass. 25 avril 1864), par des certificats (C. cass. 14 mars 1864), pièces dont la force probante est examinée en fait par le juge de paix : celui-ci peut ainsi repousser celles (telles que quittances de loyer) qui n'emportent pas par elles-mêmes la preuve d'une résidence (C. cass. 24-25 mars 1863).

Tout autre mode de preuve, sauf cependant le serment, sera également admis (C. cass. 1ᵉʳ décembre 1874).

Il est évident que la simple déclaration du citoyen demandant son inscription ne dispense pas de recourir aux modes de preuves ci-dessus indiqués (C. cass. 23 mars 1875).

III. Ceux qui auront été inscrits au rôle des quatre contributions directes ou au rôle des prestations en nature, et s'ils ne résident pas dans la commune, auront déclaré vouloir y exercer leurs droits électoraux.

Deux hypothèses sont à prévoir.

a) La personne réside dans la commune où elle est inscrite au rôle des contributions ou des prestations.

b) La personne ne réside pas dans ladite commune.

Conditions d'inscription sur la liste électorale.

I. Pour les personnes comprises dans la première hypothèse : *a)* Il faut qu'elles soient inscrites au rôle des contributions au moment de la confection des listes, quelle que soit la durée de l'inscription (Circ. min. int. 30 novembre 1884 ; C. cass. 5 mai 1887).

Elles seront inscrites d'office sans qu'on puisse exiger d'elles qu'un laps de temps de résidence se soit écoulé.

Toutefois, si ces personnes font une démarche pour être inscrites, on pourra exiger d'elles la preuve qu'elles ont demandé leur radiation de la liste où elles étaient portées jusque-là.

II. Pour les personnes comprises dans la seconde hypothèse :

a) Il faut qu'elles soient inscrites au rôle des contributions au moment de la confection des listes, quelle que soit la durée de l'inscription (Circ. min. int. du 30 novembre 1884 ; C. cass. 5 mai 1887).

b) Qu'elles adressent une demande au maire, en vue d'être inscrites sur la liste électorale.

Cette demande se fera soit par les réclamants eux-mêmes, soit par lettre, soit par l'entremise d'un mandataire spécialement autorisé à cet effet.

c) Qu'elles fournissent la preuve qu'elles ont obtenu ou sollicité leur radiation de la liste sur laquelle elles étaient portées.

NOTA. — Aucune condition de temps de résidence n'est exigée.

Des contributions et prestations en nature.

Les contributions directes se perçoivent directement sur les citoyens en vertu de rôles nominatifs ; il y a quatre sortes de contributions directes proprement dites.

a) Les contributions foncières, qui frappent les propriétés immobilières bâties ou non bâties ;

b) La contribution personnelle-mobilière, qui a pour but d'atteindre la fortune mobilière d'après la valeur locative des habitations ;

c) La contribution des portes et fenêtres ;

d) La contribution des patentes, qui affecte le commerce et l'industrie.

La disposition de l'article 14 ne vise que ces contributions ; absolument limitative, elle ne s'étend pas aux citoyens inscrits au rôle d'une contribution assimilée, telle que taxe sur voiture, chevaux, chiens, billards publics ou privés.

Les prestations en nature ou journées de travail fournies par tout citoyen valide de 18 à 60 ans, s'il est porté au rôle des contributions directes, sont exigibles en cas d'insuffisance des ressources ordinaires des communes pour l'entretien des chemins vicinaux ou la partie de l'entretien mise à leur charge en ce qui concerne les chemins de grande communication (art. 2 de la loi du 21 mai 1836) et pour l'entretien des chemins ruraux (loi du 20 août 1881).

Inscription au rôle.

Il faut qu'il soit justifié de l'inscription au rôle des contributions ou des prestations en nature pour que le citoyen puisse être compris sur la liste électorale d'une commune, parce que, en effet, la loi rattache l'électorat, non pas au paiement de l'impôt ou à la preuve qu'on est susceptible de le payer (C. cass. 14 avril 1880), mais à l'inscription sur les rôles (C. cass. 11 avril 1881).

Exemple :

Il n'est pas suppléé à l'inscription par la preuve rapportée qu'on est propriétaire d'un immeuble dans la commune (C. cass. 14 avril 1880), par celle que l'on possède dans la commune des immeubles dont on paie l'impôt (C. cass. 8 octobre 1874, 7 mai 1877).

Nota. — L'inscription personnelle confère toujours l'électorat tant que la **mutation** n'a pas été opérée (C. cass. 14 mai 1877); elle confère encore l'électorat bien qu'il soit prouvé que, par suite de convention personnelle, les impôts sont **payés par un tiers** (C. cass. 17 avril 1883).

Est équivalent à une mutation de cote, le dégrèvement d'un contribuable par **décision du Conseil de préfecture,** et l'inscription à son lieu et place de celui qui est passible de l'impôt (C. cass. 5 mai 1875).

Caractère de l'inscription sur les rôles.

Elle doit être : Nominative et personnelle (C. cass. 8 octobre 1874, 26 mars 1877, 7-9 mai 1877, 3 avril 1878, 17 avril 1878, 14 avril 1880).

Donc ne peut être porté sur la liste celui qui exciperait de l'inscription d'une personne dont il administrerait les biens ou d'un propriétaire qui l'aurait précédé (C. cass. 26 mars, 7 et 9 mai 1877).

Il en est de même pour celui qui voudrait arguer de ce que sa femme est inscrite au rôle d'une contribution foncière (C. cass. 26 mars, 9 mai 1877 ; 14 avril 1880); ou de celui qui invoque l'inscription de son père, dont il est héritier, sur le rôle des contributions (C. cass. 7 mai 1877, 3 avril 1878).

Exception à la nécessité de l'inscription personnelle ou absolue au rôle.

Comme tempéraments à la règle de l'inscription personnelle, la Cour de cassation a décidé :

1° Qu'il est suffisant que le demandeur à fin d'inscription sur la liste électorale soit désigné au rôle d'une façon complexe, par exemple (en cas de propriété par indivis) un tel et consorts (C. cass. 16 avril 1888, 1er mars 1893);

2° Que les membres de la famille des électeurs compris dans la cote des prestations en nature, même si lesdits membres de la famille n'y sont pas personnellement portés, doivent être inscrits sur la liste électorale;

3° Qu'il en est de même des habitants qui, en raison de leur âge ou état de santé, ne sont plus soumis à l'impôt des prestations (C. cass. 26 avril 1895 ; art. 14-3 de la loi du 5 avril 1884).

Au point de vue de l'âge et de la santé, il est bon de noter que cette exception n'est pas étendue par la jurisprudence à tous les gens âgés de 60 ans et ayant une infirmité quelconque.

IV. Ceux qui, en vertu de l'article 2 du traité du 10 mai 1871, ont opté pour la nationalité française et déclaré fixer leur résidence dans la commune, conformément à la loi du 19 juin 1871. — Aux termes de cette loi du 19 juin 1871 : « Sont électeurs et éligibles, sans aucune condition de domicile ou de résidence dans la commune qu'ils ont choisie ou choisiront en France, les citoyens français qui, conformément à l'article 2 du traité du 10 mai 1871, ont opté ou opteront pour la nationalité française, à charge par eux de faire à la mairie de leur nouvelle résidence leur déclaration constatant volonté d'y fixer leur domicile.

Une condition est donc nécessaire.

a) La personne qui veut invoquer cette disposition doit faire une déclaration qu'elle entend se fixer dans la commune (C. cass. 30 juillet 1883).

Il ne faut pas confondre cette déclaration avec celle du domicile du Code civil.

Elle n'est soumise à aucune forme spéciale ; elle peut se faire par lettre.

Aucune condition de résidence n'est imposée (C. cass. 27 avril 1880).

La déclaration sera inutile si l'Alsacien peut justifier de 6 mois de résidence.

Nota. — L'Alsacien-Lorrain qui a bénéficié de cette disposition sera soumis pour l'avenir, en ce qui concerne son droit électoral, aux conditions auxquelles sont soumis les autres Français (C. cass. 27 avril 1880).

V. Ceux qui sont astreints à une résidence obligatoire dans la commune, soit en qualité de ministres de cultes reconnus par l'État, soit de fonctionnaires publics.

Deux conditions sont nécessaires.

a) Il faut qu'il s'agisse de fonctionnaires ou de ministres de cultes reconnus par l'État, assujettis à une résidence obligatoire. Ce n'est pas la qualité de fonctionnaires ou de ministres des cultes reconnus qui détermine l'inscription sur une liste électorale, c'est l'obligation de la résidence à laquelle ils sont soumis.

Exemple : un **garde particulier** régulièrement commissionné et assermenté est, dans l'exercice de ses fonctions, officier de police judiciaire et agent de la force publique. C'est donc un fonctionnaire public. Cependant il ne pourra arguer de l'article 14-4 de la loi du 5 avril 1884, parce que sa résidence dans une commune n'est pas obligatoire. En effet, les gardes particuliers sont chargés de surveiller toutes les propriétés que possèdent et posséderont à l'avenir les particuliers qui les ont commissionnés, mais ils peuvent être appelés à transporter alternativement leur résidence dans les diverses communes où ces propriétés sont situées, ou être autorisés à conserver leur résidence dans une commune voisine des domaines dont ils ont la garde (C. cass. 29 avril 1879).

b) Que ces fonctionnaires ou ces ministres résident

en fait dans la commune (C. cass. 12 juin 1877, 4 mai 1881, 19 novembre 1884).

Nota. — Ces conditions étant les seules qu'exige la loi, les fonctionnaires ou les ministres des cultes reconnus seront inscrits d'office, sans condition de temps de résidence ou d'habitation. Cependant, s'ils font une démarche pour être inscrits, on exigera d'eux qu'ils aient sollicité leur radiation de la liste où ils figuraient antérieurement.

Des fonctionnaires.

On entend par fonctionnaire tout citoyen investi d'un caractère public et chargé d'un service permanent d'utilité publique, qu'il soit ou non rétribué sur les fonds de l'État (C. cass. 23 novembre 1874).

Le caractère de fonctionnaire public a été reconnu aux personnes ci-après :

Agents de change (C. cass. 16 avril 1885) ;

Aumônier d'un monastère, investi par l'évêque du pouvoir d'exercer en certains cas son ministère dans la commune (C. cass. 19 avril 1850) ;

Agent voyer (C. cass. 9 juillet 1851) ;

Agent voyer aspirant (C. cass. 5 novembre 1850) ;

Archiviste d'une ville (C. cass. 21 août 1850) ;

Avoué (C. cass 9 décembre 1850 et 9 avril 1851) ;

Agents de la police municipale (C. cass. 21 août 1850) ;

Aumônier d'un asile d'aliénés d'un caractère privé, s'il est attaché en qualité de curé, de vicaire à une chapelle publique ou à une paroisse (C. cass. 5 avril 1870) ;

Agents assermentés des compagnies de chemins de fer,

obligés de résider dans la commune où ils exercent leurs fonctions (C. cass. 27 août 1850). Exemple : les sous-chefs de section sur une ligne de chemin de fer en construction, assermentés, ayant le pouvoir de verbaliser et dont la résidence est fixée dans une commune qu'ils ne peuvent quitter sans autorisation (C. cass. 27 avril 1880);

Brigadier des douanes (C. cass. 7 avril 1873);

Collège communal (maître d'études) [C. cass. 18 novembre 1874];

Employés de préfecture (C. cass. 20 août 1850 ; 13 novembre 1850);

Employés attachés au cabinet du préfet de police (C. cass. 13 novembre 1850);

Employés des sous-préfectures (C. cass. 17 novembre 1874);

Enregistrement, surnuméraires (C. cass. 20 novembre 1850);

Entreposeurs des postes (C. cass. 9 avril 1851);

Facteurs des postes (C. cass. 26 août 1850);

Facteurs ruraux (C. cass. 5 novembre 1850);

Greffiers et commis près les cours et tribunaux (C. cass. 14 août 1850);

Greffiers près des justices de paix (C. cass. 4 mai 1881) et commis assermentés (C. cass. 3 mars 1851), et non les commis-greffiers provisoires (C. cass. 20 novembre 1850);

Gardes champêtres (C. cass. 13 nov. 1850);

Huissiers (C. cass. 1er juillet 1851), s'ils résident dans la commune qui leur a été imposée comme résidence (C. cass. 6 mai 1878);

Instituteur communal (C. cass. 15 novembre 1850 ; 3 avril 1866);

Maire, même suspendu par arrêté préfectoral (C. cass. 10 décembre 1850);

Maître de postes (C. cass. 22 janvier 1850, 26 février 1851);

Ministres du culte, s'ils exercent leurs fonctions pour un service public (C. cass. 2 avril 1870 ; D. P. 1874, 4, 83, note) ;

Ministres attachés comme professeurs à un petit séminaire (C. cass. 27 août 1850, 24 avril 1877) ;

Ministres du culte, desservants ou vicaires à la disposition de l'évêque (C. cass. 5 mai 1887) ;

Notaire (C. cass. 21 août 1850), s'il réside en fait au lieu de sa résidence légale (C. cass. 26 mars 1867) ;

Préposés de l'octroi (C. cass. 12 août 1850) ;

Percepteur surnuméraire (C. cass. 13 nov. 1850) ;

Vicaires attachés à une paroisse, même s'ils ne sont rétribués que par la fabrique (C. cass. 22 mars 1880).

Le caractère de fonctionnaire public a été dénié aux personnes ci-après :

Afficheur des actes de la mairie et de la préfecture (C. cass. 10 décembre 1850) ;

Abattoir (homme de peine) [C. cass. 21 août 1850] ;

Aumônier d'un asile d'aliénés d'un caractère privé, s'il n'est pas attaché à une chapelle publique ou à une paroisse comme curé, desservant ou vicaire (C. cass. 5 avril 1870) ;

Agents comptables d'une compagnie de chemin de fer non assermentés (C. cass. 7 mai 1883) ;

Cantonnier simple des ponts et chaussées (C. cass. 20 août 1850) ;

Crieur public (C. cass. 10 décembre 1850) ;

Cantonnier sur un chemin de grande communication, d'intérêt commun, qui traverse plusieurs communes, parce qu'ils ne sont pas astreints à une résidence (C. cass. 20 août 1879, 2 mai 1883) ;

Conseillers municipaux (C. cass. 4 mai 1880) ;

Cantonniers non assermentés d'un chemin de fer (C. cass. 21 avril 1879) ;

Commis-greffiers provisoires (C. cass. 20 novembre 1850);

Employés des chemins de fer non assermentés (C. cass. 4 mars 1880);

Facteur des halles, depuis la nouvelle législation exigeant une fonction à résidence obligatoire;

Frères de la doctrine chrétienne, même collaborateurs d'un instituteur communal, s'ils ne sont pas nommés officiellement (C. cass. 18 novembre 1850);

Gardes particuliers (C. cass. 29 avril 1879);

Garçons de bureau à la Cour des comptes (C. cass. 28 août 1850);

Inspecteurs d'un établissement d'eaux thermales (depuis la nouvelle législation exigeant une résidence obligatoire);

Instituteurs libres (D. P. 1880, 1, 157, note 1);

Officiers de réserve (Cons. d'État 12 mars 1880);

Porteurs de contraintes (C. cass. 30 juillet 1883);

Sapeurs-pompiers (C. cass. 2 décembre 1850);

Sonneur de cloches dans une paroisse (C. cass. 6 août 1850);

Trésorier de fabrique (C. cass. 14 août 1850).

Droit d'option.

a) Le bénéfice accordé aux fonctionnaires publics à résidence obligatoire n'exclut pas pour lui le droit de profiter des autres dispositions du même article 14 (5 avril 1884) dont il peut profiter à titre de simple citoyen. Exemple : Le fonctionnaire réside au lieu où il exerce sa fonction, il a le droit par conséquent d'être inscrit sur la liste électorale de ce lieu sans qu'aucun délai lui soit imposé; cependant, s'il le désire, il peut demander à exercer son droit d'électeur dans une commune où il serait inscrit au rôle d'une des contributions. Ainsi pour les **professeurs de lycée** (C. cass. 4 avril 1884), les **agents de change** (C. cass. 16 avril 1885), l'**instituteur primaire** (C. cass. 24 septembre 1874), les **sous-inspecteurs des douanes** (C. cass. 24 avril 1876).

b) Ceux qui ont *cessé* d'être fonctionnaires ne peuvent plus naturellement se prévaloir de cette ancienne qualité pour se faire inscrire sur une liste lorsqu'ils n'ont pas d'autre titre à cette inscription (C. cass. 26 août 1850).

Condition des militaires. — L'absence de la commune résultant du service militaire ne portera aucune atteinte aux règles édictées par l'article 14 de la loi de 1884 pour l'inscription sur les listes électorales. Donc le temps du service compte comme temps de résidence effective dans la commune que le militaire a quittée (C. cass. 24 avril 1877) : ce militaire devra être inscrit au lieu de cette résidence ou au lieu du domicile avant son départ. Il en est de même pour tous les grades et toutes les fractions de l'armée. Toutefois, l'exercice du droit de vote est suspendu pour les militaires en service (Loi du 16 juillet 1889), à moins qu'ils ne se trouvent en *congé, non-activité, disponibilité.*

Art. 9, loi du 16 juillet 1889 : « Les militaires et assimilés de tous grades, de toutes armes, des armées de terre et de mer, ne prennent part à aucun vote quand ils sont présents à leur corps, à leur poste, ou dans l'exercice de leurs fonctions. Ceux qui, au moment de l'élection, se trouvent en résidence libre, en non-activité ou en possession d'un congé, peuvent voter dans la commune où ils ont été régulièrement inscrits. Cette dernière disposition s'applique également aux officiers et assimilés qui sont en disponibilité ou dans le cadre de réserve. »

Durée du congé.

Le congé doit dépasser 3o jours, peu importe la cause (art. 2 du décret du 27 novembre 1868 ; Circ. min. int. du 3 février 1874, et min. de la guerre du 24 janvier 1876 ; Circ. min. int. des 22 septembre et 25 décembre 1877 ; Cons. d'État 8 novembre 1878, 15 mars 1884 ; Circ. min. int. 10 avril 1884, 9 septembre 1885).

Soldats de la réserve et de la territoriale.

Les soldats de la réserve et de la territoriale ne peuvent prendre part au vote lorsqu'ils sont sous les drapeaux, à moins d'être pourvus d'un congé régulier de plus de 3o jours.

On a déclaré non valable le vote d'un réserviste en permission dans sa commune à la suite d'une mesure prise par le ministre pour laisser les réservistes prendre part aux élections (Cons. d'État 3 janvier 1894).

Officiers de réserve.

Les officiers de réserve ne peuvent voter lorsqu'ils sont en période d'instruction, même lorsqu'ils font un stage volontaire dans un régiment de l'armée active.

Officiers de l'armée territoriale.

Les officiers territoriaux n'exerceront pas leur droit de vote pendant les stages obligatoires qu'ils accomplissent. Par contre, rien ne s'oppose à ce qu'ils prennent part aux élections qui ont lieu pendant les stages volontaires effectués dans un régiment actif, parce que, dans ce cas, ils ne sont pas légalement présents à leur corps ou en activité de service, leur corps n'étant pas appelé (Cons. d'État 6 février 1877, avis).

Les Invalides.

Ils ne sont pas considérés comme appartenant à l'armée (*Bull. off. min. int.* 1873, p. 211).

Élèves de l'École polytechnique; Gendarmes; Sapeurs-pompiers de Paris.

Les élèves de l'École polytechnique ne peuvent prendre part au scrutin (Instr. min. int.). Il en est de même des gendarmes et des sapeurs-pompiers de Paris.

Nota. — La circulaire de l'état-major général du ministère de la guerre du 12 février 1884, insérée au *Bulletin officiel du ministère de l'intérieur,* et la circulaire du 16 mars 1887 (min. int.), relatives aux dispositions à prendre en vue de faciliter l'exercice du droit électoral aux hommes de la réserve et de la territoriale, ne s'appliquent pas en matière d'élections communales (Circ. du min. int. 7 avril 1887).

TITRE II

Nous venons de voir que, pour prendre part aux élections, il faut être électeur et inscrit sur la liste.

Chapitre Ier. — Dans toute commune il y a une liste électorale.

Chapitre II. — Cette liste est permanente.

Chapitre III. — Elle est revisée chaque année :

1° A titre provisoire, d'office ou sur demandes adressées du 1er au 14 janvier, par la commission administrative ;

2° A titre définitif, sur réclamations formées du 16 janvier au 4 février inclus, par la commission municipale.

Chapitre IV. — Elle est clôturée le 31 mars.

CHAPITRE Ier

LISTE ÉLECTORALE

I. Communes. — Dans toute commune, il y a une liste électorale qui sert à la fois aux élections politiques et municipales.

Il n'en était pas de même sous l'empire des lois des 14 avril 1871 et 7 juillet 1874.

La loi du 5 avril 1884 a consacré le principe de l'unité de liste.

II. Sectionnement ou division des communes en sections électorales. — Quand la commune est sectionnée au point de vue électoral, il y a une liste pour chaque section. Toutes les listes spéciales des sections sont réunies en une liste générale et alphabétique de tous les électeurs de la commune (art. 1er loi du 7 juillet 1874).

Définition du sectionnement.

On appelle sectionnement la division d'une commune par le conseil général en sections distinctes à raison de la situation d'une partie du territoire et des intérêts spéciaux de ses habitants.

Ce sectionnement n'intéresse que les élections municipales. Il donne aux électeurs des sections le droit d'élire un nombre de conseillers en rapport avec le chiffre des électeurs inscrits dans la section (art. 11, loi 5 avril 1884).

Ne pas confondre avec les sections de vote, ou bureaux de vote installés pour les commodités du scrutin et créés par les préfets (art. 3 décret organique 2 février 1852 ; art. 4 loi du 30 novembre 1875 ; art. 13 loi du 5 avril 1884 ; Circ. min. du 30 novembre 1884).

Cas dans lesquels le sectionnement est autorisé.

Il est autorisé en principe :

a) Quand la commune se compose de plusieurs agglomérations d'habitants distinctes et séparées. Dans ce cas, aucune section ne peut avoir moins de deux conseillers à élire.

b) Quand la population agglomérée de la commune est supérieure à 10,000 habitants. Dans ce cas, la section ne peut être formée de fractions de territoire appartenant à des cantons ou à des arrondissements municipaux différents ; les fractions de territoire ayant des biens propres ne peuvent être divisées entre plusieurs sections électorales. Aucune de ces sections ne peut avoir moins de quatre conseillers à élire.

Nota. — Dans tous les cas où le sectionnement est autorisé, chaque section doit être composée de territoires contigus (art. 11, loi du 5 avril 1884).

Opération du sectionnement.

Le conseil général opère le sectionnement sur l'initiative soit d'un de ses membres, soit du préfet, soit du conseil municipal ou d'électeurs de la commune intéressée. Aucune décision en matière de sectionnement ne peut être prise qu'après avoir été demandée avant la session d'avril ou au cours de cette session au plus tard. Dans l'intervalle entre la session d'avril et la session d'août, une enquête est ouverte à la mairie de la com-

mune intéressée, et le conseil municipal est consulté
par les soins du préfet. Chaque année ces formalités
étant observées, le conseil général dans sa session
d'août prononce sur les projets dont il est saisi.

Les sectionnements ainsi opérés subsistent jusqu'à
une nouvelle décision. Le tableau de ces opérations est
dressé chaque année par le conseil général dans sa session d'août. Ce tableau sert pour les élections intégrales
à faire dans l'année. Il est publié dans les communes
intéressées, avant la convocation des électeurs, par les
soins du préfet, qui détermine, d'après le chiffre des
électeurs inscrits dans chaque section, le nombre des
conseillers que la loi lui attribue.

Le sectionnement adopté par le conseil général sera
représenté par un plan déposé à la préfecture et à la
mairie de la commune intéressée. Tout électeur pourra
le consulter et en prendre copie. Avis de ce dernier dépôt sera donné aux intéressés par voie d'affiches à la
porte de la mairie (art. 12, loi 5 avril 1884).

Liste dans les sections.

Comme nous l'avons vu, les sectionnements ne sont
pas permanents : ils peuvent être modifiés chaque année par le conseil général. Une difficulté peut donc
s'élever lorsqu'il y a lieu à élections partielles et
qu'une modification au sectionnement a été opérée par
le conseil général. En effet, les élections partielles faites
au cours de la période quatriennale pour compléter le
conseil municipal doivent avoir lieu d'après le même

sectionnement qui a servi au renouvellement général du conseil.

En conséquence, il pourrait être nécessaire, au cours d'une année, de recourir tantôt aux listes établies d'après les sectionnements antérieurs (en cas d'élections partielles), tantôt aux listes établies d'après les sectionnements arrêtés dans la dernière session d'août (renouvellement intégral du conseil, par suite de démission collective, de dissolution ou d'annulation totale des opérations).

La circulaire du ¦30 novembre 1884 (min. int.) prévoit, pour cette difficulté relative à la non-permanence des sectionnements, trois hypothèses et les formule comme suit en donnant une solution :

a) La commune n'avait pas de sections et a été pour la première fois sectionnée lors de la dernière session du conseil général.

Dans ce cas, la liste sera établie par sections, conformément au dernier vote du conseil général. Les listes des sections, conformément aux dispositions de l'article 1ᵉʳ-5 de la loi du 7 juillet 1874, seront réunies après leur clôture en une liste unique. Cette dernière liste servira en cas d'élections partielles.

En cas de renouvellement général, on suivra les listes par sections.

b) La commune était divisée en sections électorales, mais le conseil général a, dans sa dernière session, supprimé le sectionnement.

Dans cette circonstance, il ne devra être établi qu'une seule liste, puisqu'il n'existe plus actuellement de sections. Mais, comme en cas d'élections partielles les électeurs des anciennes sections peuvent être appelés à voter séparément, il faudra que le maire puisse au besoin diviser la liste unique. Pour atteindre ce but, la commission administrative aura soin d'inscrire en regard du nom de chaque électeur : pour les domiciliés, le domicile en vertu duquel ils étaient portés sur les anciennes listes ou en vertu duquel ils auront demandé à être portés sur la liste nouvelle ; et pour les électeurs précédemment inscrits comme contribuables et qui demanderont à être inscrits en cette qualité (domicile électoral), la situation de l'immeuble ou établissement en raison duquel ils sont portés au rôle. De cette façon, le maire n'aura, lorsqu'il s'agira de diviser la liste unique en listes de sections, qu'une opération purement matérielle à faire, son rôle se bornant à prendre dans la colonne à ce destinée le domicile réel ou électoral qui y sera indiqué.

c) Les sections précédemment établies par le conseil général ont été modifiées quant à leur nombre ou à leurs limites dans la dernière session d'août.

Alors, les listes des sections devront être établies d'après le dernier sectionnement voté par le conseil général, mais avec les mêmes indications de domicile réel ou électoral en regard du nom de chaque électeur, afin que le maire puisse, en cas d'élections partielles, établir les listes d'émargement d'après les limites des anciennes sections.

Nota. — Droit d'option.

La jurisprudence de la Cour de cassation reconnaît aux électeurs qui peuvent être inscrits dans plusieurs sections de la même commune, le droit de choisir celle de ces sections dans laquelle ils veulent être inscrits, pourvu qu'ils fassent connaître leur option dans le délai ouvert pour les réclamations en inscription (4 février) (Circ. min. int. 30 novembre 1884).

CHAPITRE II

PERMANENCE DE LA LISTE

Cette liste est permanente.

Principe de la permanence.

Ce principe signifie que la liste une fois close reste arrêtée jusqu'au 31 mars inclus de l'année suivante. Passé cette date, aucune inscription ou radiation ne doit avoir lieu, sauf dans les cas prévus et énumérés plus bas aux exceptions (Décret régl. du 2 février 1852, art. 8; C. cass. 26 juin 1861).

La loi du 2 juillet 1828, relative à la revision annuelle des listes, a posé ce principe. Auparavant, la liste qui sert de base aux opérations électorales et dont l'importance est principale pour l'exercice du droit de vote, était exposée à reproduire toutes les erreurs d'une rédaction faite rapidement au moment même des élections. Le système de la loi de 1828 est appliqué aujourd'hui par les décrets du 2 février 1852, sauf quelques modifications résultant des lois du 7 juillet 1874, du 30 novembre 1875 et du 5 avril 1884.

Exceptions à ce principe.

Elles se rapportent :

a) Aux inscriptions et radiations opérées soit par des arrêts de la Cour de cassation, soit par des décisions des juges de paix rendues après la clôture des listes, décisions prononcées sur réclamation présentée à la commission municipale avant le 3 février inclus (Circ. min. int. 30 décembre 1875, D. P. 1884, 3, 112, note 2 ; Circ. min. int. 30 novembre 1884, 10 juillet 1886).

Les radiations opérées comme il vient d'être dit, doivent être notifiées aux intéressés.

b) Aux radiations des électeurs décédés ou privés des droits civils et politiques par jugement ayant acquis l'autorité de la chose jugée (art. 8, décret régl. du 2 février 1852).

Ces radiations sont opérées d'office par le maire, même après le 31 mars, sur la présentation des actes de décès et des jugements et arrêts emportant la perte des droits civils et politiques. Sur l'abstention du maire, les électeurs inscrits, les préfets et sous-préfets ont droit de réclamer la radiation (art. 19, décret org. 2 février 1852).

En cas de contestation, les autorités appelées à connaître des difficultés sont : la commission municipale, le juge de paix sur appel, et la Cour de cassation en dernier ressort (Circ. garde des sceaux 14 mars 1868).

Conséquence de la permanence.

L'élection est faite sur la liste revisée, pendant toute l'année qui suit la clôture de la liste (Décret organ. 2 février 1852, art. 25).

Exemple : Dans le cas où le conseil de préfecture a annulé les opérations de revision de la liste électorale, et tant que le délai qu'il a prescrit pour refaire lesdites opérations n'est pas expiré, la liste électorale de l'année précédente est seule valable (Cons. d'État 20 décembre 1878, D. P. 1879, 3, 80).

Un électeur inscrit sur la liste électorale d'une commune avant le 31 mars peut, pendant toute l'année qui va suivre, voter dans la commune, et ce droit s'étend même lorsqu'il s'agit d'un second tour de scrutin postérieur à son inscription, alors même qu'il n'a pu voter au premier tour (Cons. d'État 5 mai 1882).

Remarques.

1° Cinq jours avant chaque élection, le maire *fait publier* les noms des électeurs décédés ou des citoyens ayant encouru la perte des droits civils et politiques, ainsi que les noms des citoyens admis à figurer sur la liste par décision postérieure à la clôture de ladite liste sur leur appel du jugement de la commission municipale (Décret régl. du 2 février 1852; Circ. min. int. 18 juillet et 18 novembre 1874).

2° L'individu qui acquiert autrement qu'il vient d'être

dit plus haut le droit électoral après le 31 mars n'est pas admis, en cas d'élection, à se faire inscrire sur la liste pendant les cinq jours ci-dessus indiqués. Par exemple, un *failli réhabilité* après la clôture des listes ne serait pas traité comme un citoyen reconnu apte à figurer sur la liste par une décision rendue après le 31 mars sur son appel. En effet, la cause de son aptitude n'est pas antérieure à la clôture des listes (C. cass. 24 juillet 1876).

3° Si l'électeur *bénéficiaire d'un arrêt* rendu à une époque très voisine de l'élection n'a pu produire l'expédition de la décision, il est autorisé à voter sur la présentation d'un certificat du greffier de la Cour contenant le dispositif de la liste.

4° En cas *d'adjonction* à une commune *d'une section* distraite d'une commune voisine, on retranche de la liste électorale de la commune diminuée les électeurs de la section pour les inscrire sur la liste de la commune qui reçoit l'annexion. L'opération est faite par les municipalités sans l'intervention des commissions (Instruction min. int. 6 avril 1875). Il n'est pas nécessaire de procéder à ladite opération avant le 31 mars de l'année suivante (Cons. d'État 30 janvier 1868).

CHAPITRE III

REVISION ANNUELLE

La liste est revisée chaque année. — Nota. — La revision dure du 1er janvier au 31 mars. Quiconque sera inscrit en vertu de la revision ne pourra prendre part à aucun scrutin avant la clôture définitive de la liste (Cons. d'État 12 mai 1876).

SECTION Ire

LA REVISION A LIEU A TITRE PROVISOIRE, DU 1er JANVIER AU 14 IN-CLUS, PAR LA COMMISSION ADMINISTRATIVE QUI AGIT D'OFFICE OU SUR DEMANDE.

Inscriptions et radiations opérées d'office. — La commission administrative revise à titre provisoire la liste électorale (art. 1er, décret organique du 2 février 1852).

Elle ajoute :

a) Les citoyens qui ont les qualités requises par la loi ;

b) Ceux qui auront acquis les conditions d'âge et d'habitation au 31 mars.

Seront inscrits d'office :

Les personnes domiciliées dans la commune ;

Les personnes en résidence de six mois;

Les personnes en résidence obligatoire;

Les personnes contribuables et résidant dans la commune.

c) Ceux qui auront été omis à tort.

Elle retranche :

a) Les individus décédés;

b) Ceux qui doivent être radiés selon décision de l'autorité compétente;

c) Ceux qui ne remplissent plus les conditions requises par la loi;

d) Ceux qui ont été indûment inscrits.

Le maire donne avis aux intéressés des radiations opérées et qui ont pour résultat d'empêcher l'exercice de leur droit électoral dans la commune (art. 4, loi du 7 juillet 1874, D. P. 1874, 4, 77, note 9).

Le Conseil d'État (7 août 1875) décide que le maire n'a pas à aviser l'électeur qui n'a pas été porté sur la liste établie pour la première fois (création d'une commune), car on ne peut le considérer comme un électeur rayé d'office.

Si le maire a négligé d'adresser l'avertissement, il peut réparer cette omission et faire parvenir à l'électeur rayé ledit avertissement (Lettre min. int. au préfet des Basses-Alpes, 20 mai 1878).

La notification de l'avertissement se fera comme celle de la décision de la commission municipale, et les conséquences du défaut de notification seront les mêmes.

Tableau des délais dans lesquels doivent être accomplies les diverses formalités de la revision des listes. (Circ. min. int. 28 novembre 1885, annexe [Bull. min. int. 1885, p. 287].)

Époques et délais des diverses opérations relatives
à la revision des listes électorales.

	NOMBRE DE JOURS.	TERMES DES DÉLAIS.
Préparation des tableaux de rectifications . .	10	10 janvier.
Délai accordé pour dresser les tableaux de rectifications	4	14 janvier.
Publication des tableaux de rectifications. . .	1	15 janvier.
Délai ouvert aux réclamations	20	4 février.
Délai pour les décisions des commissions chargées du jugement des réclamations.	5	9 février.
Délai pour la notification des dernières décisions de ces commissions	3	12 février.
Délai d'appel devant le juge de paix	5	17 février.
Délai pour les décisions du juge de paix . . .	10	27 février.
Délai pour la notification des décisions du juge de paix	3	2 mars.
Clôture définitive de la liste	»	31 mars.

Inscriptions opérées sur demande. — Chaque fois qu'une demande d'inscription est adressée à la commission administrative, qu'elle émane d'une personne astreinte à en formuler une ou d'une personne qui devrait être inscrite d'office, cette demande sera accompagnée de la preuve que la radiation a été sollicitée par ladite personne de la liste sur laquelle elle se trouvait portée. En effet, nul ne peut, de son propre fait, être inscrit sur deux listes. Une exception cependant pour les Alsaciens-Lorrains.

Si la demande est formée par un tiers ou l'administration, ce tiers ou l'administration devra produire la justification que l'intéressé a sollicité sa radiation de la commune où il était antérieurement électeur.

Il suit tout naturellement de ce qui précède qu'aucune preuve de ce genre ne peut être imposée à l'électeur qui, à juste raison, a été inscrit d'office. Celui-ci n'a pas à justifier, pour conserver le bénéfice de son inscription, qu'il a demandé sa radiation de la liste sur laquelle il figurait (C. cass. 16 avril 1885, 23 avril 1885).

Ces demandes émanent ou peuvent émaner :

A) Des intéressés, qui se subdivisent en :

I. Citoyens obligés de faire une demande, c'est-à-dire :

a) Les électeurs inscrits au rôle des contributions ou prestations, mais ne résidant pas dans la commune et qui désirent y être portés sur la liste électorale pour y exercer leur droit de vote.

La demande de ces électeurs sera :

1º Faite personnellement ou par mandataire (C. cass. 21 avril 1875);

2º Motivée ;

3º Accompagnée d'un certificat de radiation ou d'une preuve que ladite radiation a été sollicitée. Exemple : Un électeur est inscrit dans une commune où il a son domicile ou sa résidence; il désire voter dans une autre commune où il n'habite pas, où il n'a pas son domicile, pour cette raison qu'il y est inscrit au rôle d'une des quatre contributions ou des prestations en nature (C. cass. 16 avril 1885).

b) Les Alsaciens-Lorrains qui déclarent fixer leur **résidence dans la commune.**

La demande de ces électeurs sera :

1° Faite personnellement ou par mandataire (C. cass. 21 avril 1875) ;

2° Motivée.

Il est bien évident que pour cette catégorie de citoyens, on ne peut exiger de certificat de radiation ou de preuve que celle-ci a été sollicitée.

II. Citoyens dont l'inscription doit être faite d'office (soit par suite du domicile, de la qualité de fonctionnaire à résidence obligatoire, de la résidence de six mois, soit par suite de la qualité de contribuable résidant dans la commune) et qui, néanmoins, prenant l'initiative, invoquent leur situation pour être inscrits (C. cass. 16 avril 1885, 23 avril 1885) ;

La demande de ces électeurs sera :

1° Faite personnellement ou par mandataire (C. cass. 21 avril 1885) ;

2° Motivée ;

3° Accompagnée d'un certificat de radiation ou de la preuve qu'ils ont sollicité leur radiation de la liste où ils se trouvaient portés.

Exemple : Un électeur inscrit dans une commune pour cette raison qu'il y paye ses contributions, désire voter dans la commune où il a sa résidence (C. cass. 23 avril 1885).

Donc, les citoyens qui sont susceptibles d'être inscrits d'office et l'ont été en réalité — nous ne saurions trop insister là-dessus — n'ont pas, pour profiter de cette inscription faite indépendamment de leur démarche, à justifier de leur radiation obtenue ou de leur demande de radiation. Par conséquent, un électeur ne peut venir contester, sous prétexte que cette preuve n'a pas été administrée, l'inscription qui aurait été faite d'office (*V.* D. P. 1885, 1, 304, note 1, au sujet de la translation d'exercice du droit électoral d'une commune dans une autre).

Nota. — 1° Pour tous les citoyens rangés dans la catégorie des intéressés A, qui viennent justifier qu'ils sont dans les conditions voulues pour être inscrits, il est admis qu'un tiers électeur peut contester leurs affirmations. Ce tiers devra apporter avec lui la preuve de ce qu'il avance (C. cass. 8 avril 1878) ;

2° Quiconque aura obtenu ou tenté d'obtenir indûment et de mauvaise foi une inscription, sera puni d'un emprisonnement de six jours à un an et d'une amende de 5o à 5oo fr. (art. 6, loi du 7 juillet 1874).

B) Des tiers. Pour qu'un tiers électeur puisse solliciter une inscription en faveur d'un intéressé sans mandat de sa part, il faut :

1° Que l'inscription ne soit pas subordonnée à une demande personnelle de l'intéressé, c'est-à-dire qu'elle ne se rapporte ni à un Alsacien-Lorrain, ni à une personne ne résidant pas dans la commune et invoquant le bénéfice attaché au paiement d'une des quatre contributions ou des prestations en nature ;

2° Que le tiers électeur soit lui-même inscrit sur une liste électorale de l'arrondissement ou d'une partie de celui-ci (s'il est nommé plusieurs députés), dans lequel arrondissement ou dans laquelle partie d'arrondissement est située la commune où il veut faire admettre l'électeur intéressé (C. cass. 23 mars 1876) ;

3° Que la demande ait pour objet une inscription individuelle et ne s'applique pas à un groupe de citoyens (C. cass. 21 avril 1875 ; 16, 18, 23 mars 1863 ; 5 janvier 188o) ;

4° Que le tiers électeur entre les mains duquel la loi remet, dans l'intérêt général, le pouvoir de provoquer une adjonction à la liste électorale puisse, comme toute personne chargée de requérir au nom de la loi, motiver ses réquisitions. Autrement dit, il importe que ce tiers (se présentant à la mairie pour une personne domiciliée, en résidence obligatoire ou de six mois, ou pour un contribuable résidant dans la commune) fournisse la preuve :

    a) Que cette personne est dans les conditions requises pour être inscrite ;

    b) Qu'elle a obtenu ou tout au moins sollicité sa radiation de la liste où elle figurait antérieurement ;

5° Qu'il agisse personnellement et ne charge pas un mandataire de le remplacer. Nous sommes, en effet, en présence d'une sorte de délégation de la puissance publique dont nous verrons un autre exemple, sous forme d'action populaire, à propos des réclamations. Cette délégation confère une véritable fonction publique qui ne saurait faire l'objet d'un mandat.

Nota. — *a)* Le tiers pourra indiquer, dans sa demande, son nom et sa qualité (Circ. min. int. 30 décembre 1875) ;

    b) Les demandes d'inscription ne peuvent être formulées par un groupe d'électeurs ;

    c) Voir nota 2 des demandes d'inscription faites par les intéressés (page 57) ;

    d) Le décret de 1852 ne prescrit pas au maire d'avertir le citoyen dont l'inscription est demandée par un tiers, mais il est utile que l'intéressé en soit informé, afin qu'il puisse faire valoir les motifs tendant à l'exclure de la liste (Circ. min. int. 19 mars 1849).

C) De l'administration : le préfet ou le sous-préfet. On appliquera les mêmes règles que pour les tiers.

Présomption des droits civils et politiques.

Lorsqu'une inscription est demandée sur la liste électorale, il n'y a aucune obligation de justifier préalablement, par la production d'un casier judiciaire, que l'électeur à inscrire jouit de ses droits civils et poli-

tiques, la jouissance de ses droits civils et politiques
devant toujours se présumer (C. cass. 8 avril 1884).

Forme des demandes en vue d'inscription.

Aucune forme spéciale n'est édictée. Les demandes
peuvent être faites :

1° Verbalement au maire et le requérant est admis à
en faire la preuve (C. cass. 22 mai 1881, 23 mars
1896);

2° Par lettre : le maire en donne récépissé. Si ce récépissé est refusé, la demande de l'inscription par voie
d'huissier est possible ;

3° Sur le registre ouvert dans chaque mairie conformément à l'article 19 du décret réglementaire du 2 février 1852, bien que ce registre soit spécialement destiné à recevoir les réclamations.

Inscriptions multiples.

Lorsque, par application des principes qui précèdent,
il arrive qu'un électeur est inscrit à la fois dans plusieurs
communes différentes, cette inscription multiple ne lui
donne pas le droit de voter dans ces diverses communes
à la fois (C. cass. 26 mars 1877, 19 avril 1880, 26 avril
1881).

Sera puni d'un emprisonnement de six mois à deux
ans et d'une amende de 200 à 2,000 fr. tout citoyen
qui aura profité d'une inscription multiple pour voter

plusieurs fois (art. 34, décret organique du 2 février 1852).

Radiations opérées sur demande. — Elles émanent ou peuvent émaner :

A) Des intéressés, c'est-à-dire :

I. Des citoyens qui, résidant ou étant domiciliés dans une commune, ne veulent plus y exercer leur droit de vote, mais désirent être inscrits dans une autre commune où, ne résidant pas, ils sont portés au rôle d'une des quatre contributions ou des prestations.

Ces citoyens, pour figurer sur la liste de cette autre commune, devront prouver qu'ils ont obtenu ou sollicité tout au moins leur radiation de la liste dans laquelle ils étaient compris jusqu'alors.

La demande sera :

a) Faite personnellement ou par mandataire ;

b) Motivée.

II. Des citoyens qui, pouvant être inscrits d'office dans une commune (où ils sont domiciliés, en résidence obligatoire ou de six mois, ou encore y résidant, y paient leurs contributions), prennent l'initiative et demandent leur inscription. Ces citoyens, qui devront prouver qu'ils ont obtenu ou sollicité leur radiation de la liste sur laquelle ils se trouvaient portés jusque-là, *auront un intérêt direct à adresser une demande en radiation dans la commune où ils ne veulent plus être* électeurs.

Leur demande sera :

1° Faite personnellement ou par mandataire ;

2° Motivée (Circ. min. int. 30 novembre 1884).

Nota. — Voir nota 2 des demandes d'inscription faites par les intéressés (page 57).

B) Des tiers électeurs, quelle que soit la cause de l'inscription.

Donc, un *tiers* pourra demander la radiation d'un Alsa-cien-Lorrain ou d'un contribuable ne résidant pas dans la commune.

Mais pour que ce tiers électeur puisse demander la radiation, il faudra :

1º Qu'il soit *lui-même inscrit sur une liste électorale* de l'arrondissement ou d'une partie de celui-ci (s'il est nommé plusieurs députés), dans lequel arrondissement ou dans laquelle partie d'arrondissement est située la commune d'où il veut faire exclure l'intéressé ;

2º Que la demande ait pour objet une inscription indivi-duelle et ne s'applique pas à un groupe de citoyens (C. cass. 5 janvier 1880) ;

3º Que cette demande soit motivée. Le tiers électeur pourra indiquer son nom et sa qualité (Circ. min. int. 30 décembre 1875) ;

4º Que le tiers agisse personnellement et ne charge pas un mandataire de requérir pour lui (en voir les raisons au nº 5 des demandes d'inscription faites par les tiers, p. 58).

Nota. — 1º Le tiers électeur *prouvera que cette personne ne remplit pas les conditions voulues pour être inscrite* (C. cass. 2 mai 1883 ; C. d'Orléans 2 décembre 1843) ;

2º Les demandes en radiation ne peuvent être formulées par un groupe d'électeurs ;

3º Le maire avertira l'électeur dont l'inscription est contes-tée pour qu'il ait à présenter ses observations. Cet avertisse-ment sera donné sans frais et contiendra l'indication sommaire des motifs de la demande en radiation (Circ. min. int. 30 no-vembre 1884) ;

4º Voir nota 2 des demandes d'inscription faites par les in-téressés (page 57).

Droit d'option.

L'électeur régulièrement inscrit sur une liste et qui

a été porté d'office sur la liste d'une autre commune ne peut être radié contre son gré de l'une des deux listes, s'il remplit réellement les conditions voulues pour être porté sur l'une et sur l'autre. L'électeur a, en effet, le droit d'option (C. cass. 17 avril-6 mai 1878, 19 avril 1882). Lorsque l'électeur ayant exercé son droit électoral dans une commune a manifesté son option, il peut être rayé sur la demande d'un tiers électeur (C. cass. 10 mai 1881).

C) De l'administration : préfet ou sous-préfet (art. 19, décret organique du 2 février 1852), quelle que soit la cause de l'inscription. (Mêmes règles que pour les tiers électeurs.)

Forme des demandes en vue de radiation.

Aucune formalité spéciale n'est édictée. Les demandes en vue de radiation peuvent être faites :

1° Verbalement au maire et le requérant est admis à en faire la preuve (C. cass. 6 avril 1881) ;

2° Par lettre : le maire en donne récépissé. Si ce récépissé est refusé, on peut signifier par huissier ;

3° Par l'insertion au registre communal ouvert conformément à l'article 19 du décret réglementaire du 2 février 1852.

Commission administrative de revision.

Sa composition.

La commission administrative de revision (art. 1er,

loi du 7 juillet 1874, non modifié par la loi du 5 avril 1884) se compose :

1º Du maire de la commune (art. 1er-1, loi du 7 juillet 1874). Le remplacement du maire doit se faire par un adjoint dans l'ordre des nominations et, à son défaut, par un conseiller municipal désigné par le conseil, sinon pris dans l'ordre du tableau (art. 64, loi du 5 avril 1884) ;

2º Un délégué de l'administration choisi par le préfet soit parmi les habitants de la commune, soit en dehors de la commune (Circ. min. int. 30 novembre 1884).

Ce délégué peut, s'il s'agit de communes peu importantes, représenter l'administration à la fois dans plusieurs communes (même circ.).

La franchise postale existe entre ces délégués et le préfet ou sous-préfet (*ibid.*) ;

3º Un délégué du conseil municipal pris de préférence dans le sein du conseil, bien qu'il n'y ait aucune obligation à cela : le conseil peut, en effet, choisir son représentant en dehors de l'assemblée elle-même, à une condition toutefois, c'est que son choix porte sur une personne électeur dans la commune.

Si la commune est divisée en sections, il est institué dans chaque section une commission spéciale composée :

a) Du maire, ou de l'adjoint, ou d'un conseiller dans l'ordre du tableau ;

b) Du délégué de l'administration désigné par le préfet ;

c) Du délégué choisi par le conseil municipal (Circ. min. int. du 30 novembre 1884).

Plusieurs registres sont nécessaires pour recevoir les demandes d'inscription ou de radiation, ainsi que les réclamations, au cas où il y a plusieurs sections (Circ. min. int. 30 décembre 1875).

Si la composition de cette commission est irrégulière, la conséquence peut être l'annulation des opérations électorales (Cons. d'État 2 novembre, 29 décembre 1871); encore faudra-t-il que l'irrégularité ait influé sur le résultat des élections.

Ex. : Le délégué de l'administration n'a pas été convoqué aux séances de la commission; il n'a pas eu connaissance des opérations faites en son absence, notamment il y a eu des radiations dont le tableau déposé le 15 janvier au secrétariat de la mairie et le tableau rectificatif n'ont pas fait mention. Dans ce cas, les opérations électorales peuvent être annulées (Cons. d'État 18 décembre 1885).

Caractère de la commission administrative.

La commission administrative n'est pas une juridiction : donc aucun appel possible au juge de paix de ses décisions qui ne sont pas des actes judiciaires (C. cass. 26 avril 1881, 7 décembre 1881); aucun recours en cassation (même arrêt, 26 avril 1881).

Lieu de réunion.

La loi ne fixe aucun lieu spécial de réunion; mais la commission se réunit d'ordinaire à la mairie.

Si la commune est divisée en sections, les listes des diverses sections doivent, en règle générale et sauf les circonstances exceptionnelles, siéger au chef-lieu et à la mairie. C'est à la mairie que se trouvent les archives qu'elles auront à consulter (Circ. min. int. 30 novembre 1884).

Registre des décisions de la commission.
Tableau rectificatif.

La commission tient un registre de toutes les décisions relatives aux additions et retranchements opérés sur la liste électorale (art. 1er, décret réglementaire 2 février 1852).

Ces additions et retranchements sont portés sur un **tableau rectificatif.**

Ce tableau est déposé le 15 janvier au secrétariat de la mairie (art. 2, décret réglementaire 2 février 1852). Il est signé et arrêté par la commission administrative avant cette date (Circ. min. int. 30 novembre 1884).

Le maire dresse un procès-verbal de dépôt qui est transmis au préfet pour l'arrondissement chef-lieu et au sous-préfet pour tout autre arrondissement, avec une copie du tableau rectificatif.

Le sous-préfet transmet ces deux pièces dans les deux jours au préfet avec ses observations (art. 3, décret réglementaire 2 février 1852).

Le jour du dépôt du tableau rectificatif, avis doit être donné de ce dépôt par affiches aux endroits affectés aux publications.

Quant à la liste entière, elle est déposée après revision au secrétariat de la mairie.

La forme de cette publication du tableau est la même lorsqu'il s'agit de sections électorales ; elle est faite à la mairie de la commune.

La publication n'a pas besoin d'être opérée dans chacune des sections des communes sectionnées (Circ. min. int. 30 novembre 1884 ; Cons. d'État 12 novembre 1886).

Le défaut de publication des tableaux rectificatifs dans le délai prescrit peut motiver par le conseil de préfecture l'annulation des opérations de revision annuelle des listes électorales (Cons. préf. Seine 4 février 1881) ; il pourrait même entraîner, selon les circonstances, la nullité de l'élection (Cons. d'État 1er mai 1862).

On entend par défaut de publication le défaut de publication du dépôt et non le défaut de publication du tableau lui-même (Cons. d'État 1er mai 1862, 30 mars 1864, 25 novembre 1881). Aucune disposition législative, en effet, ne prescrit la publication du tableau lui-même. Il est suffisamment satisfait à la loi si ce tableau est déposé au secrétariat de la mairie (Cons. d'Etat 16 juin 1882). Le tribunal civil de Corbeil a même jugé (3 mai 1888) que le décret organique du 2 février 1852 prescrivait de publier par affiche l'avis du dépôt du tableau rectificatif au secrétariat de la mairie, mais n'autorisait pas le maire à afficher le tableau lui-même (voir D. P. 1888, 3e partie).

Communication du tableau rectificatif.

Le tableau rectificatif est communiqué à tout requérant qui peut le copier et le reproduire par la voie de l'impression (art. 2, décret réglementaire du 2 février 1852, confirmé par art. 2, loi du 7 juillet 1874).

La communication a lieu à la mairie sans déplacement (Circ. min. int. 30 novembre 1884).

Si le maire refuse communication, il peut y avoir recours au Conseil d'État pour excès de pouvoir (Cons. d'État 19 juin 1863 ; D. P. 1863, 3, 40, et D. P. 1887, 3, 123, note 2).

La validité de l'élection peut même être compromise (Cons. d'État 12 juin 1885) ; d'ailleurs il en est ainsi toutes les fois qu'il s'agit d'une irrégularité essentielle dans la confection des listes en l'absence même de toutes manœuvres. C'est le juge de l'élection qui apprécie la gravité de l'irrégularité (C. cass. 17 juillet 1885, 18 décembre 1885).

Recours contentieux contre les opérations de la commission administrative en cas d'inobservation des formes requises par la loi : Conseil de préfecture, Conseil d'État.

Disons immédiatement que le conseil de préfecture n'est pas juge du bien-fondé des inscriptions ou radiations pour lesquelles il y a une commission de jugement, mais seulement de la forme dans laquelle sont menées les opérations. C'est devant la commission municipale que l'on porte les réclamations contre les décisions de la commission administrative.

Ceci étant, dans les deux jours de la réception du tableau rectificatif, le préfet peut déférer au conseil de préfecture les opérations de la commission administrative, opérations préparatoires de la revision, pour inobservation des formalités prescrites par la loi et des délais réglementaires.

Les règles et les formes de la revision sont déterminées par les articles 1 à 8 du décret réglementaire du 2 février 1852, et par la loi du 7 juillet 1874 qui a confirmé plusieurs dépositions du décret réglementaire du 2 février 1852.

Nous avons précédemment parlé des formes dans lesquelles la revision devait être faite. Pour les délais, voir Circ. min. int. 28 novembre 1885.

Lorsque le préfet demande l'annulation des opérations préparatoires conduites par la commission administrative, il exerce une action publique qui lui est spécialement réservée (art. 4, décret réglementaire 2 février 1852 ; D. P. 1887, 3, 123, note 1 ; Cons. d'État 20 décembre 1889). Lui seul est juge de l'exercice de cette action publique et personne parmi les électeurs ne peut l'obliger à saisir la juridiction compétente (Cons. d'État 9 juin 1886 ; D. P. 1887, 3, 123).

A *fortiori* un électeur ne pourrait-il déférer personnellement au conseil de préfecture les opérations concernant les listes électorales (Cons. d'État 2 juill. 1880, 27 juill. 1883 ; D. P. 1885, 3, 66).

La demande en annulation doit se fonder uniquement sur le défaut des prescriptions légales pendant l'exécution de ces opérations. Un fait postérieur aux opérations, tel que la fermeture de la mairie pendant une partie de la dernière journée du délai imparti aux électeurs pour demander leur inscription ou radiation ne peut fonder suffisamment une demande en annulation.

Le délai dans lequel le conseil de préfecture doit statuer est de *trois jours* (Décret réglementaire 2 février 1852, art. 4).

Dans son arrêté d'annulation de la liste de la commission, ce tribunal doit ordonner la réfection, suivant les formes, desdites opérations, le dépôt du tableau au secrétariat à une date déterminée, l'avis et l'affiche du jour du dépôt dudit taleau et la transmission immédiate au préfet ou au sous-préfet de la copie du tableau et du procès-verbal constatant l'accomplissement de ces formalités (Cons. préf. Seine 4 février 1881 ; D. P. 1882, 5, 183).

Le conseil de préfecture, en fixant la date pour le dépôt du tableau au secrétariat de la mairie, fait courir à partir de cette date tous les délais ordonnés par la loi pour les autres opérations qui sont : réception des réclamations, décision de la commission municipale, appel devant le juge de paix, pourvoi en cassation (Cons. préf. Seine, arrêt précité).

Cette juridiction n'est pas compétente lorsque le travail de revision préparatoire a été complètement omis. C'est au préfet, chargé d'assurer dans le département

l'exécution des lois, qu'il appartient de prendre les mesures nécessaires pour qu'il soit immédiatement procédé
au travail de revision et ensuite au dépôt du tableau
rectificatif selon les formes prescrites (Décret réglementaire 2 février 1852), les délais accordés aux citoyens
pour former leurs réclamations ne devant, d'ailleurs,
courir que du jour de la publication (Circ. min. int.
30 novembre 1884 s'appuyant sur la décision du Conseil
d'État du 22 mars 1875).

Les décisions du conseil de préfecture ont un caractère contentieux et peuvent être déférées au Conseil
d'État (Cons. d'État 22 mars 1875). On ne peut pas dire
que le conseil de préfecture fasse, dans ce cas, simplement acte d'administration ; en effet, il ne fait acte
d'administration qu'en qualité de conseil du préfet.
Dans tous les autres cas, sauf s'il s'agit d'autorisation
de plaider — circonstance dans laquelle il prend des
décisions sous réserve d'appel à la section de législation
du Conseil d'État, — il statue comme juge du contentieux et ses décisions sont susceptibles de recours au
Conseil d'État.

Le droit de recours appartient :

I. En cas d'annulation des opérations par le conseil
de préfecture :

a) Au ministre et non au préfet (C. cass. 20 mars
1875) ;

b) Au maire et à tout électeur (Cons. d'État 7 août
1883 ; D. P. 1885, 3, 66, note 2 ; 26 décembre 1884,
20 décembre 1889).

Il s'agit devant le Conseil d'État non d'un pourvoi pour excès de pouvoir, cela s'infère de la rédaction de l'arrêt précité du 7 août 1883, rendu dans la forme des décisions en appel.

II. En cas de maintien desdites opérations par le conseil de préfecture :

a) Au ministre ;

b) Au maire.

Un électeur n'est pas recevable à déférer au Conseil d'État l'arrêté du conseil de préfecture qui maintient les opérations attaquées (Cons. d'État 14 mars 1879) ; il n'a plus le droit de se pourvoir au Conseil d'État contre la régularité des opérations électorales, la légalité de ces opérations pouvant être soumise au conseil de préfecture (Cons. d'État 9 juillet 1886).

Nota. — Ce paragraphe traite spécialement des recours contentieux contre les opérations préparatoires de la revision (c'est-à-dire de celles qui sont faites par la commission administrative). Cependant nous croyons devoir ajouter ici que la compétence du conseil de préfecture s'étend à toutes les opérations qui ont eu pour objet d'arrêter les listes définitives déposées au secrétariat de la mairie, après le délai laissé aux parties pour faire juger leurs réclamations (Cons. d'État 6 août 1881 ; D. P. 1883, 3, 13).

SECTION II

NOTA. — Toute la journée du 4 appartient à l'électeur jusqu'à minuit (D. P. 1883, 1, 389, note 1), sauf le droit pour
le maire d'indiquer des heures de clôture et réouverture,
dans cette journée, des bureaux de la mairie (C. cass. 7 mai
1883, 26 novembre 1883). Le fait de trouver les bureaux fermés équivaut à un refus d'inscription ou de radiation, et l'appel est ouvert devant le juge de paix.

Durant ce laps de temps du 16 janvier au 4 février, les
maires ne sont pas tenus de laisser les bureaux ouverts les
dimanches et jours fériés. Cependant, une lettre du ministre
de l'intérieur au préfet des Alpes-Maritimes (15 janvier 1875)
conseille aux maires de ne pas fermer les bureaux de la mairie le dernier dimanche de la période de réclamation.

**Réclamation en vue d'inscription, comprenant
même les inscriptions qui n'ont pas fait l'objet d'une
demande du 1er janvier au 14 inclus.** — Ce qui signifie qu'on peut s'adresser immédiatement à la commission municipale sans passer par la commission administrative, autrement dit, qu'on est à temps pour
réclamer son inscription du 16 janvier matin au 4 février, alors qu'on ne l'a pas demandée du 1er au
14 janvier inclus. Cela se comprend aisément à l'aide
de ce principe que le droit d'être inscrit ne peut être
périmé tant qu'il existe un moyen légal de le faire reconnaître.

Elles émanent ou sont susceptibles d'émaner :

A. Des intéressés, c'est-à-dire :

I. Des Alsaciens-Lorrains qui réclament pour la première fois leur inscription, du 16 janvier au matin au 4 février inclus.

Leur réclamation sera :

   a) Faite personnellement ou par mandataire ;

   b) Motivée.

II. Des contribuables qui, ne résidant pas dans la commune, désirent néanmoins y exercer leur droit de vote pour ce motif qu'ils y sont portés au rôle d'une des quatre contributions ou des prestations.

Leur réclamation, adressée pour la première fois du 16 janvier au 4 février inclus, sera :

   a) Faite personnellement ou par mandataire ;

   .*b*) Motivée ;

   c) Accompagnée d'un certificat de radiation ou de la preuve que cette radiation de la liste où ils figuraient antérieurement a été sollicitée par eux.

III. Des citoyens rayés de la liste sur laquelle ils étaient portés jusque-là.

Leur réclamation, qui n'a en rien le caractère d'une demande d'inscription, sera uniquement :

   a) Faite personnellement ou par mandataire ;

   b) Motivée.

Aucune justification ne pourra être exigée.

IV. Des personnes omises ou des personnes qui, devant être inscrites d'office, ne l'ont pas été. Ce sont :

   a) Les citoyens en résidence depuis six mois dans la commune ;

   b) Les citoyens domiciliés ;

   c) Les fonctionnaires à résidence obligatoire ;

   d) Les contribuables résidant dans la commune.

Leur réclamation sera :

    a) Faite personnellement ou par mandataire ;

    b) Motivée ;

    c) Accompagnée d'un certificat de radiation ou de la preuve que celle-ci a été sollicitée, de la liste où ces personnes figuraient.

V. Des personnes dont l'inscription demandée du 1er au 14 janvier inclus a été refusée par la commission administrative :

    a) Les Alsaciens-Lorrains ;

    b) Les contribuables ne résidant pas.

Leur réclamation sera :

    a) Faite personnellement ou par mandataire ;

    b) Motivée ;

    c) S'il s'agit seulement de contribuables ne résidant pas, accompagnée d'un certificat de radiation ou de la preuve que cette radiation a été opérée dans la commune où *ils étaient précédemment* électeurs.

NOTA. — *a*) Pour tous les citoyens rangés dans la catégorie des intéressés, il est admis qu'un tiers peut contester leurs affirmations, mais il devra fournir la preuve de ce qu'il avance (C. cass. 8 avril 1878).

b) Quiconque aura obtenu ou tenté d'obtenir, indûment et de mauvaise foi, une inscription, sera puni d'un emprisonnement de six jours à un an et d'une amende de 50 à 500 fr. (art. 6 de la loi du 7 juillet 1874).

B. Des tiers électeurs :

Pour qu'un **tiers électeur** puisse réclamer une inscription en faveur d'un intéressé, il faut :

1° Que l'inscription ne soit pas subordonnée à une demande ou réclamation de sa part, c'est-à-dire qu'elle ne se rapporte ni à un Alsacien-Lorrain, ni à un contribuable ne résidant pas dans la commune et désirant cependant y exercer son droit de vote ;

2º Que le tiers électeur soit lui-même inscrit sur une liste électorale de l'arrondissement ou de la partie de celui-ci (s'il est nommé plusieurs députés) dont dépend l'intéressé (C. cass. 23 mars 1876).

Ce tiers montrera un certificat du maire de la commune constatant sa qualité d'électeur (Circ. min. int. 19 mars 1849 et 18 novembre 1863). Ce certificat peut être remplacé par tout autre document équivalent; exemple : une carte d'électeur ;

3º Que la réclamation ait pour objet une inscription individuelle et ne s'applique pas à un groupe de citoyens (C. cass. 21 avril 1875, 5 janvier 1880) ;

4º Que des motifs accompagnent cette réclamation et que son auteur justifie des diligences de l'intéressé en vue d'obtenir sa radiation de la liste où il était antérieurement porté (C. cass. 23 avril 1885 ; Circ. min. int. 30 novembre 1884) ;

5º Que le tiers agisse personnellement et ne charge pas un mandataire (V. ce que nous avons dit au sujet des demandes d'inscription faites par les tiers du 1er janvier au 14 inclus, nota 5).

Nota. — a) Les réclamations ne doivent pas être formulées par un groupe d'électeurs, bien que l'action accordée aux tiers soit une action populaire.

Une conséquence de ce que l'action accordée aux tiers est une action populaire et non d'intérêt privé a été tirée par la Cour de cassation qui décide que les décisions de la commission municipale peuvent acquérir l'autorité de la chose jugée, alors qu'il n'y a pas eu identité de parties dans la première instance et dans celle qui vient à être intentée postérieurement. Exemple : La chose jugée peut être invoquée par l'électeur intéressé contre tout réclamant ou contre lui par tout réclamant (C. cass. 12 avril 1864, 14 avril 1875, 24 avril 1876). En d'autres termes, celui qui réclame une inscription exerce non une action de droit privé, mais une action publique, dans un intérêt public, et la question jugée avec ce tiers électeur contradicteur légal se trouve l'être à l'égard de tous (C. cass. 14 avril 1875).

b) Parmi les tiers qui peuvent réclamer se trouvent également les membres de la commission administrative qui a préparé le tableau rectificatif (Circ. min. int. 30 nov. 1884).

c) Les réclamations peuvent être faites même par les tiers électeurs qui n'ont produit *aucune demande* devant la commission administrative.

d) Voir nota 5 des réclamations faites par les intéressés.

C. De l'administration, préfet ou sous-préfet (C. cass. 9 mai 1866, 31 mai 1877).

Mêmes règles que pour les tiers électeurs.

Réclamations en vue de radiation, comprenant même les radiations qui n'ont fait l'objet d'aucune demande du 1er janvier au 14 inclus. — On peut donc s'adresser directement à la commission municipale, sans être astreint à formuler une demande de radiation du 1er janvier au 14 inclus.

Ces réclamations émanent ou peuvent émaner :

A. Des intéressés, **c'**est-à-dire des personnes qui ont négligé de solliciter, du 1er janvier au 14 inclus, leur radiation de la liste sur laquelle elles se trouvaient portées : la preuve de cette sollicitation est nécessaire à ces personnes qui auront à la produire, lors de leur réclamation en vue d'inscription sur la liste d'une autre commune.

B. Des tiers (voir ce que nous avons dit au sujet des demandes en radiations faites du 1er au 14 janvier).

C. De l'administration (*Ibidem*).

Cas dans lequel la réclamation de l'intéressé en vue d'une radiation est faite postérieurement au 4 février, c'est-à-dire postérieurement à l'époque où les commissions municipales peuvent être légalement saisies.

L'intéresssé pourra plus tard, devant le juge de paix, corriger cette demande tardive en prouvant qu'elle a été suivie depuis de radiation effective (C. cass. 16 avril, 26 avril 1888).

Commission municipale.

Composition (7 juillet 1874, A L, circ. min. 30 nov. 1884).

Dans chaque commune, ou dans chaque section électorale, si le conseil général a ordonné le sectionnement, est instituée une commission municipale pour juger les réclamations contre la revision préparatoire opérée par la commission administrative.

Elle se compose de cinq membres :

a) Du maire, d'un adjoint ou d'un conseiller municipal dans l'ordre du tableau, qui a la présidence de la commission ;

b) D'un délégué de l'administration ;

c) De trois délégués du conseil municipal, c'est-à-dire des membres de la commission administrative auxquels sont adjoints deux délégués du conseil municipal.

Cette composition est par conséquent celle de la

commission administrative avec adjonction de deux délégués du conseil municipal. Ces deux délégués doivent être au moins électeurs, mais cela ne résulte pas de la loi (Circ. min. du 3o novembre 1884).

Si le conseil municipal qui doit nommer ses délégués ne se réunit pas, au premier appel, en nombre suffisant pour délibérer, on doit recourir aux trois convocations prévues par l'article 5o de la loi du 5 avril 1884 (Circ. min. int. 3o novembre 1884).

Quorum.

La commission ne peut délibérer valablement si les cinq membres désignés pour la composer ne sont pas présents (C. cass. 21 mars 1883, 9 mars 1892, 9 juillet 1893).

La commission ne sera pas en nombre :

a) Par suite du refus renouvelé du conseil municipal de nommer des délégués ;

b) Par suite d'un déni de concours d'un ou des délégués choisis ;

c) Par suite de l'empêchement accidentel de l'un d'eux.

Dans les deux premiers cas, il y aura lieu pour le maire assisté du délégué de l'administration à suppléer d'office la commission municipale non organisée ou désorganisée et à prendre sous leur autorité personnelle les décisions qu'eût prises la commission municipale (Circ. min. int. 3o novembre 1884).

Dans le troisième, on invitera le conseil municipal à remplacer le délégué manquant et alors on tombera ou dans la première hypothèse, si le conseil municipal ne s'exécute pas, ou dans la seconde, si le *nouveau* membre par lui choisi refuse son concours.

Conséquence de l'irrégularité de la composition.

D'après la jurisprudence, cette conséquence peut être l'annulation des opérations électorales (Cons. d'État 29 décembre 1871), annulation prononcée par le conseil de préfecture après constatation de l'irrégularité par le juge de paix, qui seul en connaît comme juge d'appel de la commission municipale (C. cass. 5 janvier 1880, 9 mai 1889). A notre avis, il y a lieu de prononcer la nullité absolue des opérations.

Compétence pour apprécier la validité de la composition.

A ce sujet, la jurisprudence de la Cour de cassation a décidé que la commission, même irrégulièrement composée, constitue la juridiction du premier degré en matière électorale ; qu'elle exerce une fonction de l'ordre judiciaire et non de l'ordre administratif. Par suite, le juge de paix peut et doit apprécier la validité de la composition de la commission municipale, auteur de la décision attaquée devant lui (C. cass. 26 mars 1872, 8 décembre 1873, 23 avril 1877, 8 mai 1878; Cons. d'État 4 mai 1875).

Caractères de la commission.

La commission municipale constitue une juridiction de l'ordre judiciaire. Cependant, au point de vue de la responsabilité en matière de délits commis par les membres de la commission dans l'exercice de leurs fonctions, on décide qu'il y a lieu d'appliquer le droit commun (Trib. de Montargis 15 juin 1875); jugé également que, pour actionner en dommages-intérêts les commissaires à raison de leurs décisions, la procédure de la prise à partie n'est pas nécessaire : les articles 505 et 509 du Code de procédure civile ne concernent, en effet, que les magistrats d'ordre judiciaire et non les membres d'une commission exerçant passagèrement leur magistrature (même jugement).

La commission municipale ne peut jamais statuer d'office comme la commission administrative : il faut qu'elle soit saisie; elle ne peut juger que les questions qui lui sont déférées (C. cass. 16 avril 1885, 3 mai 1888).

C'est au juge de paix saisi par voie d'appel des décisions de la commission municipale à apprécier si ladite commission a été ou non régulièrement composée (C. cass. 4 juin 1875, 30 avril 1877). Il peut sans excès de pouvoir annuler une décision à raison d'irrégularités constatées par la décision elle-même (C. cass. 8 décembre 1873).

Durée de la session.

La commission municipale, convoquée par le maire, siège du 5 février au matin au 9 février inclus (Décret 2 février 1852). Cependant elle peut, en vertu des instructions du ministre de l'intérieur, siéger avant le 5 février, si elle a déjà reçu des réclamations (Circ. 30 novembre 1884). Il lui est même possible de se réunir après l'époque fixée pour la clôture des listes (31 mars) lorsqu'il reste des opérations à juger (Lettre du ministre de l'intérieur au préfet de la Corse, 15 mars 1879).

Le maire peut la réunir au cours de l'année, par exemple, pour statuer sur une radiation d'office dont l'électeur n'a été averti qu'après la clôture des listes.

Jugement des réclamations par la commission.

La commission municipale ne peut agir que sur demande en réclamation portée devant elle par les personnes qualifiées légalement.

Le maire ne peut la saisir, même sur avis du parquet (C. cass. 9 mai 1865), non plus que l'un de ses membres.

Ses décisions sont prises à la majorité des suffrages (Circ. min. int. 30 novembre 1884).

Le maire n'a pas voix prépondérante en cas de partage (Circ. min. int. 18 mars 1849).

Elle examine tous les chefs de réclamation : si elle s'abstient sur l'un des chefs, le juge de paix doit réparer l'omission (C. cass. 25 avril 1870).

Toutes les preuves sont admises devant elle (Circ. min. int. 30 novembre 1884).

Forme de ses décisions.

Il n'y a pas de formes solennelles prescrites pour les décisions de la commission municipale.

Ses jugements doivent seulement contenir les indications concernant la personnalité des parties, l'objet de la demande, la cause de l'inscription ou de la radiation et la décision de la commission administrative.

Ils sont motivés (Circ. min. int. 30 novembre 1884) et consignés sur un registre (même circ.; art. 1er, décret régl. 2 février 1852). Les minutes en sont conservées (C. cass. 16 mai 1881). Si la décision n'avait pas été conservée en minute, le juge de paix n'aurait pas à en faire état, mais il aurait le droit d'évoquer l'affaire et de statuer au fond, contrairement au droit commun en matière d'appel (art. 473 du Code de procédure civile et art. 22, décret organ. 2 février 1852).

Délai du jugement.

La loi du 15 mars (art. 8) indique un délai de cinq jours pour le prononcé du jugement par la commission municipale. Mais les décrets du 2 février 1852 ne repro-

duisent pas cette prescription : doit-elle par conséquent
être maintenue ? La jurisprudence répond par l'affirmative, tempérant cette solution par l'observation que le
délai de cinq jours n'est pas édicté à peine de nullité
(C. cass. 16 avril 1872). La circulaire ministérielle du
30 novembre 1884 (intérieur) prescrit de statuer avec
le plus de célérité possible.

Notification du jugement.

Le maire notifie les décisions de la commission municipale aux parties intéressées (Loi 7 juillet 1874,
art. 4).

Cette notification fait courir les délais d'appel (C. cass.
11 juin 1877, 30 mai 1879, 23 mars 1892).

On appelle parties intéressées, le défendeur, le demandeur, même les électeurs dont l'inscription a été
contestée par les tiers électeurs et qui n'auraient pas
été parties en la cause.

La notification se fera par écrit (art. 4, loi du 7 juillet
1874) ; une simple lettre suffit, mais la preuve de la
réception doit être administrée. Aussi les circulaires du
ministère de l'intérieur des 12 juillet 1874 et 30 novembre 1884 conseillent-elles d'employer un agent assermenté ou d'exiger un récépissé (voir aussi C. cass.
30 mai 1892). Cet agent assermenté peut être un garde
champêtre ou un gendarme.

La notification est délivrée à domicile.

Pour le réclamant non résidant dans la commune,

la notification a lieu par l'intermédiaire du maire de sa résidence, à qui l'on transmet la décision (Circ. min. int. 9 avril 1849).

Délai de la notification du jugement.

Ce délai est fixé à trois jours à compter de la date de la décision. Si la notification est retardée, le point de départ du délai d'appel est reculé (C. cass. 11 juin 1877, 30 mai 1879, 23 mars 1892).

Défaut de notification : sanction.

Le citoyen rayé sans que notification lui ait été signifiée peut réclamer contre les opérations électorales (Cons. d'État 4 novembre 1881), devant le conseil de préfecture ; mais devant cette juridiction; il ne discutera pas le mal-fondé de sa radiation, le conseil étant incompétent quant à la validité des inscriptions ou radiations. Il réclamera simplement contre les résultats des opérations d'où il a été exclu.

Le défaut de notification n'empêche donc pas la décision d'exister, d'avoir son effet relativement à l'exclusion de l'électeur radié qui ne pourra prendre part au vote, conservant en revanche le droit de protester, comme il vient d'être dit plus haut, contre les opérations électorales. Toutefois, le délai d'appel ne courra pas au préjudice dudit électeur (C. cass. 4 avril 1854). En résumé, deux sanctions au défaut de notification :

a) Le délai d'appel ne court pas (C· cass.. 29 janvier 1875).;

b) L'électeur radié a le droit, sans qu'on puisse lui opposer le défaut de qualité, de protester contre les opérations d'où il a été exclu.

Publicité des décisions de la commission.

Les municipalités doivent rendre publics les jugements des commissions municipales, mais la publication a lieu en ce sens que seules sont affichées aux endroits ordinaires les inscriptions et radiations sans aucun détail sur le jugement (Circ. min. int. 25 janvier 1888)...

Le tableau mentionnant les résultats des décisions prises doit être affiché, comme il vient d'être dit, le 10 février, date marquant la fin de la session de la commission municipale. Cette publicité permettra aux tiers de faire appel des décisions de la commission sans attendre la publication de la liste définitive, car nous verrons que tout électeur inscrit sur les listes d'une circonscription électorale a le droit d'interjeter appel desdites décisions alors même qu'il n'y a pas été partie.

Ces tiers électeurs pourront se faire délivrer copie du tableau contre le droit de o fr. 75 par rôle, droit fixé par la loi du 7 messidor an II (Circ. min. du 25 janvier 1888).

Prise à partie.

Les membres de la commission municipale ne sont pas pris à partie lorsqu'il y a lieu de les actionner à

raison de leurs décisions. La procédure de la prise à
partie (art. 5o5 et 5o9 C. P. c.) ne s'applique qu'aux
magistrats de l'ordre judiciaire et non aux citoyens
remplissant momentanément les fonctions de magistrats. Il suffit, pour actionner les membres de la commission municipale coupables de délit dans l'exercice
de leurs fonctions, de s'en référer au droit commun
(Trib. de Montargis 15 juin 1875).

Requête civile et tierce opposition.

On ne peut user ni de la requête civile, ni de la
tierce opposition devant la commission municipale.

Appel des décisions de la commission.

Devant qui peut-on porter appel ?

Appel peut être interjeté des décisions de la commission municipale : il est porté devant le juge de paix
(art. 21, décret org. 1852 ; art. 3, loi du 7 juillet 1874).

Personnes pouvant interjeter appel.

Les personnes à qui la loi reconnaît le droit
d'appeler d'une décision de la commission municipale
sont :

a) Toute personne qui a été partie à la décision,
c'est-à-dire :

I. L'électeur dont l'inscription a été refusée ;

II. Celui dont la radiation a été maintenue ;

III. Celui dont la radiation a été prononcée sur l'action d'un tiers électeur. Il n'importe pas que le citoyen qui a vu son inscription annulée ou refusée sur la demande d'un tiers soit intervenu personnellement (C. cass. 21 avril 1869) ;

IV. Le préfet ou le sous-préfet dont la réclamation n'a pas été accueillie par la commission municipale ou le maire, mais seulement sur mandat du préfet ou du sous-préfet.

Nota. — Lorsque le délégué de l'administration aura pris part à une décision, son devoir sera d'avertir le préfet ou le sous-préfet chaque fois qu'un recours lui paraîtra utile à introduire (Circ. min. int. 12 juillet 1874).

b) Les personnes suivantes qui n'ont pas été parties à la décision, c'est-à-dire :

I. Tout électeur inscrit sur les listes de la circonscription électorale (C. cass. 8 mai 1877). Il faut de toute nécessité que l'électeur ait été inscrit sur la liste au moment de l'appel interjeté. Donc, une sentence d'appel ne serait pas valablement rendue sur l'action d'un électeur qui a été inscrit sur la liste le jour même du jugement rendu sur l'appel (C. cass. 9 mai 1877).

L'électeur inscrit doit prouver son inscription pour établir son droit d'appeler. Les modes de preuves ne sont pas limitées à cet effet.

L'action de l'électeur inscrit est admise même dans le cas où la loi exige pour l'inscription électorale qu'il y ait demande personnelle ou par mandataire. Il suffit alors que l'intéressé ait fait sa réclamation devant la commission municipale pour que le tiers électeur inscrit puisse faire appel de la décision rejetant ladite réclamation (C. cass. 7 décembre 1880).

II. Le préfet ou le sous-préfet (Décret org. 2 février 1852, art. 19).

III. Le maire, président de la commission municipale, dans une circonstance spéciale : à titre de mandataire du préfet ou sous-préfet, partie dans la cause en première instance (C. cass. 17 avril 1883).

IV. Le membre de la commission municipale lorsqu'il n'est pas prouvé qu'il a concouru à la décision (C. cass. 24 mai 1881). Exemple : le délégué de l'administration peut interjeter appel de la décision à laquelle il n'a pas concouru (C. cass. 9 mai 1882).

Nota. — Cette énumération est limitative : donc, le maire et les membres de la commission municipale n'ont pas qualité pour appel devant le juge de paix de la décision à laquelle ils ont pris part. On ne saurait comprendre l'appel des membres de la commission municipale, par acte individuel ou collectif au nom de celle-ci, un tribunal n'étant jamais admis à paraître en appel pour justifier sa décision (C. cass. 29 mars 1893).

Formes de l'appel.

L'appel se forme par une simple déclaration au greffe de la justice de paix du canton (art. 22, décret org. 2 février 1852 ; art. 3, loi du 7 juillet 1874).

Une lettre missive n'est pas admise (C. cass. 3 décembre 1850, 10 décembre 1850).

La nullité résultant du défaut de déclaration au greffe en la forme voulue peut être couverte par le silence du défendeur (C. cass. 8 mai 1877, 29 mars 1881).

La rédaction de la déclaration au greffe n'est assujettie à aucune forme, mais on admet qu'elle doit être inscrite sur un registre ou consignée dans un procès-

verbal, qu'au moins il doit en être donné récépissé
(C. cass. 30 juillet 1849).

La déclaration précisera en outre la décision attaquée
et les motifs à l'appui de l'appel (C. cass. 5 juillet
1880, 17 avril 1883). Une copie de la décision sera
jointe à la déclaration ou produite au juge de paix lui-
même (C. cass. 8 mai 1878, 22 avril 1880, 14 avril
1890). A défaut de cette production, l'appel serait irrecevable. Mais il faut que l'exception d'irrecevabilité
soit opposée en première instance : elle ne serait pas
admise en tout état de cause, la production de la copie
de la déclaration n'étant pas d'ordre public (C. cass.
20 août 1883, 30 mars 1896). La déclaration se fait
aussi par mandataire : la preuve du mandat, qui peut
être verbal, est appréciée par le juge (C. cass. 22 juin
1880).

Délai de l'appel pour les parties à la décision attaquée.

L'appel de la décision de la commission municipale
doit être interjeté dans les cinq jours de la notification
de ladite décision (art. 21, décret org. 2 février 1852 ;
art. 4, loi du 7 juillet 1874), le jour de l'échéance du
terme étant compté (exception à l'art. 1033 C. P. c. ;
voir en ce sens C. Douai 13 novembre 1837).

Si la notification n'est pas faite, le délai d'appel ne
court pas et l'on peut arriver à l'hypothèse d'un appel
recevable même après la clôture des listes électorales
(C. cass. 4 janvier 1882).

En cas de notification, l'appel formé après ce délai de cinq jours est frappé d'une nullité d'ordre public que le juge de paix doit prononcer d'office (C. cass. 5 avril 1869).

L'appel peut être interjeté avant la notification de la décision attaquée (C. cass. 4 avril 1854, 16 novembre 1874, 8 août 1876).

A noter que le délai dont nous venons de parler sera augmenté à raison des distances (art. 1033).

Le délai peut être augmenté à raison des distances (art. 1033 C. P. c. ; C. cass. 4 mai 1868). Mais la Cour de cassation semble être revenue sur cette décision en décidant que, si le dernier jour du délai était un jour férié, il compterait sans prorogation, contrairement au dernier alinéa de l'article 1033 C. P. c. (C. cass. 3 mai 1880).

Délai de l'appel pour les électeurs non parties à la décision de la commission municipale.

Les électeurs étrangers à la décision attaquée ont 20 jours à dater de la décision pour interjeter appel (Circ. min. int. 31 août 1874, 30 novembre 1884).

Cette faculté accordée aux tiers est une conséquence de l'action qui leur est dévolue relativement aux réclamations en inscription ou radiation des électeurs de leur circonscription électorale (art. 19, décret org. 2 février 1852).

Mais le droit d'appel doit être exercé dans les

20 jours à peine de déchéance (C. cass. 17 mai 1870, 12 avril 1876).

Dans le cas où le maire a refusé la communication de la décision de la commission municipale aux tiers électeurs, le délai d'appel ne court contre eux que du jour où ils ont pu prendre connaissance de cette décision (C. cass. 19 juin, 30 juillet 1884) et notamment du jour où la minute de la liste électorale est déposée au secrétariat de la commune pour en faire la communication à tout requérant (C. cass. 12 avril 1881).

Indépendance des droits d'appel : sa limite.

Le tiers électeur peut toujours user de son droit d'appel qui reste indépendant du même droit accordé à la partie intéressée. Par suite, si cette dernière a vu son appel rejeté comme tardif, le tiers électeur conserve la faculté d'appeler dans les 20 jours de la décision, mais il est nécessaire que le premier jugement n'ait pas préjugé le fond (C. cass. 21 août 1882).

En résumé, le droit d'appel du tiers électeur n'est pas épuisé par l'usage qu'a fait du même droit la partie intéressée, pourvu que le jugement rendu en appel n'ait pas préjugé le fond.

Procédure devant le juge de paix.

Avertissement.

Le juge de paix statue sur simple avertissement (art. 22, décret org. 2 février 1852 ; art. 3, loi du 7 juillet 1874). Il n'y a pas d'autre forme de procédure, mais cette seule forme prescrite doit être respectée à peine de nullité, notamment le juge ne peut statuer si les parties n'ont reçu *trois jours* à l'avance ledit avertissement (art. 22, décret org. du 2 février 1852 ; C. cass. 3 juillet 1871, 4 mai 1880, 20 juin 1882, 7 mai 1883). La nullité résultant soit du défaut d'avertissement, soit de son irrégularité se couvre par la comparution de la partie et sa défense au fond (C. cass. 1er décembre 1874 ; 7 mars, 1er mai 1882 ; 25 avril 1892 ; art. 173 C. P. c.). Cependant il n'en reste pas moins qu'il s'agit là d'une nullité d'ordre public qui, si elle n'a pas été couverte par la présence et les conclusions de l'électeur devant le juge de paix, peut être proposée en tout état de cause, mais uniquement par les parties intéressées qui n'auraient pas reçu d'avertissement : la raison en est que la nullité dont s'agit est édictée en faveur des droits de la défense et ne doit être soulevée, en tout état de cause, que par les citoyens au regard desquels ces droits n'ont pas été respectés ; elle n'est d'ordre public qu'à leur égard.

L'avertissement est donné aux parties intéressées, c'est-à-dire :

a) L'électeur dont l'inscription ou la radiation fut en question devant la commission municipale ;

b) L'électeur contesté (C. cass. 23 mars 1863, 19 avril 1880) ;

c) Le tiers électeur inscrit, partie devant la commission municipale (C. cass. 29 avril 1878) ;

· *d*) Les tiers électeurs qui ont obtenu l'inscription d'un citoyen devant la commission municipale lorsque la décision de cette dernière est portée devant le juge de paix par un tiers (C. cass. 7 mai 1883);

e) L'électeur appelant lui-même (C. cass. 15 avril 1868), qu'il ait agi pour son compte ou pour obtenir l'inscription ou la radiation d'un autre électeur.

· Ne sont pas parties intéressées : les membres de la commission municipale, et l'article 22 du décret organique du 2 février 1852 n'oblige pas le juge de paix à leur faire adresser un avertissement préalable.

La notification de l'avertissement est faite au domicile réel (voir D. P. 1880, 1, 154, note 3) ou élu (C. cass. 19 avril 1880) de la partie, ou adressé au maire de la commune de l'intéressé (C. cass. 11 juillet 1895).

Intervention en cause d'appel.

· Tout électeur inscrit peut intervenir devant le juge de paix sur les appels des décisions de la commission municipale (C. cass. 20 juin 1882).

Un tiers électeur peut en conséquence intervenir en appel, bien qu'il n'ait pas été partie à la décision rendue en première instance, et peut notamment se substituer au tiers électeur appelant qui ne se présente pas; mais l'intervenant ne saurait étendre son action à des jugements de la commission municipale ne concernant pas l'électeur pour lequel eût agi le tiers appelant qui ne s'est pas présenté (C. cass. 27 juin 1870, 20 juin 1882, 7 mars 1882).

L'intervention devant le juge de paix n'est pas soumise aux règles ordinaires sur la forme des demandes en intervention (art. 339, 446, C. P. c. ; D. P. 1877, 1, 299, note 8).

Récusation.

Le juge de paix peut être récusé (art. 14 et suiv. C. P. c.) :

1º S'il a un intérêt personnel à la contestation ;

2º S'il est parent ou allié de l'une des parties jusqu'au degré de cousin germain inclusivement ;

3º Si, dans l'année qui a précédé la récusation, il y a eu procès criminel entre lui et l'une des parties ou son conjoint, ou ses parents et alliés en ligne directe ;

4º S'il y a procès civil existant entre lui et l'une des parties ou son conjoint ;

5º S'il a donné un avis écrit dans l'affaire.

Elle doit être proposée avant tout débat *in limine litis*.

A noter qu'un juge de paix, maire d'une commune et membre de la commission administrative, peut statuer sur l'appel de la décision de la commission municipale, s'il n'a pas pris part à ses décisions (C. cass. 24 mai 1881, 20 juin 1881). En effet, il n'a pas exercé au premier degré devant la commission municipale un pouvoir contentieux (art. 378-8º, C. P. c.).

Pouvoir et compétence du juge de paix.

I. Le juge de paix est juge d'appel. Il statue uniquement sur les litiges soumis à la commission municipale.

Il ne connaît, par conséquent, en aucune façon, des questions tranchées seulement par la commission administrative (C. cass. 9 mai, 11 juin 1877 ; 4 mai 1890, 23 juin 1893).

Le juge de paix serait vraiment saisi d'appel sur décision de première instance dans le cas même où cette décision serait celle du maire tout seul qui aurait usurpé les fonctions de la commission municipale (D. P. 1876, 1, 229, note 7). Il serait, *à fortiori,* régulièrement saisi sur une décision rendue par le maire et le délégué du préfet, statuant au lieu et place de la commission municipale.

Le juge de paix pourrait statuer sur l'appel formé par un électeur inscrit, même si la demande de cet électeur avait été présentée à la commission municipale sous un autre nom par suite d'erreur, pourvu que l'identité du plaideur et celle de l'opposant ne soient pas contestées (C. cass. 28 avril 1880).

La décision rendue directement par le juge de paix sans avoir été saisi par appel d'une décision antérieure donnerait lieu à pourvoi pour excès de pouvoir. A noter, au point de vue spécial de la validité des élections, que cet excès de pouvoir commis par le juge de paix ne serait pas une cause de l'annulation de l'élection si l'inscription ordonnée directement avait été sans influence sur le résultat du scrutin, par exemple lorsque les électeurs admis par le juge de paix n'ont pas été admis à voter (Cons. de préfecture de la Lozère ; Cons. d'État 18 mars 1857).

Cette règle, d'après laquelle le juge de paix ne statue que sur appel d'une décision de la commission municipale, comporte l'**exception** suivante :

« La partie a fait toute diligence pour saisir la commission municipale, mais elle en a été empêchée par
un fait indépendant de sa volonté et imputable seulement à l'administration. »

C'est le cas de l'électeur qui, se présentant à la mairie le vingtième jour pour y déposer sa réclamation, a
trouvé les portes de la mairie fermées (C. cass. 10 mai
1881, 25 avril 1892). L'impossibilité où il fut de déposer
sa réclamation équivaut au rejet de ladite réclamation.

On donnerait la même solution en toutes les circonstances où la commission municipale aurait refusé ou
omis de prononcer sur une réclamation en inscription
ou en radiation (C. cass. 30 mars 1870, 9 mai 1882).

De même encore, si le maire avait refusé de sou-
mettre un litige à la commission municipale (C. cass.
24 novembre 1874, 6 mai 1879) ; si l'électeur s'est vu
refuser copie de la sentence de la commission municipale ou communication du registre de la commission ;
si le maire a refusé communication du tableau de revision dressé par la commission administrative (C. cass.
21 avril et 7 décembre 1887, 25 décembre 1887, 25 avril
1892).

Le juge de paix doit accueillir l'offre de prouver le
refus du maire ou les faits qui ont empêché l'exercice
du droit de réclamation contre la liste électorale (C.
cass. 7 décembre 1887).

En résumé : le juge de paix est tenu de juger l'affaire au fond toutes les fois qu'il y a eu refus ou omission de statuer, ou refus implicite de la part de la commission administrative.

II. Le juge compétent pour juger les demandes d'inscription ou de radiation de la liste électorale d'une commune est celui du canton dans lequel est située cette commune.

Il doit apprécier en appel si le citoyen réunit les conditions requises pour être porté sur la liste électorale, sauf à surseoir lorsqu'une question d'état ou criminelle se soulève. La nécessité de prononcer le sursis est laissée à son appréciation. La Cour de cassation jugera en fait des circonstances qui ont pu déterminer le juge à ordonner ou refuser le sursis (art. 22, décret organique 2 février 1852 ; C. cass. 30 avril 1877, 26 mars 1879, 10 mai 1880).

Il est compétent pour apprécier la validité de la composition de la commission municipale dont la décision est attaquée devant lui (C. cass. 26 mars 1872), la régularité et la forme de ses décisions (C. cass. 14 mai 1877).

A noter que le juge de paix ne peut statuer sur ces diverses questions de son ressort qu'autant qu'elles ont été portées dans l'acte d'appel (il y aurait dans le cas contraire *ultra petita*).

Évocation.

Le juge de paix doit évoquer l'affaire au fond et statuer lorsqu'il annule la décision en la forme : il ne ren-

verra pas les parties devant la commission municipale
(C. cass. 29 mai 1878, 22 juin 1880, 20 mai 1890).

En thèse générale, c'est une faculté pour le juge
d'appel d'user du droit d'évocation (art. 473, C. P. c.);
il n'en est pas de même en matière électorale (art. 22,
décret organique 2 février 1852).

Questions préjudicielles.

Les questions préjudicielles, ou celles qui doivent
être solutionnées par une juridiction spéciale avant de
passer outre aux débats de la cause, sont :

a) Les questions d'état, mais le juge doit refuser de
surseoir lorsque la question d'état n'est pas sérieuse-
ment soulevée (C. cass. 5 juin 1878).

La question de savoir si un individu doit être rayé
de la liste électorale par suite d'une condamnation judiciaire n'est pas une question d'état (C. cass. 31 mars
1879).

b) Les questions réservées à l'autorité administrative.
Exemple : l'interprétation d'un arrêté consulaire portant délimitation de deux cantons (C. cass. 26 mai
1880); l'interprétation d'une décision administrative
relative au sectionnement électoral d'une commune
(C. cass. 4 mai 1880).

c) Les questions subordonnées au résultat de poursuites criminelles ou correctionnelles. Exemple : la
décision de la commission municipale, portée en appel,
est l'objet d'une poursuite en inscription de faux (C.
cass. 20 décembre 1880).

En général, le juge de paix n'accordera le sursis et ne renverra les parties devant le tribunal compétent que lorsque l'exception préjudicielle sera pertinente, c'est-à-dire se rapportera à l'objet du litige et donnera lieu à un débat sérieux (art. 3, C. inst. cr.; C. cass. 10 mai 1881, 5 août 1883, 25 octobre 1887).

Jugement sur le sursis.

Le sursis doit être provoqué sur l'exception de l'une des parties : le juge n'est tenu à statuer que si cette exception est produite. Toutefois, si la question préjudicielle est d'ordre public, il statuera d'office. Exemple : elle repose sur le principe de la séparation des pouvoirs administratifs et judiciaires.

Jugement de la question préjudicielle devant le tribunal compétent.

La partie qui a élevé la question préjudicielle est obligée de se pourvoir devant les juges compétents dans le bref délai fixé par le juge de paix, aux termes de l'article 22 du décret organique du 2 février 1852. Après ce délai, il est passé outre au jugement sur le fond.

Pour le cas où la question aurait été soulevée d'office par le juge, celui-ci renverrait les parties à se pourvoir devant les tribunaux compétents dans un délai déterminé : passé ce délai, il statuerait si les parties avaient négligé de se conformer à sa prescription.

A noter que, s'il s'agit d'une exception préjudicielle basée sur l'**extranéité**, c'est au demandeur en radiation, et non à celui dont l'inscription est contestée, à saisir dans le délai imparti par le juge le tribunal compétent (C. cass. 3 juin 1851).

Jugement sur l'appel.

a) Le jugement doit contenir les mentions essentielles à tout jugement, mais il est dispensé des formes de procédure, et notamment des formalités énumérées par les articles 141 et suivants du Code de procédure civile (C. cass. 1 et 17 avril 1878, 3 mai 1880, 21 août 1883).

Le jugement mentionnera :

1º L'avertissement de comparaître donné aux parties ;

2º Leur comparution ou le défaut de comparaître ;

3º Le litige et les prétentions des parties (*C. cass.* 30 avril 1877) ;

4º Le débat qui s'est élevé devant le juge et les conclusions prises par les parties (C. cass. 21 avril 1868, 9 avril 1873). Cependant, s'il ne mentionne pas les conclusions de l'intéressé, il sera satisfait à la loi lorsque les motifs du jugement répondront directement à ces conclusions (C. cass. 1er mai 1882).

b) Il sera motivé à peine de nullité (C. cass. 26 mars 1872, 30 juillet 1883).

Un simple renvoi à un jugement antérieurement rendu dans une autre affaire et entre d'autres plaideurs ne remplacerait pas les motifs (C. cass. 23 avril 1877).

Il a été jugé que le motif ainsi conçu : « Il y a lieu

de les inscrire ou de les rayer » est insuffisant (C. cass. 30 mars 1870).

Le juge est tenu de donner des motifs sur chacun des chefs des conclusions qui lui sont présentées (C. cass. 3, 5 mai 1880, 7 mai 1883), même si l'un de ces chefs a été omis par la commission municipale dans le dispositif de sa sentence (C. cass. 25 avril 1870).

Il est bien entendu que l'obligation du juge n'existe qu'au regard des chefs de conclusions formulés d'une façon précise (art. 141, C. P. c.) dans l'acte d'appel (C. cass. 5 juillet 1880).

c) L'assistance du greffier doit y être indiquée à peine de nullité (C. cass. 22 avril 1850, 26 juin 1861).

d) Les décisions du juge seront transcrites sur les registres de la justice de paix (art. 18 et 138, C. P. c.; C. cass. 22 février 1850).

e) La minute est signée par le juge et le greffier (art. 18, 138 et suiv., C. P. c.)

f) L'audience est publique (C. cass. 11 mai 1880). Le jugement portera, à peine de nullité, que la prescription ordonnant la publicité a été respectée (C. cass. 7 mai 1849).

g) La sentence sera rendue dans les dix jours de l'appel interjeté (art. 22, décret organique 1852), mais l'inobservation de cette prescription n'est pas requise à peine de nullité (C. cass. 1er mai 1882).

Modes de preuve.

Sont reçus tous les modes de preuve écrite ou testimoniale (C. cass. 27 juin 1877, 2 mars 1888, 28 mai 1889, 14 juin 1893).

Les témoins sont entendus en présence des parties. C'est une formalité substantielle qui est imposée, bien que le juge soit exempt d'observer toutes les prescriptions de procédure en matière d'enquête (C. cass. 8 avril 1895).

Le juge peut s'appuyer sur d'autres preuves que celles produites en première instance ; il a même le devoir de rechercher si ces preuves ne sont pas complétées devant lui par des preuves supplémentaires qu'il ne doit pas négliger (C. cass. 24 avril, 23 novembre, 10 décembre 1877).

Cependant, le serment décisoire n'est pas admis pour établir la preuve du droit à l'électorat (C. cass. 30 avril 1885).

Avis à donner au préfet à la suite d'un jugement d'infirmation.

Lorsque le jugement prononce une infirmation, le juge doit en tenir avis au préfet et au maire dans les trois jours de la décision (art. 6, décret réglementaire 2 février 1852).

Mais il n'est pas contraint d'en informer le demandeur (C. cass. 11 juin 1880).

Si la décision emportant radiation n'a pas été notifiée aux électeurs radiés, la décision n'est pas moins valable contre eux (Cons. d'État 11 décembre 1885).

Jugement par défaut : opposition.

Le jugement est par défaut lorsque le défendeur ne comparaît pas sur l'avertissement.

On entend par comparaître le fait pour les parties de s'expliquer en personne ou par fondé de pouvoir, et même celui qui consisterait à transmettre au juge de de paix des conclusions ou défenses (C. cass. 3 mai 1869, 30 avril 1875). En effet, le juge ne peut exiger aucune forme en matière électorale.

On devrait considérer comme comparante la partie qui a demandé un délai pour une production de pièce ; que cette production soit faite ou non, la décision à intervenir sera contradictoire (C. cass. 30 mars 1863).

Lorsque le jugement est par défaut, on peut y faire opposition (art. 20, C. P. c. ; C. cass. 5 mai 1879, 12 février, 22 mai 1883).

L'opposition est recevable, même si le défaillant au fond a pris des conclusions sur une mesure préparatoire (C. cass. 22 mai 1883).

Toute personne partie dans l'instance devant le juge de paix peut faire opposition (art. 20, C. P. c.) si elle a reçu avertissement (C. cass. 5 mai 1879, 18 mai 1887).

Les électeurs demandeurs à fin d'inscription d'un citoyen ne sont pas partie dans le jugement lorsqu'ils n'ont point reçu d'avertissement à comparaître sur l'appel qu'un tiers a formé contre la décision de la commission. Ils ne sont donc pas partie défaillante en cas de jugement par défaut et la voie de l'opposition leur est fermée (C. cass. 22 juin 1880, 4 avril 1883). Leur seul moyen de recours est le pourvoi en cassation pour vice de forme.

Le citoyen dont un tiers a requis l'inscription n'est pas partie au jugement pour ce qui ne concerne pas cette inscription, s'il n'a été mis en cause devant le juge de paix (C. cass. 24 avril 1877).

L'opposition doit être formée dans les trois jours de la signification (art. 20, C. P. c.; C. cass. 8 juin 1880).

La signification se fait par huissier (C. cass. 12 février 1883).

La signification administrative des informations qui serait faite par le préfet ou le maire, de leur plein gré, puisque aucun texte ne les oblige à le faire, ne remplacerait pas la signification par huissier (C. cass. 4 mai, 8 juin 1880, 21 décembre 1881).

A noter que les principes ci-dessus développés s'appliquent au jugement par défaut proprement dit et au défaut-congé (C. cass. 22 mai 1882).

Tierce opposition, requête civile.

La tierce opposition n'est pas admise en matière électorale, car la loi a réglé par des dispositions spéciales l'intervention des tiers électeurs (D. P. 1878, 1, 247, note 3).

De même pour la requête civile (C. cass. 1 et 17 avril 1878, 5 mai 1896). Exemple : l'omission de statuer sur un chef de demande ne donne ouverture qu'au recours en cassation.

Prise à partie.

Le juge de paix peut être pris à partie.

Autorité de la chose jugée.

Il y a autorité de la chose jugée pour les décisions du juge de paix qui sont devenues définitives, faute d'avoir été attaquées dans le délai imparti par la loi.

Il en est de même pour celles de la commission municipale qui est une juridiction.

Aucune autre action ayant le même objet, la même cause, intentée par les mêmes personnes contre les mêmes personnes en les mêmes qualités ne peut être recevable.

Cependant, si l'appel devant le juge de paix a été rendu entre des parties différentes de celles qui avaient comparu devant la commission municipale, il y aura chose jugée et on ne pourra se baser sur cette différence des parties pour prétendre que le jugement de la commission municipale ne participe pas de la chose jugée en appel. Ce qui signifie que la chose jugée l'est non seulement entre les parties primitives, mais entre l'électeur intéressé et tout réclamant (elle l'est *erga omnes*) [C. cass. 12 avril 1864, 14 avril 1875, 24 avril 1876].

L'autorité de la chose jugée produit des effets irré-
vocables. Par exemple : en matière électorale, l'individu bénéficiaire d'un jugement définitif accordant l'inscription peut opposer ce jugement tant que la cause
juridique qui l'a motivé subsiste. Celui contre qui aurait été rendu un jugement refusant son inscription
pourrait se le voir opposer dans les mêmes conditions
(D. P. 1876, 1, 35, note 1). Le jour où cette cause juridique sera remplacée par une autre cause, tel un
jugement le rétablissant sur la liste électorale, on ne
pourra plus lui opposer l'autorité de la chose jugée
précédemment (C. cass. 14 avril 1875).

Frais.

Le juge de paix statue sans frais (art. 22, décret organique 1852).

Les actes judiciaires sont exempts du timbre et en-
registrés gratis (art. 24, décret organique 1852).

Si la gratuité est la règle générale en matière électorale, elle ne s'étend toutefois pas aux questions préjudicielles qui doivent se débattre devant le tribunal civil
(C. cass. 20 mai 1895).

Pourvoi contre les décisions du juge de paix.

Décisions pouvant donner lieu à pourvoi.

Les décisions du juge de paix seul, étant en dernier
ressort, sont susceptibles du pourvoi en cassation lors-

qu'elles sont contradictoires ou que le délai d'opposition est passé (C. cass. 8 juillet 1880, 21 décembre 1881, 27 mars 1882, 11 juillet 1895 ; art. 23-1°, décret organique 2 février 1852).

Les décisions de la commission municipale n'étant pas en dernier ressort ne peuvent être l'objet d'un pourvoi (C. cass. 24 avril 1877, 8 mai 1878, 2 et 11 avril 1879).

Qui peut se pourvoir ?

Les personnes qui peuvent se pourvoir sont :

a) L'intéressé, même si son inscription a été réclamée par un tiers électeur (C. cass. 22 juin 1880). Le pourvoi de cet intéressé ne concernera que son inscription, quand bien même le jugement qui l'a rejetée aurait statué sur les inscriptions ou radiations d'autres électeurs (C. cass. 24 avril 1877, 10 décembre 1877).

b) Le tiers électeur partie au jugement : le pourvoi de ce tiers est recevable si celui-ci n'a pas figuré dans l'instance soit comme partie principale, soit comme partie intervenante, alors même que son intervention ne serait pas mentionnée dans la décision (C. cass. 20 juin 1882), si cette intervention d'ailleurs est prouvée par des pièces du procès (même arrêt).

Mais ce tiers électeur partie au jugement ne pourrait plus se pourvoir si, au moment où il veut exercer son recours, il a cessé d'être inscrit sur une des listes de la circonscription électorale par suite d'une radiation ordonnée par le juge de paix (C. cass. 28 avril 1851).

Un tiers électeur qui a occupé devant le juge de paix comme mandataire de l'intéressé n'a pas été partie en la cause et n'est pas admis à se pourvoir en cassation (C. cass. 8 avril, 8 mai 1878).

Toutefois, le recours serait possible s'il était formé dans l'intérêt d'un électeur par un tiers pourvu d'un mandat spécial (C. cass. 16 août 1882).

c) Les tiers électeurs non partie à la décision du juge de paix dans certains cas. En règle générale, les tiers non partie à la décision du juge de paix ne peuvent agir devant la Cour de cassation. Mais on admet des exceptions :

I. Lorsque les décisions électorales auront été rendues au mépris des formalités prescrites pour permettre l'intervention des tiers devant la commission municipale ou le juge de paix (C. cass. 10 août 1864, 19 juillet 1865). Exemple : le juge de paix a statué sans être saisi par un acte d'appel (C. cass. 11 avril 1881).

II. Lorsque le tiers électeur, demandeur devant la commission municipale, n'aura pas figuré dans l'instance d'appel (C. cass. 4 février 1883).

III. Lorsqu'un tiers électeur, demandeur devant la commission municipale, n'a pas figuré devant le juge de paix et que le tiers, appelant à son défaut, ne se pourvoit pas en cassation (C. cass. 30 juillet 1883).

d) Le préfet et le sous-préfet s'ils ont été partie en personne ou représentée devant le juge de paix ou la commission municipale (C. cass. 14 avril, 16 mai 1877, 5 mai 1884).

e) Le procureur général près la Cour de cassation, dans l'intérêt de la loi, se pourvoira d'office ou sur l'ordre du garde des sceaux contre les décisions du juge de paix qui n'ont été l'objet d'aucun recours (art. 80 et 86, loi 27 ventôse an VIII ; C. cass. 10 décembre 1860, 17 mars 1873, 8 mai 1876, 19 avril 1882, 12 février 1883).

Nota. — Il convient de remarquer notamment que les membres de la commission municipale et le maire président ne peuvent se pourvoir en cassation (C. cass. 8 avril 1886, 22 mars 1888, 27 avril 1895). A remarquer également que le tiers électeur, à qui la décision du juge de paix aura donné gain de cause, ne pourra se pourvoir contre cette décision, son pourvoi se trouvant dénué d'intérêt (C. cass. 12 avril, 8 mai 1876).

Délai pour se pourvoir.

Le délai imparti pour se pourvoir est de dix jours, qui courent à dater de la notification de la décision du juge de paix (art. 23-2°, décret organique 2 février 1852).

L'article 23 de ce décret porte « dans les dix jours », le dixième jour (*dies ad quem*) compte par conséquent dans le délai, même s'il s'agit d'un jour férié (C. cass. 25 mars 1878, 3 mai 1880, 15 avril 1886, 12 mai 1891).

Exceptions au délai.

a) Le pourvoi en cassation peut avoir lieu tant que la signification du jugement n'a pas été faite, si ladite signification devait et pouvait être opérée, c'est-à-dire qu'aucun délai ne court tant que cette formalité n'a pas été accomplie (C. cass. 8 juin 1880).

b) Le point de départ de ce délai est au contraire avancé lorsque la notification est impossible. Exemple : dans le cas où l'appelant qui se pourvoit en cassation n'a eu devant le juge de paix aucun contradicteur, que cet appelant ait procédé pour réclamer son inscription propre ou celle d'un tiers (C. cass. 20 et 27 avril, 3, 4 et 5 mai 1880, 29 mars 1892, 8 mars 1894, 10 décembre, 21 juin 1895). Le délai court à partir de la date où la décision attaquée a été prononcée.

Si l'intéressé, dont l'inscription a été demandée devant le juge de paix par un tiers électeur, se substitue à ce dernier dans l'instance en cassation, le point de départ du délai sera fixé pour lui comme il l'eût été pour ce tiers électeur au jour du jugement prononcé : et cela bien qu'aucun avertissement obligatoire n'ait été donné à cet intéressé dont la demande d'inscription avait été présentée et discutée par un tiers.

La raison du rapprochement de ce point de départ du délai réside dans le fait que l'intéressé dont l'inscription a été sollicitée par un tiers, s'il s'approprie cette demande pour la suivre personnellement en cassation, doit subir les délais impartis à ce tiers électeur (C. cass. 30 juin 1880).

Il en est de même pour la demande en radiation, lorsque l'électeur radié n'a pas comparu dans l'instance, mais a été représenté quant à ses droits par un tiers électeur. Dans ce cas, il faut remarquer que si, pour l'électeur radié, le délai court du prononcé de la sentence, l'inconvénient est moindre pour lui, puisqu'il a dû être prévenu de la radiation.

Le pourvoi n'est pas suspensif (art. 23-3°, décret org. 2 février 1852).

Ce principe est important au point de vue du droit de vote d'un individu dont l'inscription est annulée par la Cour de cassation après l'élection. Cet individu a conservé son droit de vote intégralement jusqu'au jour de l'arrêt de la Cour, et son suffrage doit être compté (Cons. d'État 13 février 1885).

Formes du pourvoi.

Le pourvoi est dressé en forme de requête à la Cour de cassation, signée par les parties et déposée au greffe da la justice de paix (Circ. min. int. 26 avril 1849 et décret organique 2 février 1852, art. 23-4°).

La date du pourvoi est celle du dépôt de la requête au greffe.

On admet également la simple déclaration au greffe de la justice de paix ; lorsqu'elle est faite verbalement, le greffier en dresse acte et, sur son refus, la partie peut faire signifier le pourvoi par huissier (C. cass. 24 mars 1863, 4 juillet 1870). Cependant, la Cour de cassation semble, par son arrêt du 24 mars 1892, s'élever contre la pratique des pourvois par simple déclaration verbale ou écrite. Elle n'admet pas comme valable la lettre missive adressée au greffe, et elle exige une véritable requête déposée régulièrement au greffe de la justice de paix.

La requête peut être présentée directement à la Cour de cassation par les parties elles-mêmes ou, si elles le veulent, par le ministère des avocats près cette Cour. La date du pourvoi est celle de la remise de la requête à la Cour.

Dénonciation du pourvoi.

Le pourvoi doit être dénoncé au défendeur personnellement et individuellement dans les dix jours à compter du pourvoi (art. 23-4°, décret organique 2 février 1852 ; C. cass. 14 juin 1880). Ce n'est pas un délai franc, le *dies ad quem* compte (C. cass. 12 mai 1891).

A défaut de dénonciation, le recours n'est pas recevable (C. cass. 3, 4, 19, 24 avril, 1er mai 1882, 12 avril 1888). La déchéance qui en résulte est d'ordre public ; elle peut être couverte par l'envoi d'un second pourvoi (C. cass. 24 juin 1879, 5 juillet 1882).

Les défendeurs en cassation seront :

a) Les électeurs intéressés :

I. Il s'agit de celui dont la radiation est demandée par le pourvoi (art. 23, décret organique du 2 février 1852 ; C. cass. 9 avril 1876, 30 avril 1888). Le pourvoi lui sera dénoncé, sauf une exception : elle a trait à l'électeur dont l'inscription de-

mandée par un tiers a été contestée en appel par un autre
tiers électeur ou le préfet, lesquels défèrent le jugement maintenant l'inscription à la Cour de cassation. Dans ce cas, l'électeur dont la radiation est ainsi demandée n'a pas à recevoir
de notification du pourvoi. Il suffit d'adresser ladite dénonciation au tiers électeur demandeur en inscription pour le compte
de l'intéressé (C. cass. 21 avril 1875).

L'exception ne s'appliquerait pas si l'individu dont la radiation est en jeu avait figuré dans un acte de procédure.

II. Il s'agit de celui dont l'inscription est demandée par le
pourvoi. On dénonce le pourvoi à cet électeur lorsque celui-ci
est intervenu devant le juge de paix (C. cass. 21 avril 1873)
pour conclure contre son inscription.

b) Les tiers électeurs. — Le tiers électeur qui a gain
de cause en raison d'une décision électorale confirmée
en appel et contestée en cassation est, bien qu'il ne soit
pas l'intéressé proprement dit, légalement le défendeur
au pourvoi.

Ce pourvoi lui sera dénoncé, qu'il ait conclu ou non
devant le juge de paix (C. cass. 14 avril 1875, 25 avril
1887, 28 mars 1889), après avoir été partie devant la
commission municipale. Il en serait de même pour le
tiers électeur qui aurait été partie en cause d'appel
pour soutenir la décision de la commission municipale
devant laquelle il n'aurait pas comparu (C. cass. 17 avril
1888).

c) Le préfet et le sous-préfet. — Ils sont défendeurs,
et, à ce titre, doivent recevoir dénonciation du pourvoi,
lorsqu'ils ont interjeté appel, en vertu de l'article 19 du
décret organique du 2 février 1852, de la décision de

la commission municipale (C. cass. 23, 24 avril 1877, 25 mars 1879, 1er avril 1884, 30 juillet 1889).

La dénonciation ne peut être faite au maire de la commune qui ne représente pas les électeurs (C. cass. 14 juin 1880), ni au mandataire des électeurs (C. cass. 5 mai 1879), ni au supérieur d'une communauté de religieux (C. cass. 8 mai 1877), ni à l'administrateur d'un hospice (C. cass. 1er avril 1873).

Elle n'a pas lieu d'être adressée aux membres de la commission municipale, même si on les a reçus à tort en cause d'appel; ainsi le maire, président de la commission de jugement qui a figuré devant le juge de paix, n'a pas à recevoir notification et ne peut se prévaloir de sa qualité d'intimé, d'ailleurs illégalement obtenue (C. cass. 24 mars 1875).

A noter. — En cas d'absence de la personne à qui on doit notifier le pourvoi, on se réfère au Code d'instruction criminelle (C. cass. 30 avril 1877).

Formes de la dénonciation du pourvoi.

La dénonciation du pourvoi peut s'effectuer :

I. Par un huissier (C. cass. 13 août 1888) ; si l'huissier a un intérêt personnel au succès du pourvoi, l'acte de dénonciation dressé par lui est nul, même à l'égard de tous les actes électoraux qu'intéresse le pourvoi (C. cass. 8 juin 1875).

II. Par un agent administratif assermenté, tel qu'un garde champêtre, un commissaire de police (art. 23,

décret organique 2 février 1852 ; C. cass. 8 mars 1882,
29 janvier 1884, 13 avril 1893, 14 juin 1895).

Le greffier de la justice de paix (C. cass. 23 mai
1889), le maire (C. cass. 29 avril 1884, 8 avril 1895)
n'ont aucune qualité pour notifier la dénonciation du
pourvoi.

Le pourvoi doit contenir l'énonciation des moyens
(art. 1er, titre IV, du règlement du 28 juin 1738; C. cass.
27 mars, 19 avril 1882, 9 juillet 1883).

Jugement du pourvoi : moyen, procédure.

Le décret organique de 1852 donnait compétence
exclusive à la chambre des requêtes pour statuer sur le
pourvoi, depuis la loi du 30 novembre 1875 (art. 1er),
la chambre civile des recours en matière électorale.

Les moyens qui sont susceptibles d'être proposés à
l'examen de la Cour sont basés sur une fausse application de la loi qui peut revêtir le caractère de vice de
forme ou de nullité d'ordre public.

Les moyens résultant d'un vice de forme ou d'une
nullité d'ordre public, tel que défaut de publicité du
jugement, présence du maire président de la commission municipale comme intimé devant le juge de
paix (C. cass. 12 mars 1872), peuvent être invoqués
pour la première fois devant la Cour (C. cass. 22 avril
1879, 14 juin 1895). Les autres doivent, pour être rece-
vables, avoir été invoqués devant le juge de paix à
l'appui d'une demande en inscription ou radiation.

Le ministère des avocats à la Cour de cassation n'est pas obligatoire (art. 23-3°, décret organique 2 février 1852).

Le pourvoi est jugé d'urgence, sans frais ni consignation d'amende.

Les pièces et mémoires fournis par les parties sont transmis sans frais au greffier de la Cour de cassation par le greffier de la justice de paix (art. 23-4°, décret organique 2 février 1852).

Effets des arrêts de la Cour de cassation.

Après un arrêt de cassation, l'affaire est renvoyée au juge de paix le plus voisin de celui qui a rendu la décision cassée.

Après une deuxième cassation, le juge de paix qui doit connaître de l'affaire se range à l'avis de la Cour (Loi 1er avril 1837, art. 1 et 2).

Lorsque l'affaire revient devant un autre juge de paix, il est permis de produire des pièces nouvelles, mais non de modifier la demande primitive.

L'expédition de l'arrêt de cassation est délivrée gratuitement aux parties par le greffier de la Cour ou par le greffier de la justice de paix qui l'a reçue.

CHAPITRE IV

Le 31 mars, la liste est close. Aucun changement ne peut y être introduit jusqu'au 31 mars de l'année suivante, sauf lorsque le changement résulte d'une décision du juge de paix ou d'un arrêt de la Cour de cassation rendu après cette date, ou bien encore lorsqu'il est imposé par le décès des électeurs ou la privation des droits civils par jugement définitif (art. 8, décret réglementaire 2 février; art. 25, décret organique 2 février 1852 ; art. 4, loi du 7 juillet 1874).

Nous rappelons que le maire doit opérer sur la liste les changements dont nous venons d'indiquer la cause, et cela même après le 31 mars : il les publie cinq jours avant chaque élection (art. 8, décret réglementaire 2 février 1852). A défaut par le maire d'exécuter cette prescription de la loi, il y a lieu à réclamation des électeurs ou du préfet ou sous-préfet. Ces réclamations sont produites comme les demandes faites pendant les opérations de revision de la liste (Circ. garde des sceaux 14 mars 1868 ; Circ. min. int. 18 mars 1874).

Un électeur qui, nanti d'une décision du juge de paix ou d'un arrêt de la Cour, n'aurait pas été inscrit par le maire pourrait être admis au vote sur la production de ses titres judiciaires.

Il est évident que les décisions du juge de paix et

celles de la Cour de cassation doivent se référer à des demandes introduites pendant la période de revision qui vient de s'écouler (C. cass. 24 juillet 1876 ; Circ. min. int. 22 septembre 1877).

Communication des listes par le préfet et le maire.

Une fois établie, « la minute de la liste électorale reste déposée au secrétariat de la commune; le tableau rectificatif, transmis au préfet, reste déposé avec la copie de la liste électorale au secrétariat général du département. Communication en doit toujours être donnée au citoyen qui la demande » (Décret réglementaire 2 février 1852).

Le préfet qui refuse de laisser prendre connaissance ou copie de la liste commet un excès de pouvoir relevant du Conseil d'État, qui peut être saisi dans les trois mois de la notification du refus ou du constat de ce refus (Cons. d'État 28 janvier 1864) : la communication de la liste ne doit naturellement pas entraver les services publics et ne doit pas empêcher les autres électeurs d'exercer leur droit (C. cass. 19 juin 1863).

« Les listes électorales sont réunies en un registre et conservées dans les archives de la mairie. Tout électeur, c'est-à-dire tout citoyen français jouissant de ses droits civils, civiques et politiques, pourra en prendre communication et copie. » Le maire qui refuse communication de la liste électorale commet un abus de pouvoir qui l'expose à des dommages-intérêts.

DEUXIÈME PARTIE

ÉLECTIONS PROPREMENT DITES

TITRE Ier

ÉLIGIBILITÉ AU CONSEIL MUNICIPAL

(Art. 31, loi du 5 avril 1884.)

CHAPITRE Ier

CONDITIONS POUR ÊTRE ÉLIGIBLE

Quatre conditions sont requises pour être éligible :

A) Réunir toutes les conditions pour l'électorat en général, avec cette disposition spéciale, toutefois, que la majorité de l'éligibilité est fixée à 25 ans au jour de l'élection (Cons. d'État 10 juillet 1866, 27 décembre 1878) et non à 21 ans, majorité requise par l'électorat. Il faut donc :

I. Être Français ;
II. Ne pas être dans un cas d'incapacité prévu par la loi ;
III. Être du sexe masculin ;
IV. Avoir 25 ans au jour de l'élection.
(Voir notre première partie.)

B) Avoir le droit de vote dans la commune, ou être simplement inscrit au rôle des contributions directes, ou encore justifier qu'on devait y être inscrit au 1er janvier de l'année de l'élection, sauf cependant les restrictions comprises dans le paragraphe 2 de l'article 31, ainsi conçu :

« Le nombre des conseillers qui ne résident pas dans la commune au moment de l'élection (c'est-à-dire les conseillers forains), ne peut excéder le quart des membres du conseil; s'il dépasse ce chiffre, la préférence est déterminée selon les règles posées par l'article 49 : 1° par la date la plus ancienne de l'élection ; 2° par le plus grand nombre des suffrages obtenus, s'ils sont élus le même jour; 3° à égalité de voix, par la priorité d'âge. »

L'inscription qui est faite doit avoir lieu pour conférer l'éligibilité au 1er janvier de l'année de l'élection. Le bénéfice attaché à une telle inscription n'est, par conséquent, pas étendu à celle qui est faite en cours d'année, sur le *rôle supplémentaire* (Cons. d'État 9 novembre 1888).

Il importe peu que le rôle des contribuables au 1er janvier ait été *publié après l'élection* (Cons. d'État 2 décembre 1881) ou que l'inscription ait eu lieu *sur décision du conseil de préfecture* après le 1er janvier (Cons. d'État 3 janvier 1881). Dans ce dernier cas, s'il s'agissait d'obtenir du conseil un arrêté de *mutation de cote*, on ne pourrait attacher de conséquences contre l'admission de l'éligibilité au fait que la demande en mutation ait été déposée après les opérations électorales (Cons. d'État 6 août 1878).

L'inscription effective au rôle peut être suppléée par la justification qu'on devait y être incrit au 1er janvier de l'année de l'élection.

Seront donc en droit de se réclamer de l'inscription au rôle, les citoyens qui paient les contributions comme débiteurs *directs et personnels,* et non en vertu de convention privée.

Exemple : l'individu *marié* sous le *régime de la séparation* de biens n'est pas éligible lorsqu'il ne paie pas personnellement les contributions, bien que sa femme soit inscrite au rôle de la contribution personnelle et mobilière (Cons. d'État 27 janvier 1882).

L'*acquéreur* qui s'est engagé envers le vendeur d'un immeuble acquis après le 1er janvier à payer les impôts fonciers n'est pas débiteur envers le Trésor : par conséquent, n'est pas éligible par le seul fait du paiement effectué (Cons. d'État 12 juin 1872, 9 janvier 1885).

Le *mandataire,* tel que l'administrateur d'une société anonyme, n'est pas débiteur direct et personnel du Trésor parce qu'il paie les contributions de la société qu'il administre (Cons. d'État 11 novembre 1881).

Le *fermier,* occupant une ferme depuis le 1er janvier, ne peut être éligible sous le prétexte que le bail mettrait à sa charge les contributions dues par le propriétaire (Cons. d'État 9 janvier 1885).

Le citoyen *passible* de la patente au 1er *janvier* par suite de l'exercice de sa profession à cette date, *mais inscrit postérieurement* est éligible. Il était, en effet, débiteur direct et personnel du Trésor à l'époque voulue (Cons. d'État 27 février 1885); mais si l'exercice de la profession patentable n'a commencé qu'après le 1er janvier, le contribuable, bien que débiteur dès le début de l'année (art. 28, loi du 15 juillet 1880), ne sera pas éligible. Son inscription ne sera pas rétroactive, la jurisprudence en décide ainsi (Cons. d'État 6 février 1885).

La *preuve de la qualité* de contribuable, c'est-à-dire de débiteur direct et personnel du Trésor au 1er janvier, doit être faite par celui qui entend se prévaloir de cette qualité. Par exemple : pour une inscription au rôle de la contribution foncière, en raison de la propriété d'un immeuble, le titre d'acquisition doit avoir date certaine au 1er janvier de l'année de l'élection (Cons. d'État 21 février, 13 juin 1879, 6 février 1885, 4 février 1887). Mais il n'est pas nécessaire que les mutations de cote aient été opérées au sujet des immeubles acquis (Cons. d'État 31 mai 1882), qu'il s'agisse d'une acquisition par vente, donation ou succession (Cons. d'État 27 janvier, 21 avril 1882, 13 mai, 2 décembre 1887).

La preuve du droit à l'inscription au rôle des contributions directes résulterait d'ailleurs *à fortiori* de la mutation de cote ordonnée par arrêté rendu sur une demande postérieure aux opérations électorales. L'arrêté du conseil de préfecture est, en effet, en cette matière, déclaratif du droit à l'inscription au 1er janvier (Cons. d'État 6 août 1878).

La qualité de débiteur direct et personnel du Trésor appartient à l'*usufruitier*, qui peut invoquer sa situation et en faire la preuve aussi bien que le possesseur à titre de propriétaire en vue de faire admettre son éligibilité. Exemple : l'usufruitier légal (père ou mari) est tenu personnellement des contributions quant aux immeubles grevés d'usufruit. Il est donc éligible à titre d'usufruitier contribuable (Cons. d'État 25 octobre 1878, 23 mars 1883).

Nous notons spécialement à ce sujet que la mutation de cote ne serait pas nécessaire si la femme mariée sous le régime de la communauté ou le régime dotal, avait hérité avant l'élection (mêmes arrêts).

Limitation du nombre des conseillers forains.

Le nombre des conseillers forains, c'est-à-dire inscrits au rôle des contributions directes ou ayant le droit d'y être inscrits au 1er janvier, mais non résidant dans la commune est limité au quart des membres du conseil.

Nous avons précédemment vu les règles de préférence que l'on doit appliquer pour éliminer les conseillers excédant le nombre autorisé.

C) Ne pas être dans un des cas d'incapacité ou d'inéligibilité prévus par la loi.

Les incapacités et les inéligibilités vicient l'élection, c'est-à-dire que celle-ci est annulée si l'empêchement n'a pas cessé avant l'élection ou s'il n'a cessé qu'après elle.

Les incapacités ou les inéligibilités n'existent plus lorsque l'état ou les fonctions qui les motivaient ont pris fin avant l'élection. Exemple : par renonciation à la fonction, par la révocation, la mise en disponibilité, l'admission à la retraite, la renonciation au traitement ou à l'indemnité de la commune, etc.

Elles ne peuvent être couvertes par la cessation des fonctions ou la renonciation au traitement après l'élection (Cons. d'État 13 mars 1885, élections Tardieu, Estables, Lozère).

Sont incapables :

I. Les individus pourvus d'un conseil judiciaire (art. 32, loi du 5 avril 1884) par décision judiciaire définitive (Circ. min. int. 10 avril 1884).

II. Ceux qui sont dispensés de subvenir aux charges communales et ceux qui sont secourus par les bureaux de bienfaisance.

Les dépenses sont *personnelles,* et acordées, en vertu de l'article 18 de la loi du 21 avril 1832, aux indigents, par *décision expresse* du conseil municipal.

Par charges communales, il faut entendre les impôts votés dans *l'intérêt de la communauté.* Ne sont donc pas considérés comme dispensés de subvenir aux charges communales les individus qui ne paient point de contribution personnelle et mobilière, remplacée au regard de l'État par un prélèvement sur les revenus de l'octroi en conformité des lois des 21 avril 1832 et 3 juillet 1846.

Quant aux individus *secourus personnellement* par les bureaux de bienfaisance, ces individus, bien que contribuables, sont inéligibles (Cons. d'État 4 novembre 1881).

Lorsqu'il n'y a pas de bureau de bienfaisance dans la commune, l'inscription qui devait être faite à ce bureau est remplacée par une inscription sur la liste des indigents (Cons. d'État 14 juin 1861, 23 décembre 1884).

. Le secours est considéré comme personnel, lorsqu'il est destiné aux enfants mineurs de l'indigent (Cons. d'État 11 novembre 1881).

. Le *secours accidentel* n'implique pas la qualité d'indigent secouru par la commune aux termes de la loi (Cons. d'État 8 août, 23 décembre 1884).

A noter que celui qui est secouru non sur les fonds de la commune, mais sur ceux *du département*, n'est pas considéré comme indigent à la charge de la collectivité communale. Il n'est donc pas incapable au point de vue municipal (Cons. d'État 12 janvier 1885).

III. Les domestiques attachés *exclusivement* à la personne.

Exemple : un cocher (Cons. d'État 6 février 1885).

Il s'agit là d'une véritable incapacité d'être élu, par conséquent le cocher ne pourrait pas opter entre le mandat municipal qui lui aurait été donné et sa profession, comme en matière d'incompatibilité.

Ne sont pas considérés comme domestiques attachés exclusivement à la personne, ceux qui *accidentellement* s'occupent de la personne, mais ont la charge, *habi-*

tuellement, d'assurer un autre service. Exemple : *un jardinier* qui ne remplit aucune fonction dans la maison, ou en remplit une accidentellement (Cons. d'État 18 avril 1866, 6 février 1885).

Le *berger,* le *contremaître* de culture, l'*ouvrier agricole* habitant avec sa famille, ne sont pas domestiques attachés à la personne (Cons. d'État 14 novembre, 19 janvier 1885). Il en est de même des *régisseurs, intendants, précepteurs* (Cons. d'État 26 mars, 10 septembre 1856 ; 10, 25 avril, 22 mai 1866).

Le conseil de préfecture est compétent pour trancher la question de savoir si un candidat est ou non domestique. Il ne s'agit pas là d'une question d'état.

Nota. — Nous avons volontairement omis de mentionner les individus privés de leur droit électoral, quoique l'article 32 les comprenne. En effet, nous avons indiqué, aux conditions générales d'éligibilité, que l'une de ces conditions résidait dans la jouissance et l'exercice du droit électoral (voir les deux premières conditions pour être éligible).

Sont inéligibles dans le ressort où ils exercent leurs fonctions :

I. Les préfets, sous-préfets, secrétaires généraux, conseillers de préfecture, et dans les colonies régies par la loi du 5 avril 1884, les gouverneurs, directeurs de l'intérieur et membres du conseil privé (art. 33, loi du 5 avril 1884).

II. Les commissaires et les agents de police (*ibid.*).

Un *garde particulier* ne peut être assimilé à un agent de police (Cons. d'État 7 janvier 1876). Il en est de même d'un *garde forestier.*

III. Les magistrats des cours d'appel et des tribunaux de première instance, à l'exception des juges suppléants auxquels l'instruction n'est pas confiée (*ibid.*), ainsi que les juges de paix titulaires.

Par contre les *suppléants* des juges de paix sont éligibles (Circ. garde des sceaux 26 janvier 1830), les incapacités étant de droit strict; de même pour les suppléants *délégués* dans les fonctions de *ministère public*, les membres des tribunaux de *commerce*, de la *Cour de cassation*, du *Conseil d'État,* de la *Cour des comptes.*

IV. Les comptables des deniers communaux et les entrepreneurs de services municipaux (*ibid.*).

Sont considérés comme comptables :

1º Les *percepteurs*, lorsqu'il n'y a pas de receveur spécial dans la commune (Cons. d'État 21 novembre 1871);

2º Les *percepteurs des droits* de halle;

3º Les *régisseurs de l'octroi;*

4º Le *principal d'un collège* communal qui reçoit la pension des élèves (C. cass. 2 janvier 1837);

5º Le *comptable de fait*, tant que dure la gestion de fait (Cons. d'État 2 juillet 1875).

Ne sont pas comptables communaux :

Les comptables des établissements dont la gestion est distincte de celle de la commune.

1º **Exemple** : l'*économe d'un hospice* qui n'est pas payé par la commune (Cons. d'État 8 mai 1841, 10 août 1847) ;

2º Le *trésorier de la caisse d'épargne* payé par l'établissement et nommé par les directeurs (Cons. d'État 27 mai 1884, 12 décembre 1884) ;

3º Le *trésorier de la fabrique ;*

4º Le *receveur particulier* non chargé spécialement des finances de la commune (Cons. d'État 11 juillet 1866) ; *idem* pour le *trésorier-payeur général* (Cons. d'État 11 juillet 1866, 21 mars 1871, 13 janvier 1894) ;

5º Les *caissiers des monts-de-piété*, les receveurs des *bureaux de bienfaisance* (Cons. d'État 25 novembre 1881).

A noter : le frère ou le cousin germain du receveur municipal malgré le nº 1273-4 de l'instruction générale des finances dont l'application est étrangère à la loi électorale, n'est pas inéligible (Cons. d'État 23 juillet 1874).

Sont entrepreneurs de services municipaux :

Il s'agit d'un service journalier et permanent, la cession de l'entreprise ne faisant pas disparaître l'inéligibilité (Cons. d'État 23 juin 1894) ; l'inéligibilité s'applique à l'entrepreneur seul et non à ses *cautions* (Cons. d'État 29 décembre 1888); elle disparaît lorsque l'entreprise a pris fin (Cons. de préfecture de Haute-Garonne 13 avril, 20 octobre 1876). Exemples :

1º Le service qui est imposé à l'*adjudicataire de l'éclairage* (Cons. d'État 6 mai 1863, 20 février 1878). Le directeur et les administrateurs de la société d'éclairage sont de même inéligibles (Cons. d'État 31 décembre 1875, 10 mars 1894, 28 novembre 1896) ;

2° ..... au tenancier de la *fourrière publique* (Cons. d'État 7 novembre 1884, 24 novembre 1888) ;

3° ..... à l'entrepreneur de travaux sur *les chemins vici-naux* (Cons. d'État 3 février 1893) ;

4° ..... à la personne chargée du *transport des décédés* et du service extérieur des funérailles (Cons. d'État 21 novembre 1884) ;

5° ..... à l'adjudicataire des *droits d'étalage et des halles et marchés,* lorsque le cahier des charges lui impose le balayage des rues et des places (Cons. d'État 28 novembre 1884) ;

6° ..... aux *fermiers des droits d'octroi* communaux en raison de leur dépendance immédiate de la commune (Cons. d'État 8 août 1879, 18 juin 1889).

A noter que le fait par l'État d'allouer une subvention pour l'exécution d'un service public n'empêche pas que ce service soit municipal, si l'entrepreneur est rétribué sur les fonds communaux et placé sous l'autorité et la surveillance exclusive du maire (Cons. d'État 13 mars 1885).

Ne sont pas entrepreneurs de services municipaux :

Sont par conséquent éligibles : les personnes qui n'assurent pas le fonctionnement d'un service commu-nal journalier et permanent (Cons. de préfecture de la Seine 9 août 1871). Exemples :

1° Le *fournisseur de charbon* (Cons. d'État 26 décembre 1896) ;

2° L'*adjudicataire de la coupe affouagère* de la commune (Cons. d'État 8 mai 1866) ;

3° L'*entrepreneur de la construction* d'une *église* (Cons. d'État 1er juin 1866), d'une *halle* (Cons. d'État 4 novembre 1881) ou de tout *autre édifice* communal (Cons. d'État 13 décembre 1878, 16 janvier 1885);

4° Les *fermiers de biens communaux* qui ne sont pas des entrepreneurs (Cons. d'État 5 novembre 1875);

5° L'*adjudicataire des droits* de *parcours* et de *glandée* dans les bois (Cons. d'État 27 avril 1877).

V. Les instituteurs publics, c'est-à-dire le personnel des écoles primaires des communes, maîtres ou adjoints (*ibid.*).

La jurisprudence admet que la cause d'inéligibilité disparaît, si la démission, l'admission à faire valoir les droits à la retraite (Cons. d'État 9 avril 1886), la mise à la retraite interviennent la veille même de l'élection (analogie avec ce qu'elle admet pour les élections au conseil général, Cons. d'État 13 juillet 1887).

VI. Les employés de préfecture et de sous-préfecture (*ibid.*), nommés par le préfet ou le sous-préfet, et sous leurs ordres, payés sur les fonds du personnel.

Les agents, tels que l'*archiviste de la commission départementale,* payé non sur le fond d'abonnement, mais sur les frais généraux de la commission dont il dépend, ne sont pas des employés de préfecture (Cons. d'État 13 mars, 3 décembre 1892).

VII. Les ingénieurs et les conducteurs des ponts et chaussées chargés du service de la voirie urbaine et vicinale et les agents voyers (*ibid.*).

On appelle service de la voirie urbaine, le service des rues qui sont la propriété des villes et villages qu'elles traversent, et service de la voirie vicinale, celui des chemins vicinaux ordinaires.

Les agents voyers seuls sont inéligibles dans leur ressort : Donc les *cantonniers* (Cons. d'État 26 décembre 1884, 29 décembre 1888) non rétribués par la commune, et les *piqueurs* des chemins vicinaux qui ne peuvent verbaliser ne le sont pas (Cons. d'État 8 mai 1885, 17 février 1894).

Un individu qui *ferait fonction* d'agent voyer ne serait pas inéligible : les incapacités ne s'étendant pas.

L'inéligibilité atteint les *agents voyers secondaires*, alors même que, par suite d'une organisation spéciale (Algérie), ils n'exercent en fait aucune fonction dans la commune qui les a élus (Cons. d'État 20 février 1885).

VIII. Les ministres en exercice d'un culte légalement reconnu (*ibid.*).

On appelle culte reconnu celui qui est désigné et réglementé par l'autorité publique. Il n'est pas nécessaire que le culte, pour avoir la qualité de culte reconnu, figure au budget de l'État.

Les *curés* et *desservants* qui exercent leurs fonctions dans plusieurs communes ne sont éligibles dans aucune d'elles (Cons. d'État 14 juin 1847, 16 mars 1850).

L'inéligibilité atteint le *curé suspendu* de ses fonctions qui demeure curé *titulaire* de la paroisse et reçoit tout ou partie de son traitement (Cons. d'État 29 mars 1861); le prêtre qui, sans être desservant en titre, *officie souvent* et reçoit même une *rétribution*, à raison du culte qu'il célèbre dans un des hameaux (Cons. d'État

14 juin 1847); le curé que l'évêque a *suspendu* de ses fonctions et *remplacé à titre provisoire* par un procuré (Cons. d'État 20 mars 1861).

Elle n'atteint pas : les prêtres qui, par leurs fonctions spéciales et le caractère de leur rétribution, sont absolument *étrangers* à la commune, bien qu'y exerçant les devoirs de leur ministère, *chanoine métropolitain* en même temps *aumônier* d'une *école nationale* (Cons. d'État 23 juin 1849); le *pasteur* d'une église protestante *libre* dans la commune où il exerce son ministère (Cons. d'État 21 novembre 1874; les *frères* de la *Doctrine chrétienne* (Cons. d'État 14 juin 1866).

IX. Les agents salariés de la commune, parmi lesquels ne sont pas compris ceux qui, étant fonctionnaires publics ou exerçant une profession indépendante, ne reçoivent une indemnité de la commune qu'à raison des services qu'ils lui rendent dans l'exercice de cette profession (*ibid.*).

Sont agents salariés de la commune :

1º Le *secrétaire de mairie* (Cons. d'État 11 juin 1866), son *adjoint,* même devenu son collaborateur à la suite d'une convention particulière entre lui et le secrétaire (Cons. d'État 5 juin 1866);

2º Le *garde champêtre;*

3º Les *gardes forestiers* communaux ou mixtes;

4º Les *professeurs* ou *bibliothécaires salariés* par la commune (Circ. min. int. 4 juin 1846; Cons. d'État 18 novembre 1846, 6 mars 1885);

5º Le *sonneur de cloches* inscrit au budget de la commune (Cons. d'État 10 juillet 1885).

Ne sont pas agents salariés

Au sens de l'article 33, ou parce qu'ils exercent une profession indépendante ou parce qu'ils accomplissent de simples actes isolés :

1º L'*ouvrier à la tâche* (Cons. d'État 16 décembre 1881) ;

2º L'*horloger qui remonte*, moyennant un salaire annuel, l'horloge de la commune (Cons. d'État 5 décembre 1884) ;

3º Le *pharmacien* fournissant les médicaments aux indigents ;

4º Le *médecin-vétérinaire* chargé de l'inspection des abattoirs (Cons. d'État 13 mars 1885) ;

5º Le *médecin du dispensaire* (Cons. d'État 16 février 1889) ;

6º Le médecin chargé de la *médecine gratuite* ou de l'état civil (Cons. d'État 14 novembre 1884) ;

7º Les fonctionnaires d'un *hospice communal* payés sur les fonds de l'établissement (Cons. d'État 25 novembre 1891) et, en général, tous les agents salariés par des *établissements* qui existent *indépendamment* de la commune et ont leur *comptabilité distincte* (Cons. d'État 19 juillet, 25 octobre, 22 novembre 1878), même si l'établissement recevait une subvention de la commune ;

8º Les *chantres, sacristains, sonneurs de cloches,* s'ils ne sont pas inscrits au budget ou même s'ils touchent un traitement provenant de la commune à la fabrique (Cons. d'État 26 novembre 1892) ;

9º Les *avocats, avoués, notaires, architectes* (Circ. min. int. 10 avril 1884).

Ne sont pas agents salariés

Au sens de l'article 33, les fonctionnaires qui reçoivent une indemnité de la commune pour les services rendus à l'occasion de leurs fonctions :

1º Les *facteurs* des postes et télégraphes (Cons. d'État 13 mars 1885) et tous les *agents des postes*, même recevant de la commune un supplément de traitement ;

2º Le *professeur d'un collège communal*, même subventionné par la commune, lorsqu'il est nommé et salarié par l'État (Cons. d'État 28 novembre 1884) ; en un mot, tous les *professeurs de l'État* qui, en dehors de leurs fonctions, reçoivent pour services rendus un émolument de la commune (Cons. d'État 23 mai 1861, 28 mars 1866, 8 août 1885) ;

3º L'*inspecteur des eaux thermales* d'une commune, qui est salarié par l'État (Cons. d'État 19 avril 1838).

NOTA. — Autre cas d'inéligibilité prévu par les articles 1 et 13 de la loi du 7 juin 1873 :

Sont inéligibles pendant un an les conseillers qui ont *refusé* de *remplir un devoir de leurs fonctions* et qui ont été déclarés démissionnaires en raison de ce fait.

Sont frappés d'inéligibilité absolue :

Les militaires et employés des armées de terre et de mer en activité de service (art. 31, loi du 5 avril 1884).

Compétence du Conseil de préfecture en cas d'exclusion pour incapacités ou inéligibilité survenues postérieurement à l'élection ; démission d'office.

Tout conseiller municipal qui, pour une cause survenue postérieurement à sa nomination, se trouve dans un des cas d'exclusion fondés sur l'incapacité et l'inéligibilité, est immédiatement déclaré démissionnaire par le préfet, sauf réclamation de sa part au conseil de préfecture dans les dix jours de la notification, et sauf son recours au Conseil d'État conformément aux articles 38, 39 et 40 de la loi du 5 avril 1884 (art. 36).

La déclaration d'office de la démission fait que le conseiller est réputé démissionnaire le jour de cette déclaration qui doit être notifiée à l'intéressé (Circ. min. int. 15 mai 1884, et art. 36 loi du 5 avril 1884). Jusqu'alors, le conseiller reste investi de ses fonctions, et l'élection faite pour pourvoir à son remplacement alors que la décision préfectorale ne lui aurait pas été notifiée, serait annulable.

L'arrêté préfectoral prononçant la démission d'office ne constitue pas chose jugée contre l'intéressé tant qu'il n'a pas été notifié : on ne pourrait, avant, le lui opposer.

Le préfet peut retirer la démission d'office qu'il a prononcée (Décis. min. int. 4 novembre 1876, contrà et par analogie Cons. d'État 7 août 1883).

Le démissionnaire d'office a donc un recours au Conseil d'État contre l'arrêté préfectoral. L'arrêté du conseil de préfecture peut être déféré en appel au Conseil d'État par le préfet ou le conseiller municipal déclaré démissionnaire (art. 40, loi du 5 avril 1884 ; Circ. min. int. 15 mai 1884).

Compétence du Conseil de préfecture en cas d'incapacité ou d'inéligibilité existant antérieurement à l'élection.

Le conseil de préfecture a un pouvoir absolu d'appréciation. Il peut déclarer éligible ou non éligible les personnes non inscrites ou inscrites sur la liste en se basant soit sur les conditions requises pour être électeur, soit sur les causes d'incapacités quelconques, même celles résultant de condamnations (Cons. d'État 17 janvier 1879, 12 mars 1882).

Les questions d'etat seules doivent être renvoyées aux tribunaux civils.

D. Avoir satisfait aux obligations du service militaire (Loi du 14 août 1893, modifiant l'art. 7 de la loi du 15 juillet 1889 sur le recrutement de l'armée).

Cette prescription ne s'applique pas aux personnes qui ont bénéficié de la naturalisation avant la promulgation de la loi du 15 juillet 1889 (Cons. d'État 29 mai 1897).

C'est le conseil de préfecture ou le Conseil d'État, juge de l'élection, qui peut apprécier si véritablement le candidat a satisfait au jour de l'élection à cette obligation, c'est-à-dire s'il a fourni le service militaire auquel il était tenu dans l'armée active, la réserve ou la territoriale (rapports sur la loi de 1893).

CHAPITRE II

CONDITIONS POUR ÊTRE CONSEILLER MUNICIPAL

—————

Pour pouvoir remplir les fonctions de conseiller, il faut :

A) Être éligible dans la commune (voir ce que nous avons dit précédemment);

B) Ne pas être dans un des cas d'incompatibilité.

Cas d'incompatibilité. — Conséquences.

Les fonctions de conseiller municipal sont incompatibles avec celles :

I. De préfet, sous-préfet, secrétaire général de préfecture (art. 34, loi du 5 avril 1884).

II. De commissaire et d'agent de police.

III. De gouverneur, directeur de l'intérieur, membre du conseil privé dans les colonies.

Les fonctionnaires ci-dessus désignés qui seront élus membres d'un conseil auront, à partir de la proclamation du résultat du scrutin, un délai de dix jours pour opter entre l'acceptation du mandat et la conservation de leur emploi.

A défaut de déclaration adressée dans ce délai à leurs supérieurs hiérarchiques, ils sont réputés avoir opté pour la conservation dudit emploi.

La différence qui existe entre l'incapacité et l'inéligibilité d'une part et l'incompatibilité de l'autre réside dans ce fait que l'élection est valide, mais que l'exercice du droit qu'elle confère est subordonné à une option de la part du candidat élu.

Si l'incompatibilité est postérieure à l'élection, le conseiller est immédiatement déclaré démissionnaire par le préfet, sauf *réclamation possible de sa part au conseil de préfecture* dans les dix jours de la notification et sauf recours au Conseil d'État, conformément aux articles 38, 39 et 40 de la loi du 5 avril 1884 (art. 36).

A remarquer que l'incompatibilité ne frappe pas les conseillers de préfecture, qui peuvent être conseillers municipaux en dehors de leur ressort.

IV. Nul ne peut être membre de plusieurs conseils municipaux (art. 35, loi du 5 avril 1884).

Un délai de dix jours à partir de la proclamation du résultat du scrutin est accordé au conseiller nommé dans plusieurs communes pour faire sa déclaration d'option. Cette déclaration est adressée au préfet des départements intéressés.

Si, dans ce délai, le conseiller élu n'a pas fait connaître son option, il est membre de droit du conseil de la commune où le nombre des électeurs est le moins élevé.

Le conseiller peut revenir sur son option s'il est encore dans le délai de dix jours imparti par la loi, à condition cependant que le préfet n'ait pas accusé réception de l'option primitive (analogie avec art. 60, loi du 5 avril 1884, sauf la fin dudit article).

Ce que nous venons de dire intéresse les élections multiples et simultanées.

Qu'arriverait-il si les élections multiples avaient lieu successivement, exemple : si un conseiller municipal venait à être élu membre d'un autre conseil après un certain laps de temps ?

La seconde élection serait valable ; elle servirait de point de départ au délai d'option et, par analogie avec ce qui se passerait en cas d'élections simultanées, à défaut de déclaration, le conseiller ferait partie de droit du conseil de la commune où le nombre des électeurs serait le moins élevé.

La loi n'a pas prévu ce cas, non plus que celui des élections multiples dans les *sections* d'une même commune.

Par analogie encore, on appliquera aux sections les dispositions légales qui régissent les communes quant aux élections multiples (art. 35, loi du 5 avril 1884).

Difficultés relatives à l'option : Conseil de préfecture, Conseil d'État.

Si des difficultés s'élèvent au point de vue de l'option, le conseil de préfecture, juge du contentieux électoral, aura la mission de statuer. Il s'agit, en effet, d'une conséquence de l'élection (Cons. d'État 26 janvier, 27 juillet 1889).

C'est devant le conseil de préfecture que devrait être formée par conséquent la demande contre l'arrêté du préfet déclarant, à défaut d'option ou à la suite d'une option tardive, qu'un conseiller municipal, élu dans plusieurs communes, appartiendra à l'une d'elles (Cons. d'État 27 juillet 1889).

Lorsqu'il y a eu option et qu'un litige s'élève soit à l'occasion de l'option formelle, soit à l'occasion de l'arrêté du préfet, le préfet ne peut convoquer les électeurs pour remplacer le conseiller municipal dans la commune à laquelle il prétend que ce conseiller n'appartient plus ; le conseiller municipal n'est remplacé que si, par décision judiciaire définitive, son option est déclarée valable ou valablement pris l'arrêté qui lui assigne un siège municipal. Jusqu'à cette décision définitive sur la validité de l'option ou de l'arrêté, le conseiller n'est pas remplacé : il vote au conseil pour lequel il a opté ou au conseil qu'on lui a imposé. En effet, le pourvoi étant suspensif en matière électorale : 1° le remplacement ne peut être opéré en exécution d'une décision du conseil de préfecture ; 2° l'option ou la désignation préfectorale conservera cependant son effet pour l'exercice des fonctions de conseiller, en attendant la décision définitive.

C) Ne pas être, dans les communes de 501 habitants et au-dessus, ascendant ou descendant, frère ou allié au même degré d'un membre du conseil municipal dans lequel on veut entrer (art. 35, loi du 5 avril 1884).

Pour évaluer la population des communes en cette matière, on consulte le tableau de recensement officiel (Cons. d'État 31 janvier 1856) en se basant sur la population normale.

La parenté qui résulte de l'*adoption* produit l'empêchement (Cons. d'État 15 mai 1845).

Quant à la parenté *naturelle* à la suite d'une reconnaissance régulière, il semble, étant donné qu'elle établit un rapport légal de filiation, qu'il y ait lieu de lui attribuer les mêmes conséquences que celles prévues pour les autres filiations, légitimes ou adoptives : cela, bien entendu, en bornant les conséquences aux ascendants et à leurs enfants. La jurisprudence n'a pas eu à trancher la question.

Sont alliés au degré prohibé :

Le beau-père et le beau-fils (le candidat ayant épousé la mère d'un autre candidat) [Cons. d'État 10 juillet 1885].

Le beau-père, mari de la mère (parâtre), et le beau-fils, fils de la femme (Cons. d'État 10 juillet 1885).

Le beau-père et le gendre (Cons. d'État 9 janvier 1885).

Deux beaux-frères, lors même que l'un d'eux serait seulement le frère consanguin de la femme de l'autre (Cons. d'État 3 juillet 1885).

Il n'y a pas alliance entre deux individus qui épousent les deux sœurs, parce que l'alliance n'a lieu qu'avec les parents de la femme et non avec les alliés (Cons.

d'État 7 novembre 1884, 27 février 1885) ; entre le second mari de la belle-mère d'un conseiller municipal
et ce dernier (Cons. d'État 19 novembre 1886).

Cessation de l'affinité ou alliance.

Après le décès de la femme qui produisait l'alliance,
l'affinité ne disparaît pas au point de vue électoral, bien
que, au point de vue civil, l'alliance ne subsiste pas
après le décès du conjoint qui la produisait (art. 206,
C. c.). On applique ici un autre principe, celui qui paraît appliqué dans les articles 278 et 283 du Code de
procédure civile, lesquels permettent de reprocher
comme témoin et de récuser comme juge le beau-père
ou le gendre et après le décès du conjoint, cause de
l'alliance.

Il paraît que c'est le souvenir de l'alliance dont se
préoccupe la loi (trib. de Vienne 1er avril 1882, D. P.
1884, 3, 22, et la note 5).

Lorsque l'un des alliés ou parents au degré prohibé
vient à mourir ou à démissionner, l'empêchement
n'existe plus.

Préférence entre les parents ou alliés.

La préférence est déterminée entre les membres élus
de cette façon :

1° Par la date la plus ancienne des nominations (Cons.
d'État 9 avril 1886);

2° Entre conseillers élus le même jour, par le plus grand nombre de suffrages (Cons. d'État 1er mai 1885);

3° A égalité de voix, par la priorité d'âge (art. 35 et 49, loi du 5 avril 1884 ; Cons. d'État 13 février, 20 mars 1885).

Ce règlement est applicable lorsqu'il y a des *sections* électorales (Cons. d'État 14, 23 décembre 1884).

Dans ce cas, il faut remarquer que le dénombrement des suffrages servant à établir les préférences se fera dans la section de chacun des élus, sans tenir compte des voix que celui-ci aurait pu obtenir dans une section voisine (Cons. d'État 13 mars 1885).

L'importance de la section électorale n'entrera pas en ligne de compte lorsqu'il s'agira d'établir la préférence (Cons. d'État 9 janvier 1897).

Si, après les élections, deux conseillers élus le même jour deviennent alliés au degré prohibé, le préfet déclare démissionnaire celui qui avait le moins de suffrages (Cons. d'État 18 décembre 1885).

Compétence du Conseil de préfecture au sujet de l'empêchement antérieur à l'élection.

Le conseil de préfecture est compétent pour annuler l'élection de l'un des parents ou alliés au degré prohibé (Cons. d'État 22 mai 1861, 8 décembre 1878). La conséquence de cette annulation sera une nouvelle élection ; le conseil ne pourrait, en effet, proclamer élu un autre candidat (Cons. d'État 10 avril 1866, 16 décembre 1881) sans commettre un abus de pouvoir (Cons. d'État 16 janvier 1885).

A noter que le conseil de préfecture ne statue que s'il est saisi dans le délai imparti par la loi (art. 37, loi du 5 avril 1884).

Compétence du Conseil de préfecture au sujet d'un empêchement postérieur à l'élection.

Tout conseiller municipal qui, pour une cause survenue postérieurement à la nomination, se trouve dans un des cas d'empêchement prévus par la loi est immédiatement déclaré démissionnaire par le préfet, sauf réclamation de sa part au conseil de préfecture dans les dix jours de la notification et sauf recours au Conseil d'État, conformément aux articles 38, 39, 40 de la loi du 5 avril 1884 (art. 36).

S'il y a lieu à question d'état, comme, par exemple, de rechercher s'il existe entre deux candidats élus une alliance au degré prohibé, le Conseil renverra devant les tribunaux civils pour le jugement de la question préjudicielle d'alliance (Cons. d'État 24 août 1868, 2 novembre, 9 décembre 1871).

La déclaration d'office de la démission fait que le conseiller est réputé démissionnaire le jour de cette déclaration qui doit être notifiée à l'intéressé (Circ. min. int. 15 mai 1884 ; art. 36, loi du 5 avril 1884). Jusqu'alors le conseiller municipal reste investi de ses fonctions, et l'élection faite pour pourvoir à son remplacement, alors que la décision préfectorale ne lui a pas été notifiée, serait annulable.

L'arrêté préfectoral prononçant la démission d'office ne constitue pas chose jugée contre l'intéressé, tant qu'il n'a pas été notifié : on ne pourrait pas le lui opposer.

Le préfet peut retirer la démission d'office qu'il a prononcée (Décis. min. int. 4 novembre 1876, *contrà,* et par analogie Cons. d'État 7 août 1883).

Le démissionnaire d'office a contre la décision du préfet un recours au conseil de préfecture, et l'arrêté de cette juridiction peut être déféré en appel au Conseil d'État par le préfet ou le conseiller municipal déclaré démissionnaire (art. 40, loi du 5 avril 1884 ; Circ. min. int. 15 mai 1884).

———

TITRE II

COMPOSITION ET RENOUVELLEMENT DES CONSEILS MUNICIPAUX

CHAPITRE Ier

COMPOSITION DES CONSEILS MUNICIPAUX

Effectif des conseils municipaux. — Il y a dans chaque commune un conseil municipal. Cette assemblée se compose de :

10 membres dans les communes de		500 habitants et au-dessous;	
12	—	—	501 à 1,500 habitants;
16	—	—	1,501 à 2,500 —
21	—	—	2,501 à 3,500 —
23	—	—	3,501 à 10,000 —
27	—	—	10,001 à 30,000 —
30	—	—	30,001 à 40,000 —
32	—	—	40,001 à 50,000 —
34	—	—	50,001 à 60,000 —
36	—	—	60,001 habitants et au-dessus.

Dans les villes divisées en plusieurs mairies, le nombre des conseillers est augmenté de trois par mairie (art. 10, loi du 5 avril 1884). Cette dernière prescription s'applique uniquement à la ville de Lyon qui, seule, se trouve dans le cas prévu.

La loi de 1884 ne s'applique pas à Paris.

Pour la fixation de la population, on consulte le tableau de recensement qui s'élabore tous les cinq ans.

D'après les décrets ordonnant le dénombrement de la population des communes, on inscrit séparément sur le tableau :

1° La population totale ;

2° La population normale ;

3° La population flottante.

La population normale sert de base à l'assiette de l'impôt et à l'organisation municipale (Ord. du 4 mai 1846 ; Circ. min. int. 10 avril 1884 et 15 mai 1884 ; Décret 31 décembre 1896 ; Cons. d'État 4 juin 1875, 25 novembre 1892).

La population normale ou municipale d'une commune est égale à la différence entre la population totale et la population flottante composée des catégories suivantes comptées à part, d'après l'article 2 du décret du 31 décembre 1896 :

1° Les corps de troupe des armées de terre et de mer, à l'exception des officiers et assimilés logés au dehors des quartiers et casernes ; des sous-officiers et gardes attachés aux états-majors, aux places, aux directions, aux écoles et aux hôpitaux militaires ; des gendarmes et des préposés des douanes ;

2° Les établissements ci-après, sauf leur personnel fixe, cadres et employés :

a) Maisons centrales de force et correction ;

b) Maisons d'éducation correctionnelle et colonies agricoles de jeunes détenus ;

c) Maisons d'arrêt, de justice et de correction ;

d) Dépôts de mendicité ;

e) Asiles d'aliénés ;

f) Les hospices ;

g) Les lycées et collèges communaux, les écoles spéciales, les séminaires, les maisons d'éducation et écoles avec pensionnat ;

h) Les communautés religieuses ;

i) Les réfugiés à la solde de l'État ;

j) Les ouvriers étrangers à la commune attachés aux chantiers de travaux publics temporairement.

A remarquer : ne sont pas comptés à part, mais sont compris sur la liste nominative des habitants de la commune lors du recensement, et par conséquent font partie de la population normale :

a) Les membres des congrégations religieuses détachés d'une manière permanente au service des écoles ou hospices dans la commune, ou les membres des communautés cloîtrées qui ne quittent pas la commune ;

b) Les malades des hôpitaux qui ont conservé leur domicile dans la commune (même instruction) ;

c) Les élèves *externes* des lycées, collèges, séminaires, écoles primaires normales, écoles primaires supérieures, maisons d'éducation et pensions (même instruction) ;

d) Les élèves *internes* des mêmes établissements lorsque leurs parents habitent la commune ;

e) Les élèves des facultés et des écoles spéciales dont les parents habitent la commune (même instruction) ;

f) Les individus résidant dans la commune déposés préventivement dans les maisons d'arrêt et de justice, jusqu'au jour du jugement.

A remarquer également au sujet des marins : ils comptent et sont recensés comme corps de troupe lorsqu'ils sont absents de leur domicile pour service de l'État. Ils font donc partie de la population comptée à part (flottante) dans la ville où est situé la caserne, la rade ou le port (selon qu'ils sont casernés ou embarqués).

Quand ils se livrent au grand et petit cabotage ou lorsqu'ils pêchent, ils font partie de la population normale ou municipale de la commune de leur résidence. S'ils voyagent au long cours, ils sont classés dans la population comptée à part s'ils se trouvent au jour du recensement dans un port français.

S'ils naviguent au long cours ou sur les bâtiments de l'État, par conséquent ne sont point présents dans une commune française, aucune administration municipale ne s'en occupe. Ils font l'objet d'un recensement spécial opéré par les soins du ministère. Ceci étant, on s'attache uniquement au chiffre indiqué par le tableau de recensement au moment des élections générales pour fixer le nombre des conseillers. Ce nombre reste invariable pendant toute période quatriennale du conseil (Cons. d'État 9 janvier 1874 ; 12 mai, 3 juin 1893).

Règles spéciales au sectionnement.

Nous avons vu précédemment que, lorsqu'il y a lieu de procéder à des élections partielles, on opère d'après le sectionnement qui a servi aux opérations intégrales ; qu'en cas de renouvellement intégral, on applique le dernier sectionnement arrêté par le conseil général : le préfet détermine, d'après le chiffre des électeurs inscrits dans chaque section, le nombre des conseillers à élire.

Les règles concernant l'effectif des conseillers dans les sections sont d'ailleurs comprises sous l'article 11 de la loi du 5 avril 1884. Elles établissent :

1° Que chaque section doit élire un nombre de conseillers proportionné au chiffre des électeurs inscrits ;

2° Qu'aucune section ne peut avoir moins de deux conseillers lorsque la commune se compose de plusieurs agglomérations distinctes et séparées ;

3° Qu'aucune des sections formées ne peut avoir moins de quatre conseillers lorsque la population agglomérée de la commune dépasse 10,000 habitants.

Autorité chargée de fixer le nombre des conseillers à élire.

I. Pour les communes non sectionnées.

Le préfet détermine, dans son *arrêté de convocation* des électeurs, le nombre des conseillers à nommer pour chaque commune. Cette fixation opérée par le préfet peut être examinée par le conseil de préfecture, juge de la validité des opérations électorales et, par conséquent, de l'exactitude légale du chiffre indiqué par le préfet (Cons. d'État 9 janvier 1874, 18 décembre 1885).

S'il s'élève une question préjudicielle sur la validité du dénombrement déclaré authentique par décret, le conseil de préfecture surseoira à statuer jusqu'après l'examen préjudiciel de l'*administration :* la juridiction contentieuse ne pourrait connaître de cette question (Avis du min. int. au sujet d'un recours porté au Cons. d'État le 15 mai 1885).

Lorsqu'il y a eu erreur, par suite de la faute de l'administration, de la part des électeurs au sujet du nombre des conseillers à élire, les opérations seront annulées dans leur ensemble, alors même que les derniers élus auraient démissionné pour ramener le conseil municipal au nombre de membres auquel il a droit (Cons. d'État 6 février, 27 février 1885).

L'annulation s'imposerait également dans le cas même où, depuis le vote, il aurait été procédé à un recensement indiquant une population en rapport avec le nombre de conseillers élus, mais dont les résultats n'auraient pas encore été rendus authentiques par un décret (Cons. d'État 6 août 1878).

II. Pour les communes sectionnées.

Dans son arrêté de convocation des électeurs, le préfet détermine, d'après le chiffre des électeurs inscrits dans chaque section, le nombre des conseillers à élire (art. 12-4°, loi du 5 avril 1884 ; Circ. min. int. 15 mai 1884).

Le recours est ouvert aux électeurs contre l'arrêté

du préfet, non pas devant le Conseil d'État, pour excès de pouvoir, mais devant le conseil de préfecture, juge de la régularité des opérations électorales (Cons. d'État 7 et 28 février, 30 mai, 4 juillet 1879, 27 juin 1884).

Durée du mandat. — Les conseillers municipaux sont élus pour quatre ans (art. 41, loi du 5 avril 1884).

Leur mandat ne pourrait être prolongé que par une loi (voir loi du 3 janvier 1884).

Les conseillers nommés dans l'intervalle d'un renouvellement à l'autre ne sont élus que pour la période restant à courir (Circ. min. int. 15 mai 1884).

CHAPITRE II

RENOUVELLEMENT DES CONSEILS MUNICIPAUX

Renouvellement. — Le renouvellement est intégral ou partiel.

I. Renouvellement intégral.

Le conseil municipal se renouvelle intégralement :

a) Le premier dimanche de mai, tous les quatre ans, et dans toute la France, lors même que les conseillers ont été élus dans l'intervalle (art. 41, loi du 5 avril 1884).

Lorsque le moment du renouvellement intégral est arrivé, le conseil, objet du renouvellement, n'a plus aucun pouvoir : en conséquence, si le nouveau conseil n'est pas élu au jour même indiqué par la loi, la commune n'a plus de conseil municipal ; seule l'ancienne municipalité reste en fonctions (art. 81, loi du 5 avril 1884) ;

b) En cas d'annulation des élections ;

c) En cas de démission de tous les conseillers ;

d) En cas de dissolution par décret (art. 43, loi du 5 avril 1884).

II. Renouvellement partiel.

Le renouvellement partiel a lieu :

a) Après annulation de l'élection d'un ou de plusieurs conseillers ;

b) Lorsque, par suite d'option, décès, démission, etc., certaines vacances se sont produites au sein du conseil. Ces vacances doivent être comblées obligatoirement si le conseil se trouve réduit aux trois quarts de son effectif, ou si le conseil doit procéder à l'élection du maire ou de l'adjoint (art. 42 et 77, loi du 5 avril 1884).

Dans les six mois qui précèdent le renouvellement intégral, il n'y a *jamais* lieu à élection complémentaire obligatoire, lorsque le conseil n'a pas perdu plus de la moitié de ses membres.

S'il s'agit de sections de communes sectionnées, les élections partielles sont obligatoires quand une section

a perdu la moitié de ses conseillers (art. 16 et 42, loi du
5 avril 1884). La section seule procède alors à l'élection complémentaire (Cons. d'État 30 décembre 1887,
27 janvier 1888).

Démission individuelle.

Au sujet des cas de démission donnant ouverture à
élections particlles, on distingue :

a) La démission d'office, qui existe :

1° En cas d'incompatibilité ou d'empêchement qui se
produit postérieurement à l'élection ;

2° En cas d'absence de trois convocations successives
(art. 60, loi 5 avril 1884).

Le conseiller qui, sans excuse légitime, a manqué à
trois convocations successives, peut être déclaré démissionnaire par le préfet, sauf son recours dans les
10 jours de la notification de l'arrêté préfectoral devant
le conseil de préfecture. Il s'agit de l'absence non aux
séances, mais de l'absence aux sessions régulières
parmi lesquelles on compte celles qui sont tenues pour
la nomination des maires et adjoints et des délégués
sénatoriaux (Cons. d'État 19 mars 1863 ; Avis du min.
int. 10 avril 1882).

Le Conseil d'État a décidé que la présence du
conseiller municipal à une session postérieurement aux
trois sessions où son absence a été signalée, couvre la
déchéance encourue (Cons. d'État 22 juillet 1839).

En tous cas, le conseiller peut être admis à présenter

ses explications devant le conseil et le préfet, qui doit le mettre en demeure de les lui fournir.

La décision du conseil de préfecture intervenue sur l'arrêté du préfet est susceptible de recours au Conseil d'État; mais ce n'est pas là un recours contre les opérations électorales : On devra, par conséquent, suivre la procédure ordinaire devant le Conseil d'État (la gratuité ne sera pas accordée, etc.) [Cons. d'État 11 novembre 1877, 27 mars 1896];

3° En cas de refus de la part des conseillers municipaux de remplir sans excuse valable une des charges que leur imposent leurs fonctions (Loi du 7 juin 1873, art. 7).

La démission est prononcée par le Conseil d'État. C'est le Conseil d'État, sur l'initiative du ministre de l'intérieur avisé par le préfet, qui est chargé de prononcer la déchéance.

Le conseil statue au contentieux (Cons. d'État 4 juillet 1884) et en matière de contentieux électoral ; il peut être juge des excuses présentées.

On considère comme obligations ordinaires des conseillers municipaux, résultant de leurs fonctions, celles qui découlent de leur rang d'inscription, lorsqu'il s'agit de remplir provisoirement les fonctions de maire. Mais on ne devrait pas tenir pour une obligation attachée à la fonction la nécessité de nommer un maire.

Le Conseil d'État rend sa décision dans les trois mois à dater du jour où la demande du ministre est enregistrée au Conseil.

b) La démission volontaire (art. 60, loi du 5 avril 1884).

Elle se produit sur détermination expresse du conseiller suivie de l'accusé de réception donné par écrit (Cons. d'État 24 juillet 1885) par le préfet et non le sous-préfet ; à défaut d'accusé de réception, par l'expiration du délai d'un mois après l'envoi recommandé de la lettre de démission (Circ. min. int. 15 mai 1884).

Si l'élu fait connaître sur le procès-verbal des élections qu'il donne sa démission, cette mention suffit pour que le préfet en accuse réception et rende ainsi la démission définitive (Cons. d'État 13 février 1885).

L'accusé de réception ne serait pas valable s'il n'était que verbal, alors même que le préfet aurait télégraphié son acceptation au sous-préfet et que celui-ci aurait *offert* de délivrer copie du télégramme à l'intéressé (Cons. d'État 21 juillet 1885) ; il semble résulter que si la copie du télégramme avait été délivrée, elle remplacerait l'accusé de réception du préfet.

L'accusé de réception du préfet rend définitive la démission qui, dès lors, ne peut plus être retirée (Cons. d'État 12 juin 1885) ; mais tant que la démission n'est pas définitive, le conseiller compte parmi les membres en exercice (Cons. d'État 21 novembre 1884, 9 janvier, 14 juillet 1885).

Les démissions sont adressées au sous-préfet ou au préfet.

Elles peuvent être retirées avant que la notification de l'accusé de réception (Cons. d'État 25 mai 1889) ait touché l'intéressé ou encore en l'absence de notification avant l'expiration du délai d'un mois. Elles peuvent être retirées verbalement à la séance du conseil municipal et dans ce cas le maire est tenu d'en aviser le préfet (17 mars 1882).

Le Conseil d'État connaît des difficultés qui peuvent s'élever sur les formes de la démission volontaire (Cons. d'État 10 août 1893), mais sur les formes seulement et non sur toutes questions électorales qui se grefferaient sur la question des formalités de la démission, toutes les questions électorales étant de la compétence du conseil de préfecture.

Remarque. — En dehors des cas de renouvellement partiel obligatoire, l'administration est autorisée à compléter le conseil diminué (Cons. d'État 23 février 1877, 2 février 1880).

Nous rappelons ici qu'en cas d'élections multiples et de litiges sur l'option du conseiller élu, le préfet ne peut convoquer les électeurs pour remplacer le conseiller municipal dans la commune à laquelle selon lui ce conseiller n'appartient pas, tant qu'il n'est pas intervenu une solution judiciaire définitive.

TITRE III

PÉRIODE ÉLECTORALE

CHAPITRE Ier

ACTES PRÉLIMINAIRES

Convocation des électeurs. — L'assemblée des électeurs est convoquée par arrêté du préfet.

L'arrêté de convocation est publié dans la commune 15 jours au moins avant l'élection, qui doit avoir lieu un dimanche. L'inobservation de la prescription substantielle du délai de quinzaine est une cause de nullité absolue des élections (Cons. d'État 28 décembre |1884, 15 mai 1885, 14 janvier 1887, 27 janvier 1888, 9 mars 1889, 14 février 1890).

Le *dies a quo* est compté dans la quinzaine, mais non le jour de l'élection (Cons. d'État 17 février, 7 décembre 1894).

Il fixe le local où le scrutin sera ouvert ainsi que les heures auxquelles il doit être ouvert et fermé (art. 15, loi du 5 avril 1884).

Il faut absolument que la convocation soit faite par

le préfet. Toute autre convocation, par exemple celle émanant du maire, serait nulle et entraînerait l'annulation des élections (Cons. d'État 26 décembre 1884, 9 janvier 1885, 5 août 1887).

Si le maire est obligé de reculer la date des opérations électorales fixée par le préfet, il doit en rendre compte à ce dernier sans prendre sur lui d'ordonner une convocation nouvelle (Cons. d'État 26 décembre 1884, 9 janvier 1885, 5 août 1887).

Local du scrutin. — a) Le local a été désigné par le préfet.

Le préfet peut choisir un local quelconque même une maison particulière, pourvu qu'il n'en résulte pour les opérations aucune irrégularité (Cons. d'État 6 février 1885).

Le maire ne peut changer le local désigné par le préfet sauf le cas de force majeure et sous la condition qu'il ait eu le temps d'en avertir l'autorité supérieure. Ce changement doit avoir été connu des électeurs, autrement il en résulterait une irrégularité, cause d'annulation.

Si le préfet, révoquant sa première décision en prenait une autre tardivement au sujet du lieu de vote, il y aurait lieu à annulation des opérations électorales, si la conséquence de la décision préfectorale tardive avait été d'empêcher un grand nombre d'électeurs de prendre part au scrutin (Cons. d'État 20 mars 1885).

Lorsque le maire ou son adjoint, à son défaut, a refusé d'obéir aux injonctions du préfet relatives au lieu du scrutin, et qu'un délégué, membre du conseil d'arrondissement, a été choisi pour présider les opérations à la place des autorités municipales (art. 85, loi du 5 avril 1884), demeurent seules valables les opérations présidées par ce délégué (Cons. d'État 16 juillet 1886).

Il est nécessaire que les ordres du préfet soient exécutés ponctuellement par les autorités municipales, auxquelles il est défendu de les interpréter d'une façon fantaisiste; par exemple, il est interdit au maire de faire procéder au vote non dans la salle d'école, comme a pu le prescrire l'arrêté préfectoral de convocation, mais dans l'appartement de l'instituteur situé au second étage de la maison.

Au sujet de la désobéissance à l'arrêté du préfet, la jurisprudence est formelle dans le sens de l'annulation des opérations électorales (Cons. d'État 9 janvier 1885, 27 mars, 10 juillet 1899).

b) Le local *n'a pas été désigné* par le préfet.

L'assemblée électorale se réunira à la mairie, quel que soit le local affecté à la maison commune (Cons. d'État 3 novembre 1882).

Quand il n'existe pas de mairie, le vote se fait dans un local public connu des électeurs (Cons. d'État 11 mars 1862). Il sera défendu au maire, dans ce cas, de convoquer les électeurs chez lui : La sanction serait l'annulation des élections, si cette convocation avait exercé quelque influence sur les électeurs (Cons. d'État 16 août 1866).

Jour du scrutin : heure. — Le scrutin doit toujours avoir lieu un dimanche.

Il ne dure qu'un jour (art. 10, 15, 26, loi du 5 avril 1884).

L'arrêté de convocation fixe l'heure d'ouverture et de fermeture du scrutin (Circ. min. int. 10 avril 1884). Cet arrêté sera publié dans la commune 15 jours au moins avant l'élection (art. 15, loi du 5 avril 1884).

Le scrutin dure six heures au minimum (art. 26, loi du 5 avril 1884). Cette durée, fixée par le préfet, peut, si elle n'est pas observée, entraîner l'annulation des opétions électorales (Cons. d'État 16 janvier 1885).

Pour les heures d'ouverture et de fermeture, les préfets respecteront les convenances locales. Le scrutin peut être ouvert à 6 heures du matin (Circ. min. int. 16 avril 1871). La désignation d'une heure peu favorable au libre exercice des droits de vote est susceptible de causer l'annulation des élections.

Le scrutin qui a lieu avant l'heure fixée doit être annulé (Cons. d'État 12 mars 1863). Il y a désobéissance à l'arrêté du préfet. Cependant la jurisprudence du Conseil d'État décide que, pour justifier l'annulation de l'élection, l'ouverture anticipée du scrutin a dû être le résultat d'une manœuvre ou d'une fraude (Cons. d'État 20 février 1893, élection Saint-Rémy).

Le scrutin qui s'ouvre après l'heure fixée, et tardivement, doit avoir pour conséquence l'annulation de l'élection. Il y a également la désobéissance à l'arrêté préfectoral, qui détermine obligatoirement les heures

d'ouverture et de fermeture du scrutin (art. 15, loi du
5 avril 1884). Toutefois, la jurisprudence ne paraît pas
aussi absolue dans le sens de l'annulation qu'elle subordonne aux circonstances de fait qui ont entouré le
vote (Cons. d'État 18 juillet 1891).

Le scrutin reste ouvert jusqu'à l'heure de la fermeture indiquée par l'arrêté de convocation.

Aucune interruption ne sera tolérée.

La fermeture anticipée ou l'interruption aurait pour
sanction l'annulation des opérations. Ici encore la jurisprudence admet un tempérament en ne sanctionnant
pas la désobéissance à l'arrêté préfectoral par l'annulation, lorsqu'elle n'a pas eu pour effet de priver certains
électeurs de l'exercice de leur droit (Cons. d'État
22 mai 1885, 7 novembre 1884, 18 mai 1889).

Si la fermeture du scrutin a été retardée, le Conseil
d'État établit à nouveau une distinction suivant la
bonne ou la mauvaise foi qui a présidé à ce fait et
n'annule les opérations que dans le cas de fraude ou de
manœuvres (Conseil d'État, 8 mai 1885).

A notre avis l'annulation absolue doit être la sanction
d'une désobéissance à l'arrêté préfectoral de convocation, portant indication d'ouverture et de fermeture.

L'ordre du préfet donné au maire constitue la garantie de l'électeur, la désignation préfectorale, une formalité substantielle et d'ordre public en ce qui concerne
l'élection. Toute désobéissance à cet arrêté emporte
avec elle la présomption *juris* et *de jure* de fraude ou
de manœuvres.

CHAPITRE II

———

Période électorale : définition. — La période électorale commence après l'arrêté préfectoral portant convocation des électeurs, que le maire publie dans la commune par voie d'affiches ou tout autre moyen en son pouvoir (art. 15, loi du 5 avril 1884 ; art. 3, loi du 30 juin 1881), quinze jours au moins avant l'élection.

Elle finit la veille du jour de l'élection (Loi du 30 juin 1881, art. 3).

Elle comporte des réunions publiques et des réunions privées, ainsi que tous autres moyens de propagande ou de polémiques laissés à l'initiative particulière des électeurs, des associations ou comités électoraux.

Les comités électoraux, réunions publiques et privées. — La mise en œuvre du droit de l'électeur au point de vue de la discussion du mérite des candidats se produit, comme nous venons de le dire, sur l'initiative individuelle, et le plus souvent sur celle d'associations ou comités formés en vue de patronner une candidature.

Ces comités seuls demandent une étude spéciale

parce qu'ils intéressent la liberté de réunion et de groupement.

La loi du 30 juin 1881 s'occupe de la liberté de réunion et fixe notamment les conditions spéciales aux réunions électorales.

La réunion électorale est privée ou publique.

a) La **réunion électorale publique** est celle, dit la loi (art. 5), qui a pour but le choix ou l'audition des candidats et à laquelle ne peuvent assister que les électeurs de la circonscription, les candidats, les membres des deux Chambres et le mandataire de chacun des candidats.

Elle est précédée d'une déclaration préalable indiquant le jour et l'heure auxquels elle se tiendra (art. 2, loi du 30 juin 1881). Cette déclaration *est signée,* une croix ne pourrait remplacer la signature, par deux personnes au moins, dont l'une domiciliée dans la commune. Les déclarants doivent jouir de leurs droits civils et politiques (jouissance présumée dont ils n'ont pas *a priori* à faire la justification), mais la qualité d'électeur n'est pas exigée (Arg., Circ. min. int. 28 août 1869 et silence de la loi de 1881 à ce sujet) s'ils indiquent leurs noms, qualités et domicile, lesquels sont mentionnés dans leur déclaration faite au préfet s'il s'agit du chef-lieu du département, au sous-préfet s'il s'agit du chef-lieu de l'arrondissement et au maire dans les autres communes.

Il est donné immédiatement récépissé de la déclaration.

Dans le cas où le déclarant n'aurait pu obtenir de récépissé, l'empêchement ou le refus pourra être constaté par acte extrajudiciaire ou par attestation signée de deux citoyens domiciliés dans la commune.

Le récépissé ou l'acte qui en tiendra lieu constatera l'heure de la déclaration ; celle-ci aura fait connaître, en outre, si la réunion a véritablement un but électoral (art. 2 et 4, loi du 30 juin 1881).

Les réunions publiques ne peuvent avoir lieu qu'après un délai d'au moins deux heures à compter de la déclaration (art. 2, § 3, loi du 30 juin 1881).

La permission de l'autorité est nécessaire pour qu'elles aient lieu dans les édifices publics (Circ. préfet de la Seine du 10 août 1885).

Elles ne peuvent être tenues sur la voie publique, et ne doivent se prolonger au delà de 11 heures du soir, sauf dans les localités où la fermeture des établissements publics a lieu plus tard (art. 6, loi du 30 juin 1881).

Chaque réunion doit avoir un bureau composé de trois personnes au moins.

Le bureau est chargé de maintenir l'ordre, d'empêcher toute infraction aux lois, de conserver à la réunion le caractère qui lui a été donné par la déclaration, d'interdire tout discours contraire à l'ordre public et aux bonnes mœurs ou contenant provocation à un acte qualifié crime ou délit. A défaut de désignation par les signataires de la déclaration, les membres du bureau seront élus par l'assemblée.

Les membres du bureau et jusqu'à la formation du bureau, les signataires de la déclaration sont responsables des infractions aux prescriptions des articles 6, 7 et 8 de la loi du 30 juin 1881 (art. 8, loi du 30 juin 1881 ; C. cass. 9 décembre 1882).

Un fonctionnaire de l'ordre administratif ou judiciaire peut être délégué par le préfet, le sous-préfet ou le maire pour assister à la réunion : il choisit sa place.

Il n'est rien innové aux dispositions de l'article 3 de la loi des 16 et 24 août 1790, de l'article 9 de la loi des 19-22 juillet 1791 et des articles 9 et 15 de la loi du 18 juillet 1837, dispositions qui sont relatives aux droits des maires en matière de police municipale. Toutefois, le droit de dissolution, qui appartient au maire comme au représentant de l'autorité en général, en vertu de ces textes, ne pourrait être exercé que sur réquisition du bureau ou s'il se produisait des collisions ou voies de fait (art. 9, loi du 30 juin 1881).

A remarquer que toute réunion publique politique tenue par une société non autorisée tomberait sous le coup de l'article 7 de la loi du 30 juin 1881 qui interdit les clubs. Une telle assemblée n'aurait pas le caractère d'une réunion électorale (voir discussion de la loi du 30 juin 1881 au Sénat).

Toute infraction à la loi du 30 juin 1881 sera punie des peines de simple police, sans préjudice des poursuites pour crimes et délits qui pourraient être commis dans les réunions (art. 10, loi du 30 juin 1881).

L'article 463 du Code pénal est applicable aux con-

traventions prévues par la présente loi. L'action publique et l'action privée se prescrivent par six mois (art. 11, même loi).

b) La **réunion électorale privée** est faite sur convocation personnelle.

Nul ne peut y assister en dehors des personnes convoquées. Une infraction à cette prescription serait de nature à donner à la réunion le caractère de réunion publique (C. cass. 4 février 1865).

Comités électoraux.

Après avoir étudié les réunions électorales, publiques et privées, moyens d'action des comités, définissons le comité électoral en lui-même, en disant qu'il consiste en un groupement formé en vue de l'élection et qui ne lui survit pas.

Si ce groupement persistait après l'élection, il tomberait sous le coup des lois qui régissent les associations politiques (Décret du 28 juillet 1848, loi du 30 juin 1881; C. P., art. 291 à 294).

Les comités électoraux proprement dits ne sont pas régis par une loi quant à leur formation. Ils sont tenus simplement de se conformer aux prescriptions légales lorsqu'ils provoquent des réunions publiques ou privées.

Autres moyens de propagande et polémique électorale. — Ces moyens sont les professions de foi, pla-

cards, circulaires des candidats, bulletins de vote distribués, discussion par la voie de la presse.

Profession de foi, placards, circulaires.

La loi du 29 juillet 1881 sur la liberté de la presse
permet d'apposer sans autorisation préalable les affiches
de toute nature (Circ. min. int. 10 avril 1884, 9 septembre 1885, 10 juillet 1886).

L'imprimeur doit, pour circulaires, professions de foi,
placards et manifestes électoraux, faire le dépôt administratif prescrit pour les collections nationales (Circ.
min. int. 10 avril 1884, 9 septembre 1885, 10 juillet
1886).

Le dépôt est fait à la préfecture pour le chef-lieu du
département, à la sous-préfecture pour le chef-lieu d'arrondissement et à la mairie pour les autres villes.

L'acte de dépôt mentionne le titre de l'imprimé et le
chiffre du tirage (art. 3, loi du 29 juillet 1881).

L'imprimeur est seul responsable de l'accomplissement de ces formalités sous peine d'une amende con-
traventionnelle de 16 à 300 fr., mais l'inobservation des
prescriptions légales, en ce qui concerne le dépôt, ne
peut justifier la saisie des circulaires ni l'enlèvement
des affiches (même circ.).

Quant aux candidats, ils n'ont aucun dépôt à effectuer (*ibid.*).

Toutes les affiches doivent être en papier de couleur
(art. 15, loi du 29 juillet 1881) : la contravention à cette

prescription n'aurait pour conséquence l'annulation des élections que si des manœuvres étaient relevées de la part du candidat (Cons. d'État 28 décembre 1877, 6 avril 1887 ; D. P. 1888, 3, 26, 4ᵉ espèce). Toutefois, l'imprimeur encourrait une amende de 5 à 15 fr. et, en cas de récidive, un emprisonnement de cinq jours au plus (art. 2 et 15, loi du 29 juillet 1881).

Les professions de foi et circulaires distribuées, en général les imprimés électoraux autres que les affiches, sont affranchies du timbre (Loi du 21 avril 1849, art. 2 ; Loi du 16 juillet 1850, art. 101 ; Circ. min. fin. 6 août 1857 et 29 janvier 1859).

Les affiches électorales sont soumises au régime de loi du 11 mai 1838 en ce qui concerne le timbre (art. 3-3). Sont seules affranchies du timbre : 1° celles qui contiennent la profession de foi du candidat, une circulaire signée de lui ou simplement son nom (Circ. min. int. 10 avril 1884, 9 septembre 1885, 10 juillet 1886) ; 2° celles qui émanent d'un comité de patronage lorsqu'elles sont signées ou visées par le candidat (Décis. de l'adm. de l'enreg. 21 août 1876).

Toutes autres affiches émanant d'un tiers et non visées ou signées par le candidat sont passibles du timbre (mêmes circ. ; art. 65 et 69-3, loi du 28 avril 1816), sous peine des amendes portées en l'article 69 de la loi du 28 avril 1816 (cour d'Agen 19 novembre 1874).

L'affichage est libre. On peut afficher sans autorisation en tous lieux (notamment sur les édifices publics), sauf :

1° Aux endroits réservés pour l'affichage officiel ;

2° Sur les édifices consacrés aux cultes (art. 16, loi du 29 juillet 1881);

3° Sur les propriétés privées en cas de défense du propriétaire. A ce sujet, nous observons que le droit donné au propriétaire d'empêcher l'affichage ou l'apposition de placards sur son immeuble appartient également au locataire qui a la jouissance entière et exclusive dudit immeuble. Ce dernier peut, sans commettre aucune contravention, faire enlever ou lacérer les affiches placardées sans son autorisation (C. cass. 15 novembre 1884, 31 décembre 1885).

Le même droit n'appartiendrait pas aux divers locataires d'un même immeuble.

L'apposition d'affiches aux endroits réservés comporte une amende de 5 à 15 fr. et l'emprisonnement en cas de récidive (art. 2 et 15, loi du 29 juillet 1881). Au point de vue de la validité de l'élection, la contravention en matière d'affichage n'a de conséquence que s'il y a eu fraude intéressante pour le résultat du scrutin. Le juge de l'élection apprécie.

Le fait de lacérer les affiches, de les recouvrir ou détruire par un procédé quelconque, est puni d'une amende de 5 à 25 fr. (art. 17-3, loi du 29 juillet 1881; C. cass. 16 janvier 1886).

La peine est de 16 à 100 fr. ou l'emprisonnement de six jours à un mois lorsqu'il s'agit d'un fonctionnaire (art. 17). En outre de l'amende, toute lacération, destruction, etc., commise par qui que ce soit peut entraîner contre ses auteurs une condamnation à des dommages-intérêts envers le candidat (C. cass. 16 août 1878).

L'amende ne s'applique pas :

1° Lorsque l'intention malveillante n'existe pas (C. cass. 3 avril 1886 ; Poitiers 28 mai 1886);

2° Lorsque les affiches apposées dans les emplacements réservés aux actes officiels ont été arrachées par un fonctionnaire ;

3° Lorsqu'il s'agit d'immeubles privés et que la permission d'afficher est refusée soit par le propriétaire ou le locataire exclusif.

La destruction, lacération, etc., des affiches légalement apposées n'a de conséquences, quant à la validité de l'élection, que si elle a pu avoir une influence sur le résultat du scrutin (Cons. d'État 3 janvier 1881, 26 juin 1885, 6 avril 1887).

La distribution et le colportage des professions de foi, placards, circulaires, manifestes, n'est soumise à aucune formalité (art. 20, loi du 29 juillet 1881).

Si le colportage était fait par un colporteur de profession, il n'aurait plus le caractère accidentel que l'article 20 précité permet de donner au colportage organisé seulement en vue des élections. Il serait alors soumis aux règles précisées dans les articles 18 et 19 de la loi du 29 juillet 1881, notamment en ce qui concerne la déclaration.

Il y a interdiction absolue pour les agents de l'autorité publique ou municipale de distribuer des écrits électoraux (art. 3, loi du 30 novembre 1875).

La sanction des contraventions à cette prescription
légale consiste en une amende de 16 à 300 fr., avec
application éventuelle de l'article 463 du Code pénal.

Cependant il ne faudrait pas considérer comme tom-
bant sous le coup de la loi le fait pour un garde champêtre qui est en même temps afficheur public d'avoir
affiché des placards électoraux (Cons. d'État 19 novembre 1886, 25 février 1887). La loi de 1875 et l'article 14
de la loi du 5 avril 1884, en effet, ne défendent d'une
façon absolue aux agents de l'autorité publique ou municipale que la distribution. Quant à l'affichage, il ne
saurait être répréhensible, en l'absence d'une prescription législative à cet égard, que s'il en résultait contre
l'agent qui l'exécute la preuve d'une manœuvre dolo-
sive. On appliquerait alors le droit commun en matière
d'élections, qui veut l'annulation de toute opération électorale entachée de fraude (D. P. 1888, 3, 26, note 1).

Sont considérés comme agents de l'autorité publique
ceux qui sont appelés à remplir certaines fonctions
constituant une véritable délégation de la puissance
publique. Par conséquent, on doit compter notamment
parmi eux le maire ou l'adjoint, le secrétaire de la
mairie (C. cass. 25 janvier 1889), le garde champêtre
(Cons. d'État 2 juillet 1887), agents de police, etc. Mais
doivent être exclus de cette catégorie les conseillers
municipaux qui ne sont pas des agents de l'autorité
publique, les facteurs qui ne sont pas les distributeurs
de bulletins des candidats, mais transportent ces bulletins confiés à leur administration (Discussion de la loi

du 30 novembre 1875 ; Circ. min. int. 10 avril 1884,
9 septembre 1885, 10 juillet 1886).

Si les facteurs ou même les receveurs des postes
opéraient une distribution supplémentaire en faveur
d'un candidat, non prévue par l'administration ou contre ses ordres, ils n'agiraient plus sous le couvert de
cette administration et, par cette distribution, ne rem-
pliraient plus leurs fonctions, mais accompliraient un
acte personnel précisément contraire à ces fonctions.
Ils pourraient être tenus alors pour des fonctionnaires
publics agissant comme distributeurs en dehors du rôle
qui leur est dévolu dans l'intérêt d'un candidat (Cons.
d'État 22 mai 1885).

Le maire et l'adjoint pourront faire apposer une affiche en réponse aux attaques des adversaires de leur
candidature (Cons. d'État 6 février 1885).

La publication illégale d'écrits électoraux par un
agent de l'autorité publique constitue un délit correc-
tionnel puni des peines portées dans l'article 22 de la
loi du 30 novembre 1875.

L'infraction aux prohibitions de l'article 3 de ladite
loi rend irrégulières les opérations électorales, mais ne
peut motiver leur annulation par le juge de l'élection
que si l'irrégularité a pu vicier les résultats du scrutin
(Cons. d'État 5 avril 1878, 2 juillet 1886).

La jurisprudence n'attache donc pas à cette prescription légale le caractère d'ordre public ; cependant, il
nous semble qu'il s'agit là de formes essentielles constituant pour l'électeur une garantie matérielle, et qu'il

doit y avoir présomption absolue de fraude en faveur
d'un des candidats.

Bulletins de vote.

Parmi les écrits électoraux, les bulletins de vote sont
dispensés du dépôt (art. 3-4, loi du 29 juillet 1881 ; Loi
du 30 novembre 1875, art. 3, et Loi du 5 avril 1884,
art. 14).

Ils ne sont pas assujettis au droit de timbre (art. 3-3,
loi du 4 mai 1868).

Leur distribution est libre comme celles des circulaires signées ou visées des candidats (art. 20, loi du
29 juillet 1881 ; Loi du 30 novembre 1875 ; Circ. min.
int. 10 avril 1884, 9 septembre 1885). Elle est interdite
aux agents de l'autorité. Toute contravention à cette
interdiction, qui nous paraît pourtant d'ordre public et
absolue, n'a pas pour sanction, selon la jurisprudence,
l'annulation fatale de l'élection. Il doit être prouvé que
ce fait illicite de distribution a eu quelque influence
sur la liberté du vote (Cons. d'État 6 février 1885, 13 mai
1893).

Nous faisons remarquer que le maire et l'adjoint candidats ont le droit, sans contrevenir à la loi du 30 novembre 1875, de distribuer eux-mêmes des bulletins
de la liste où leur nom est inscrit, encore faut-il que
l'intervention personnelle dans la distribution qui les
intéresse ne porte aucune atteinte à la liberté du vote
(Cons. d'État 30 mars 1889, 19 mai 1893) ; ils n'exercent

dans ce cas qu'un droit commun à tous candidats, mais il leur est défendu de se faire aider par un agent de l'autorité municipale (Cons. d'État 9 janv., 6 février 1885).

Les bulletins de vote ne peuvent être distribués dans la salle du scrutin (art. 25, loi du 5 avril 1884), et cependant l'irrégularité, aux termes de la jurisprudence, n'entraînerait pas une nullité d'ordre public des élections (Cons. d'État 7 novembre 1885). La nullité d'ordre public n'existerait même pas si la distribution avait été opérée par les membres du bureau, à moins toutefois que ce fait ne se soit produit au milieu de circonstances qui en font un acte de pression (Cons. d'État 7 novembre 1884, 6-13 mars 1885, 7 novembre 1885).

Polémique électorale.

La lutte électorale se manifeste sous diverses formes. La presse et l'affichage sont les principaux moyens de propagande et de discussion en matière d'élection.

Il est permis de faire l'examen le plus complet de l'opinion des candidats ou de leur parti, et de critiquer tous les actes publics de ceux qui se présentent aux suffrages des électeurs (Cons. d'État 5 novembre 1875).

Il en serait autrement s'il s'agissait d'allégations touchant à la vie privée. Le juge de l'élection serait alors chargé d'apprécier, au point de vue de la validité du scrutin, l'influence que les imputations illicites ont pu exercer sur l'esprit des électeurs (Cons. d'État 3 décembre 1877, 3 janvier 1881, 4 février 1881).

Afin d'éviter les excès dans la polémique électorale, la loi du 29 juillet 1881 (art. 12, 13, 32, 33) a édicté que le droit de réponse et le droit de poursuite appartiendraient aux candidats attaqués. Ce droit de poursuite peut aboutir, s'il est exercé, à la condamnation du délinquant aux peines prévues pour injures et diffamation (C. cass. 10 novembre 1876 ; tribunal de Rouen 25 novembre 1883).

Les poursuites doivent avoir lieu dans le délai de 24 heures, outre le délai de distance (art. 60, loi du 29 juillet 1881).

On peut considérer comme justifiant le droit de protestation et de demande en radiation l'inscription d'un électeur sur une liste en qualité de candidat contrairement à sa volonté, lorsque cette inscription le met en compagnie de citoyens notoirement déshonorés. S'il ne résultait point de préjudice moral (tel que celui que l'on constate dans l'hypothèse précédente) pour le citoyen inscrit contre sa volonté, celui-ci ne pourrait exiger sa radiation, car le choix de l'électeur n'est subordonné à aucune espèce de restriction et quiconque peut être son candidat (Décis. min. int. 17 juillet 1865 ; Cons. d'État 22 novembre 1866, 7 novembre 1884).

Mais comme il est évident que l'inscription faite contre le gré de l'électeur emporte violation de la liberté individuelle, cette inscription pourrait donner lieu dans tous les cas, si ce n'est à une radiation ordonnée par l'autorité judiciaire qui ne connaît pas des difficultés électorales, tout au moins à des dommages-intérêts demandés devant cette même autorité (C. Rouen 27 décembre 1878; Trib. Toulouse 25 avril 1884 ; C. cass. 24 mars 1896).

Le juge de l'élection pourrait, d'ailleurs, apprécier, au point de vue de la liberté du scrutin, les conséquences de l'inscription d'un électeur sur une liste contre sa volonté (Cons. d'État 26 juin 1885).

TITRE IV

LE VOTE

CHAPITRE Ier

BUREAU DE VOTE. — SALLE DE VOTE. — BOITES DE SCRU-
TIN. — DOCUMENTS DÉPOSÉS SUR LA TABLE. — CARTES
ÉLECTORALES

Bureaux de vote. — Le vote a lieu dans les bureaux
ou sections de vote organisés suivant arrêté préfectoral
publié au moins dix jours avant l'élection (art. 13, loi
du 5 avril 1884).

L'arrêté préfectoral doit être *spécial* et ne pas se confondre avec l'arrêté de convocation (*ibid.*).

La décision du préfet est purement administrative :
elle ne peut être l'objet d'aucun recours (Cons. d'État
28 mai 1872) ; son irrégularité quant à la forme entraînerait l'annulation de l'élection ; exemple : si la décision
avait été produite moins de dix jours avant l'élection,
ou si l'arrêté du préfet n'avait pas été spécial. La jurisprudence recherche cependant si ces infractions aux
prescriptions légales ont eu des conséquences sur le

scrutin. Elle n'admet pas de nullité absolue (Cons. d'État 8 janvier 1886), contrairement à ce qu'elle décide au sujet de l'arrêté de convocation des électeurs (art. 15, loi du 5 avril 1884), et du retard ou de l'avance du 2ᵉ tour de scrutin (Cons. d'État 9 avril 1892).

Le droit du préfet en cette matière ne saurait être délégué au sous-préfet (Cons. d'État 19 juin 1862) ou au maire (Circ. min. int. 10 juillet 1886). En cas d'infraction à cette défense, l'élection ne serait viciée que si ladite infraction avait eu des conséquences sur le résultat du scrutin.

Le préfet seul apprécie l'opportunité de l'établissement de plusieurs bureaux de vote dans une commune (Cons. d'État 10 décembre 1886) ; mais il a le devoir de partager les électeurs entre les divers bureaux dont il a décidé l'installation, de manière à faciliter l'accès du scrutin (Circ. min. int. 9 septembre 1885).

S'il y a nécessité, ces bureaux de vote pourront être établis par le préfet hors du chef-lieu de la commune (même circ.).

Lorsque le préfet a fixé l'emplacement d'un bureau de vote, on ne doit pas recourir à un autre local, à moins de force majeure (Cons. d'État 8 février 1884).

Toute désobéissance à l'arrêté pris relativement à l'emplacement du bureau de vote est de nature à causer, comme toute irrégularité en général, l'annulation des élections, si cette désobéissance a eu quelque influence sur leur résultat (Cons. d'État 3 août 1889, 27 juillet 1894) ou si elle a été accompagnée de manœuvres.

Salle de vote. — Nous avons précédemment parlé du local du scrutin.

Ajoutons que la disposition de ce local appartient au maire, qui doit prendre les précautions voulues pour assurer la surveillance efficace des électeurs.

Le local doit être vaste, pourvu de tables pour les scrutateurs, et ces tables seront placées de telle sorte que la circulation autour d'elles puisse se faire (Cons. d'État 15 mars 1878) : le bureau placé dans l'embrasure d'une fenêtre est une cause d'annulation (Cons. d'État 16 décembre 1881).

Boîtes du scrutin.

Chaque commune possède au moins deux boîtes en bois d'environ 0m,50 de hauteur sur 0m,40 de largeur, présentant une ouverture à la partie supérieure, ouverture destinée à recevoir les bulletins de vote (Décret réglementaire 2 février 1852, art. 22 ; Circ. min. int. 12 avril 1869).

Il ne doit y avoir qu'une seule urne par bureau : elle est placée sur la table.

Avant le commencement du vote, chaque boîte, après qu'il a été constaté en présence des électeurs qu'elle ne contient aucun bulletin, est fermée à deux serrures dont les clefs restent, l'une entre les mains du président, l'autre entre celles de l'assesseur le plus âgé (Décret réglementaire 2 février 1852, art. 22 ; Loi du 5 avril 1884, art. 25).

Il appartient au juge de l'élection de décider si la forme quelquefois extraordinaire (soupière, Cons. d'État 10 mars 1882) a pu influer sur le secret du vote et le résultat du scrutin (Cons. d'État 11 février 1881, 12 août 1884, 25 janvier 1889).

Documents déposés sur la table du scrutin. — *a*) Pendant toute la durée des opérations électorales, une copie officielle de la liste des électeurs contenant les noms, domiciles et qualification des inscrits, restera déposée sur la table autour de laquelle siège le bureau. Cette copie est certifiée par le maire (art. 17, décret réglementaire 2 février 1852 ; art. 22, loi du 5 avril 1884).

Cette liste est celle de tous les électeurs quand il n'y a pas de division en sections de vote, et celle des électeurs votant à chaque bureau dans le cas contraire.

La jurisprudence décide encore que l'inobservation de cette formalité n'a de conséquence, au point de vue de la validité des élections, que si elle a été accompagnée de manœuvres, fraude, etc. (Cons. d'État 24 mai 1866). Il en serait de même si la liste déposée n'était pas la copie fidèle de la liste arrêtée le 31 mars précédent (Cons. d'État 10 janvier 1867).

Ici, comme dans tous les cas où nous avons constaté des infractions aux prescriptions légales, nous pensons qu'il eût mieux valu admettre le caractère d'ordre public des prescriptions transgressées et prononcer toujours l'annulation absolue.

b) Il sera également déposé sur la table le tableau de rectification dressé cinq jours avant l'élection.

c) La liste d'inscription des votants ou liste d'émargement.

d) Les instructions et documents qui concernent l'élection (art. 22, loi du 5 avril 1884; Décret réglementaire 2 février 1852, art. 17; Instr. min. int. 30 mai 1857).

Cartes électorales. — Les cartes électorales sont destinées aux électeurs inscrits sur la liste.

Elles sont destinées à constater leur identité lorsqu'ils se présentent pour voter (art. 13, loi du 5 avril 1884), mais le bureau est libre d'autoriser les électeurs à voter sans carte, s'il n'y a aucun doute sur leur identité (Ch. des députés, discussion, séance du 12 février 1883).

Elles indiquent le lieu où siège le bureau auquel les électeurs doivent voter.

Elles sont délivrées par l'autorité municipale. Dans les villes, le maire les fait parvenir aux intéressés soit par la poste, soit par un agent municipal. Mais aucun texte n'oblige le maire à les envoyer à domicile (Cons. d'État 9 janvier 1885, 23 décembre 1887, 10 mai 1889, 23 décembre 1892), et leur distribution peut se faire dans la salle même du vote (Cons. d'État 5 décembre 1884).

Il résulte de la discussion à la Chambre (12 février 1883) et de ce que nous venons de dire, que ce n'est pas la présentation de la carte au bureau électoral qui est obligatoire, mais sa délivrance par la mairie.

Le fait d'avoir omis un certain nombre d'électeurs dans la distribution des cartes ne constitue pas à lui seul un motif d'annulation. Il faut encore qu'il soit démontré que l'abstention de ceux qui n'ont pas pris part au vote est précisément due à cette irrégularité (Cons. d'État 30 janvier 1885).

Il est interdit au maire de joindre aux cartes électorales une liste de candidats (Loi du 30 novembre 1875, art. 3) ou des bulletins de vote (Cons. d'État 23 juillet 1875).

A noter que les frais des cartes électorales sont compris dans les dépenses obligatoires de la commune (art. 136-4, loi du 5 avril 1884).

CHAPITRE II

DE LA RÉCEPTION DES VOTES

Le bureau électoral ; sa composition. — Il y a dans chaque section de vote un bureau électoral qui procède aux opérations du scrutin.

Sa composition est réglée par la loi municipale du 5 avril 1884 (art. 17, 18, 19, 21).

Le bureau est présidé par le maire, les adjoints, les conseillers municipaux dans l'ordre du tableau et, en cas d'empêchement, par les électeurs que le maire désigne (art. 17).

Il peut être présidé également par le président d'une délégation spéciale nommée pour remplacer provisoirement le conseil municipal (art. 44, 87, loi du 5 avril 1884).

Il peut l'être également par un délégué pris, suivant désignation préfectorale, parmi les membres du conseil d'arrondissement et non parmi les conseillers de préfecture, lorsque le maire ou l'adjoint refuse de procéder aux élections en conformité des termes de l'arrêté de convocation, ou lorsqu'ils ont été suspendus ou révoqués de leurs fonctions, ou lorsque le maire est suspendu et l'adjoint démissionnaire (Cons. d'État 16 juillet 1886, 30 mai 1884, 15 janvier 1886, 19 mars 1886 ; art. 85, loi du 5 avril 1884).

Quatre assesseurs et un secrétaire assistent le président (art. 19, loi du 5 avril 1884).

a) Le maire a de droit la présidence lorsqu'il n'y a qu'un bureau de vote. Il conserverait cette prérogative, même s'il était démissionnaire, et jusqu'à la nomination de son successeur (Cons. d'État 19 novembre 1886), ou même s'il avait été élu par un conseil municipal dont l'élection a été annulée (Cons. d'État et Avis du min. int. 20 novembre 1885, 19 mars 1886).

Il n'en serait pas autrement dans l'hypothèse où le maire aurait un intérêt personnel à l'élection comme candidat (Cons. d'État 6 août 1887) ou comme parent ou allié d'un candidat (Cons. d'État 28 janvier 1881).

, A noter toutefois qu'un maire *devenu inéligible, suspendu* ou *révoqué,* ne peut plus présider un bureau électoral (Cons. d'État 14 mars 1890, 20 mars 1891).

En cas d'absence ou d'empêchement, le bureau est présidé par les adjoints dans l'ordre des nominations (art. 84, loi du 5 avril 1884). L'adjoint démissionnaire dont la démission n'a pas encore été acceptée peut présider (Cons. d'État 22 mai 1885) ; même décision pour l'adjoint démissionnaire mais non encore remplacé (Cons. d'État 1er juin 1883), pour l'adjoint qui remplit les fonctions de maire, bien que son élection comme conseiller municipal ait été annulée (Cons. d'État 19 novembre 1886).

A défaut du maire et des adjoints, la présidence est dévolue aux conseillers suivant l'ordre du tableau (art. 49, loi du 5 avril 1884 ; Cons. d'État 16 janvier 1885 ; Circ. min. int. 10 juillet 1886). Un double du tableau est déposé dans les bureaux de la mairie, de la sous-préfecture et de la préfecture, et chacun peut en prendre communication.

A défaut du maire, des adjoints et des conseillers municipaux, de simples électeurs sont désignés par le maire pour la présidence (art. 17, loi du 5 avril 1884 ; Cons. d'État 8 août 1885).

Ces électeurs doivent savoir lire et écrire en raison des obligations que comporte la présidence.

Le juge de l'élection pourrait tenir compte, dans l'appréciation de la validité des opérations, de cette circonstance, qu'un président illettré, même imposé

par la loi, a dirigé le scrutin (D. P. 1873, 3, 30, note 2),
et que son ignorance ne lui a pas permis de surveiller
le vote.

En cas d'absence du président, il est remplacé par le
plus âgé des assesseurs (Instr. min. int. 30 mai 1857).

b) Les deux plus âgés et les deux plus jeunes des
électeurs présents à l'ouverture de la séance, sachant
lire et écrire, remplissent les fonctions d'assesseurs
(art. 19, loi du 5 avril 1884). Ces assesseurs peuvent
être des conseillers municipaux (Cons. d'État 10 novembre 1882) ou des fonctionnaires de la commune, un
garde champêtre par exemple (Cons. d'État 5 mai 1882),
des agents salariés, etc. (Cons. d'État 8 mai 1885).

c) Le secrétaire est désigné par le président et les
assesseurs (art. 19, loi du 5 avril 1884).

Il est choisi parmi les électeurs ou même en dehors
de ceux-ci ; l'article 19 est muet à ce sujet, mais en
raison de ses fonctions non délibérantes — il n'a que
voix consultative, — on peut interpréter son silence en
faveur du choix en dehors des électeurs (Cons. d'État
11 mars 1892).

Il peut remplacer l'un des assesseurs, mais alors il
devra être électeur.

En cas d'absence du secrétaire, c'est le plus jeune
des assesseurs qui le remplace.

Trois membres du bureau au moins doivent être présents pendant tout le cours des opérations (Décret réglementaire 2 février 1852, art. 15 ; Loi du 5 avril 1884,
art. 19).

Le secrétaire peut compter parmi les trois membres du bureau dont la présence est suffisante (Instr. int. 3o mai 1857, 27 mars 1885 ; Cons. d'État 23 décembre 1892).

Le bureau se trouve-t-il réduit à moins de trois membres, le président le complète par des électeurs présents (Cons. d'État 13 avril 1842).

Si les assesseurs ne veulent plus siéger, on peut constituer un nouveau bureau, même après une interruption de plusieurs heures (Cons. d'État 7 novembre 1884).

Toute dérogation à ces règles serait susceptible d'entraîner l'annulation des élections, si elle avait eu une influence sur la sincérité du vote.

Attributions et obligations du président. — *a*) Le président a seul la police de l'assemblée. Il veille à ce que cette assemblée, à qui toute discussion et toute délibération sont interdites, ne s'occupe que de l'élection qui lui est attribuée (Loi du 5 avril 1884, art. 18).

Il ne peut requérir la force armée s'il n'est pas le maire lui-même, mais il a le pouvoir de s'adresser à l'autorité municipale pour obtenir la protection de la force publique.

Il peut s'opposer à l'entrée de la force armée dans la salle de vote et à son stationnement aux alentours de ladite salle.

b) Il a le droit de rappeler à l'ordre, de lever la séance, faire évacuer la salle (Instr. min. int. 3o mai 1857), régler l'entrée dans la salle du scrutin, pourvu

qu'il ne diminue pas les garanties de publicité attachées
au vote.

c) Il rappelle les prescriptions légales et, s'il y a lieu,
les dispositions pénales relatives aux opérations électorales (Instr. min. int. 30 mai 1857, 16 septembre 1874).

Lorsque des délits ou crimes ont été commis dans
l'assemblée, tout électeur peut, au cours de la procédure qui suivra, se porter partie civile, sans qu'il soit
besoin qu'il justifie d'un préjudice direct et appréciable
(Cons. d'État 16 mars 1878 ; Trib. de Montpellier 14 novembre 1877).

Exemples de délits :

Le vote multiple à la suite d'une inscription illégale
ou frauduleuse ;

L'altération des bulletins, l'indication d'autres noms
que ceux qui y sont inscrits ;

L'entrée en armes dans la salle de vote, l'attroupe-
ment (Décret organique 2 février 1852 ; Loi du 5 avril
1884, art. 24) ;

Les fausses nouvelles, bruits calomnieux ayant surpris ou détourné les suffrages.

Exemples de crimes :

La violation du scrutin, la destruction des urnes
commises par des membres du bureau ou par des agents
de l'autorité préposés à leur garde ;

L'irruption à main armée ou en exécution d'un plan
concerté dans plusieurs arrondissements ou départements (Décret organique 2 février 1852, art. 43, 44,
46-2, 47).

d) Il fait connaître aux électeurs le nombre des conseillers à élire. Il leur annonce que l'élection se fait au scrutin de liste et qu'on ne doit porter sur les bulletins qu'autant de noms qu'il y a de conseillers à élire, que l'excédent des noms ne sera pas compté.

e) Il donne lecture des articles 31 à 37 de la loi du 5 avril 1884 (inéligibilité), vérifie l'urne devant les électeurs, constate l'heure d'ouverture du scrutin, ainsi que l'heure à laquelle il est clos (Loi du 5 avril 1884, art. 26). Après cette dernière constatation, aucun vote ne peut être reçu.

f) Il reçoit les bulletins fermés et les dépose dans l'urne : cette mission ne peut être confiée à un assesseur (art. 25, loi du 5 avril 1884 ; Cons. d'État 7 août 1885).

g) Il ouvre la boîte du scrutin, surveille avec les membres du bureau les opérations du dépouillement (art. 22, *ibid.*); il répartit les bulletins de vote entre les diverses tables; il proclame les résultats (art. 29, *ibid.*).

Pouvoir et attributions du bureau. — *a*) Il aide à la réception des votes et au contrôle.

b) Il signe le procès-verbal, dressé et signé également par le secrétaire. Une copie, signée aussi du secrétaire et des membres du bureau, est envoyée aussitôt par l'intermédiaire du sous-préfet au préfet qui en constate la réception sur un registre et en donne récépissé. Extrait en est immédiatement affiché par les soins du maire (art. 19, loi du 5 avril 1884).

c) Il juge provisoirement les difficultés qui s'élèvent sur les opérations de l'assemblée. Il·n'est pas compétent pour celles qui se rattachent à l'état, l'incapacité (Cons. d'État 21 avril 1893), l'inéligibilité (Cons. d'État 7 août 1890), l'incompatibilité et, en général, à toute question étrangère aux opérations électorales proprement dites (Circ. min. int. 10 avril 1884). Mais il peut mentionner les causes qui, à son avis, pourraient faire annuler l'élection. Dans ce cas, l'avis du bureau équivaudrait à une protestation qui serait jugée dans les formes légales (Circ. min. int. 10 avril 1884).

Ses décisions sont *motivées*. Elles sont portées à la connaissance des électeurs (Instr. min. int. 30 mai 1857 ; Cons. d'État 24 juillet 1861).

Toutes les réclamations et décisions sont insérées au procès-verbal.

Les pièces et bulletins qui s'y rapportent y sont annexés, après avoir été paraphés par les membres du bureau (Loi du 5 avril 1884, art. 21).

Les décisions du bureau n'étant que provisoires, ses membres peuvent prendre part à des délibérations où eux-mêmes ou leurs parents et alliés ont un intérêt (Cons. d'État 22 juillet 1835).

Le véritable juge au fond est le juge de l'élection.

d) Il constate dans son procès-verbal le nombre de voix obtenu par chacun des candidats, en les classant par ordre, suivant l'ordre des suffrages, et en indiquant ceux qui ont réuni la majorité légale (Circ. min. int. 10 avril 1884).

e) La décision du bureau est prise *à la majorité.* S'il y a partage, il en est fait mention au procès-verbal (Instr. min. int. 30 mai 1857).

f) Le bureau doit admettre au vote toute personne portée sur la liste ou porteur d'une décision du juge de paix (Cons. d'État 6 mai 1865), sans avoir le droit de rechercher si son inscription est ou non régulière (Cons. d'État 29 décembre 1871, 6 mars, 4 juillet 1872), lors même que l'électeur inscrit aurait perdu le droit de voter depuis la formation de la liste (Cons. d'État 14 juin, 18 juillet 1866) ou qu'il aurait voté dans une autre commune (Cons. d'État 1er mai 1885).

Il ne pourra de même refuser le vote d'un citoyen sous prétexte qu'il est mineur (Cons. d'État 21 novembre 1871), qu'il n'est pas domicilié dans la commune (Cons. d'État 26 février 1872, etc.).

Mais il ne recevra pas le bulletin déposé par un individu en état d'ivresse (Cons. d'État 25 avril 1861), par un militaire en activité de service (Cons. d'État 16 novembre 1873, 7 août 1875), ou par un électeur rayé suivant décision du juge (Cons. d'État 9 janvier, 13 mars 1885).

Le scrutin; bulletins de vote; leur réception. — Après la constitution du bureau et la déclaration d'ouverture du scrutin, le président fait vérifier devant les électeurs que l'urne est absolument vide.

Puis il ferme celle-ci, remet l'une des clefs à l'assesseur le plus âgé et garde l'autre (art. 25, loi du 5 avril 1884).

C'est alors que la réception des votes peut commencer.

L'entrée de la salle est accordée uniquement aux électeurs qui votent au bureau ou section de vote (Cons. d'État 7 août 1875). Ces électeurs peuvent surveiller le scrutin (Cons. d'État 16 août 1866).

Nul électeur ne peut pénétrer au sein du collège électoral s'il est porteur d'armes quelconques (Loi du 5 avril 1884, art. 24).

L'électeur qui se présente pour exercer son droit est muni *de son bulletin préparé* à l'avance, en dehors de la salle de vote (Loi du 5 avril 1884, art. 25). Il doit se présenter lui-même, aucun mandataire ne serait toléré (Cons. d'État 11 mars 1881) ; il ne lui est pas possible non plus de voter par correspondance.

Le bulletin doit être sur papier blanc et sans signe extérieur (Loi du 5 avril 1884, art. 25). On a considéré comme bulletins blancs ceux qui sont imprimés sur papier transparent, quadrillé ou simplement teinté (Cons. d'État 14 novembre, 28 novembre 1884). Toutefois, le président ne pourrait refuser le bulletin remis sous prétexte qu'il ne serait pas sur papier blanc et porterait des signes extérieurs (Circ. min. int. 16 septembre 1874 ; Cons. d'État 7 novembre 1884). Mais il peut, sans vicier l'élection, engager les électeurs à refaire leurs bulletins sur papier blanc (Cons. d'État 20 février 1885). Ils peuvent être indifféremment imprimés, autographiés ou manuscrits (Cons. d'État 17 avril 1861).

Le bulletin est remis fermé (art. 5, loi du 5 avril 1884)

au président du bureau qui, après avoir vérifié qu'il ne contient pas un autre bulletin (Cons. d'État 16 juillet 1886, 7 juin 1889), le dépose dans l'urne.

L'électeur n'a pas le droit de voter à bulletin ouvert, le président refusera tout bulletin non fermé (Cons. d'État 6 janvier 1859).

Liste d'émargement. — Le vote de chaque électeur est constaté :

a) Par sa signature, ou b) par le paraphe avec initiales de l'un des membres du bureau, apposé sur la liste, en marge du nom du votant (art. 25, loi du 5 avril 1884).

Il faut une véritable signature ou un vrai paraphe, une croix ne serait pas suffisante. La jurisprudence est d'avis que l'infraction à cette disposition légale n'a d'effet que lorsqu'il est allégué et justifié que des fraudes ont été commises (Cons. d'État 22 mai 1885, 28 janvier 1893). Il en serait de même si l'émargement n'avait été constaté que par la simple lettre initiale du nom de l'assesseur (Cons. d'État 13 mars 1885).

La jurisprudence admet également que la constatation du vote par la mention « a voté » équivaut à un paraphe, alors surtout qu'il y a accord entre le nombre des bulletins et celui des émargements (Cons. d'État 19 novembre 1875).

La liste sur laquelle est opéré l'émargement sert spécialement à cette sorte de vérification : c'est un double de la liste électorale qui ne se confond pas avec la liste déposée sur le bureau, à la disposition des électeurs.

La liste d'émargement fait seule foi du nombre réel des suffrages, sans qu'il y ait lieu de tenir compte des coins détachés des cartes électorales (Cons. d'État 13 février 1885).

Tous les membres du bureau, y compris le secrétaire, peuvent opérer des émargements (Cons. d'État 7 août 1889). On tolérerait même, à la rigueur, des émargements par d'autres personnes que les membres du bureau (Cons. d'État 16 juillet 1886).

Quand il s'agit du vote dans une section de vote, il suffit de l'émargement sur la liste de la section (Cons. d'État 25 février 1887).

Si l'émargement était constaté sur une feuille volante autre que la liste, cette infraction aux dispositions légales, d'après la jurisprudence, n'entraînerait pas par elle-même la nullité des élections. Il faudrait de plus la fraude ou des irrégularités portant atteinte à la sincérité du scrutin (Cons. d'État 7 avril 1876, 11 novembre 1882).

Les listes d'émargement sont arrêtées après la séance par le président du bureau et le secrétaire. Une fois signées, elles demeurent déposées pendant huit jours au secrétariat de la mairie où elles sont communiquées à tout électeur requérant (art. 5, loi du 30 novembre 1875 ; art. 14 *in fine,* loi du 5 avril 1884) qui peut en prendre copie (Cons. d'État 14 novembre 1890).

Il s'agit là encore d'une formalité essentielle, bien que le Conseil d'État ne sanctionne point son omission par une nullité absolue des opérations, et exige que cette omission soit aggravée de fraudes et de manœuvres qu'elle n'entend point présumer (Cons. d'État 17 février, 20 juillet 1894).

En règle générale, les irrégularités, erreurs, omissions dans le fait de l'émargement n'entraînent l'annulation des élections, selon la jurisprudence, que si des fraudes ou des manœuvres sont constatées (Cons. d'État 5 avril 1889, 5 mai 1894).

Conditions requises pour que le scrutin soit libre et sincère. — La liberté et la sincérité du scrutin ont été assurées par les prescriptions légales dont nous avons parlé au sujet de la période électorale, des actes administratifs préparatoires à cette période et des droits et obligations du bureau.

Nous avons vu maintes fois qu'il est de principe dans la jurisprudence de ne tenir compte des infractions aux prescriptions légales en matière électorale que s'il existe des faits concomitants de nature à troubler l'élection. Ces infractions ne sont donc point par elles-mêmes et d'une façon absolue des causes de nullité, quel que soit le caractère substantiel des règles édictées.

Nous répétons qu'il nous paraîtrait plus juridique d'admettre le principe de la nullité absolue. En effet, les formes électorales ont été prescrites dans un but essentiellement d'ordre public ; elles constituent des éléments substantiels dans les opérations ; leur omission laisse les électeurs sans protection contre des fraudes que cette omission même doit faire présumer sans que cette présomption puisse être combattue. D'ailleurs, la jurisprudence fait quelques exceptions et semble adopter cette manière de voir pour la formalité spéciale de l'arrêté de convocation (art. 15, loi du 5 avril 1884 ; Cons. d'État 14 février 1890), le retard ou l'avance du 2ᵉ tour de scrutin (Cons. d'État 9 avril 1892), ce retard ou cette avance ayant pour conséquence l'exécution du 2ᵉ tour hors les prescriptions prévues par la loi, etc. (voir également le cas où le nombre des bulletins retirés de l'urne est supérieur à celui des émargements). Or, il nous semble qu'il n'y a pas de motifs en la matière pour reconnaître une nullité absolue dans certains cas seulement : la raison de décider en faveur de la nullité absolue est aussi sérieuse lorsqu'il s'agit de l'une ou l'autre formalité édictée.

Mais il est d'autres conditions de fait qui, sans se rapporter à la forme des opérations électorales, n'en sont pas moins importantes relativement à la validité des élections.

Elles dépendent de cette règle générale qui subordonne la validité des opérations à l'absence totale de tout fait délictueux pouvant atteindre à la liberté et à la sincérité du scrutin. Le juge de l'élection doit apprécier ces conditions.

Ici, nous ne sommes pas en présence d'une nullité absolue, mais d'une nullité relative. Cependant la jurisprudence n'établit pas cette distinction. Elle ajoute ces conditions aux conditions substantielles dont nous avons parlé en les soumettant, comme celles-ci, à l'appréciation souveraine du juge électoral.

Parmi ces conditions, il faut citer :

a) L'obligation de s'abstenir d'imputations calomnieuses graves, fausses nouvelles (Cons. d'État 8 juin 1889, 24 décembre 1892), par la voie de la presse, au moyen d'affiches, circulaires, adresses.

Le juge de l'élection devrait examiner leur gravité en tenant compte de l'influence qu'elles ont pu avoir sur l'esprit de l'électeur.

Nous remarquons que le Conseil d'État n'attache pas la même importance aux imputations calomnieuses, lorsque le droit de réponse *a pu* être exercé (Cons. d'État 5 avril, 6, 7 juillet 1889, 16 février 1894), ou lorsqu'il s'agit de la discussion des actes publics d'un fonctionnaire (Cons. d'État 27 mars 1885, 18 janvier 1889). On ne considère pas comme fonctionnaire un député, et son intervention n'est point reprochable *a priori* (Cons. d'État 29 mars 1884).

b) L'obligation de s'abstenir de toute pression, manœuvre, excitation ou menace à l'égard des électeurs (Cons. d'État 4 mars 1868 ; 9 janvier, 15 mai 1885 ; 4 août 1893).

Le juge apprécie l'infraction d'après les circonstances et l'influence qu'elle a pu avoir sur l'esprit des électeurs au point de vue des résultats.

Nota. — Lorsque nous disons que l'on doit s'abstenir des faits susqualifiés, nous entendons que l'interdiction s'adresse à tous, aussi bien aux fonctionnaires, aux membres du clergé qu'aux simples électeurs. (Cons.

d'État 22 février 1878, élection de La Canourgue [Lozère]; — 28 novembre 1881, 1ᵉʳ février 1884, 23 décembre 1892, 12 mai 1893).

———

CHAPITRE III

DÉPOUILLEMENT, RÉSULTAT DU SCRUTIN, APPRÉCIATION DES SUFFRAGES, CALCUL DE LA MAJORITÉ, BULLETINS NULS OU CONTESTÉS

———

Dépouillement des votes ; scrutateurs ; surveillance ; désordre. — Après la clôture du scrutin, il est procédé au dépouillement des votes en présence de l'assemblée (Loi du 5 avril 1884, art. 27). Ce dépouillement ne peut être remis au lendemain (Circ. min. int. 9 septembre 1885, 10 juillet 1886; Cons. d'État 23 janvier 1885). Toutefois, le retard dans le dépouillement n'entraîne pas l'annulation des opérations s'il n'y a pas de circonstances dolosives (Cons. d'État 21 novembre 1884, 23 janvier, 6 novembre 1885).

La boîte du scrutin est ouverte par le président, et le nombre des bulletins vérifié par les membres du bureau, qui doivent en faire le compte à haute voix (art. 27, loi du 5 avril 1884).

Si le nombre des bulletins est plus grand ou moindre

que celui des votants, constaté sur la feuille d'émargement, il en est fait mention au procès-verbal. (*Ibid.*)

Il n'y a pas lieu à annulation lorsque la différence
entre le nombre des bulletins et celui des votants pro-
vient d'une erreur et a été sans influence sur le résultat
des élections (Cons. d'État 5 avril, 1er août 1884, 28 mars
1885).

Le bureau désigne parmi les électeurs présents un
certain nombre de *scrutateurs* sachant lire et écrire,
s'il y a plus de 300 votants.

Si le bureau, malgré l'obligation que lui en fait la loi
(pour le cas où il y aurait plus de 300 votants), ne s'est
pas adjoint des scrutateurs, il a commis une irrégularité, mais il ne peut s'ensuivre, d'après la jurisprudence, l'annulation des opérations électorales lorsque
aucune fraude n'est alléguée (Cons. d'État 23 décembre
1884; 1er, 8 mai 1885), ou lorsque l'infraction n'a pu
avoir d'influence sur le résultat de l'élection (Cons.
d'État 7 novembre 1884; 9 janvier, 6 mars 1885).

Les assesseurs président les tables des scrutateurs et
peuvent s'immiscer dans le dépouillement des votes
(Cons. d'État 20 mars 1885).

C'est le bureau qui détermine le nombre des scrutateurs et ceux-ci doivent être au moins 4 par table de
dépouillement (art. 27, loi du 5 avril 1884). Le fait
qu'il n'y a eu que 2 scrutateurs à l'une des tables ne
vicie pas l'élection, selon la jurisprudence, si aucun
acte déloyal n'est reproché.

Les scrutateurs doivent être choisis parmi les élec-

teurs présents de la commune (Cons. d'État 6 août 1854 ;
Loi du 5 avril 1884, art. 27). Ils doivent savoir lire et
écrire, bien que la loi du 5 avril 1884 ne stipule pas
cette obligation, parce que leurs fonctions ne peuvent,
par leur nature, être remplies par des illettrés ; en
outre, le décret réglementaire du 2 février 1852 est applicable lorsque les lois électorales spéciales présentent
des lacunes, et ce décret exige ladite condition. Ils ne
doivent pas être trop âgés ou trop faibles de la vue
(Cons. d'État 10 juillet 1866).

Si les membres du bureau se sont retirés avant le
dépouillement, sans que ce travail ait été fait, l'urne est
scellée en présence de la gendarmerie et transmise au
conseil de préfecture qui pourra procéder au dépouillement (Cons. d'État 23 janvier 1885).

Le président répartit entre les diverses tables les
bulletins de vote. Il dispose des liasses ou paquets de
100 bulletins enfermés dans une enveloppe, et les remet aux scrutateurs de chaque table (Circ. min. int.
30 mai 1857, 9 septembre 1885).

Les tables doivent être placées de telle sorte que les
électeurs puissent circuler alentour (Décr. réglementaire
2 février 1852, art. 29, qui s'applique dans le silence
de la loi municipale).

La *surveillance* des opérations appartient aux membres du bureau et aux électeurs exclusivement (Cons.
d'État 25 avril 1868).

Les électeurs ont le droit de stationner derrière les
scrutateurs, mais ne peuvent y séjourner de façon à

priver les autres d'exercer la surveillance à leur tour
(Ch. des députés 28 juillet 1842, élections municipales
Vatout). Au cas où la plupart des électeurs n'auraient pu
surveiller le dépouillement, il y aurait présomption de
fraude de nature à entraîner l'invalidation du scrutin,
sans qu'il soit besoin de statuer sur les autres griefs
(Cons. d'État 12 juin 1885).

A chaque table un scrutateur lit chaque bulletin à
haute voix et le passe à son collègue (Décr. réglementaire 2 février 1852, art. 27).

Les électeurs ne peuvent exiger la communication
des bulletins (Cons. d'État 20 juillet 1853).

On ne lit, ni ne mentionne sur les feuilles de dépouillement, les imputations injurieuses, calomnieuses
ou diffamatoires (Circ. min. int. 30 mai 1857). Il pourrait y avoir lieu à poursuite en diffamation contre le
lecteur (Besançon 2 avril 1881).

L'irrégularité qui résulte de ce que, au lieu de lire
intégralement le bulletin, le président n'a fait connaître
à haute voix que le premier nom inscrit n'entraîne pas
de plano l'annulation, notamment si aucune réclamation n'est insérée au procès-verbal, s'il n'est pas prouvé
que le scrutateur ait fait une lecture irrégulière ou que
des erreurs ou des fraudes aient été commises (Cons.
d'État 9 novembre 1883, 31 juillet 1885, 1er avril 1887).

Les suffrages relevés sur les bulletins sont portés sur
des listes spéciales (art. 27, décr. réglementaire 2 février 1852). Deux des scrutateurs inscrivent au fur
et à mesure de la lecture, sur lesdites feuilles de dé-

pouillement, les suffrages obtenus par les candidats
(Circ. min. int. 9 septembre 1885).

Les scrutateurs s'avertissent mutuellement lorsqu'ils
ont noté 10 voix à un même candidat (même circ.).

Le dépouillement d'un paquet de bulletins terminé, le
résultat est consigné sur la feuille de dépouillement au
nom de chaque candidat et la feuille, signée par les
scrutateurs, est remise avec les bulletins au bureau
(même circ.).

En cas de doute sur l'attribution d'un des bulletins,
les scrutateurs n'en tiennent pas compte. Ils doivent
écrire simplement sur le bulletin douteux « à vérifier »
et parapher, ainsi que leurs collègues (Circ. min. int.
9 septembre 1885). Le bureau statue, les scrutateurs
n'ayant que voix consultative.

Les bulletins de couleur sont remis au bureau sans
être attribués au candidat, même par le bureau (même
circ.). Ces bulletins sont joints au procès-verbal. Il en
est de même de tous les autres portant des signes extérieurs bien caractérisés.

Les bulletins blancs ou illisibles, ceux qui ne contiennent pas une désignation suffisante, ou dans lesquels les votants se font connaître, n'entrent pas en
compte dans le résultat du dépouillement, mais ils sont
annexés au procès-verbal (art. 28, loi du 5 avril 1884).

Il y aura annulation des élections dans le cas où les
scrutateurs n'auront pas été d'accord sur le résultat du
dépouillement, le nombre des suffrages attribués à
chaque candidat n'étant pas fixé et le scrutin n'ayant

pas atteint son but (Cons. d'État 6 décembre 1862 ; 13 février, 6 mars 1885).

Lorsque le nombre des suffrages attribués est plus nombreux que celui des bulletins qui entrent en compte, on présume qu'il y a fraude ; mais l'irrégularité ne fait pas annuler l'élection si elle n'était pas de nature à en modifier le résultat (Cons. d'Etat 12, 26 décembre 1884 ; 9 janvier, 1er mai 1885).

En général, l'inobservation des formes ordonnées par la loi pour le dépouillement du scrutin ne sont pas admises comme fondant une nullité par elles-mêmes : elle doit être accompagnée de fraude ou manœuvres ayant eu quelque influence sur le scrutin.

S'il se produit des désordres pendant les opérations du dépouillement, les élections peuvent être annulées, encore faudra-t-il que ces désordres aient compromis la sincérité de l'élection (Cons. d'État 12 juin 1885, 29 juillet 1889).

Appréciation des suffrages. — Nous avons vu d'une façon succincte que les bulletins doivent être conformes au type général indiqué par la loi ; que, cependant, on appliquait d'une façon assez large les prescriptions légales relatives à la couleur et aux signes extérieurs. Reprenons l'article 28 de la loi du 5 avril 1884 ainsi conçu : « Les bulletins sont valables bien qu'ils portent plus ou moins de noms qu'il y a de conseillers à élire. Les derniers noms inscrits au delà de ce nombre ne sont pas comptés. Les bulletins blancs ou illisibles,

ceux qui ne contiennent pas une désignation suffisante,
ou dans lesquels les votants se sont fait connaître,
n'entrent pas en compte dans le résultat du dépouillement, mais ils sont annexés au procès-verbal. »

**Entrent en ligne de compte dans le calcul de la majorité
et sont attribués au candidat :**

a) Les bulletins conformes au type prévu par la loi,
c'est-à-dire imprimés ou écrits sur papier blanc, sans
aucun signe extérieur, portant autant de noms qu'il y a
de conseillers à élire, et ne portant aucune autre mention. C'est le bulletin électoral modèle ;

b) Les bulletins écrits ou imprimés sur papier blanc,
mais quadrillé ou rayé, ou sur papier légèrement teinté,
rayé ou quadrillé, sur papier transparent (Cons. d'État
1er juin 1889 ; 10 juillet, 9 décembre 1893).

Sont valables également les bulletins tachés d'encre,
encadrés d'un trait noir, ou dont certains noms ont été
recouverts par une bande gommée.

Il s'agit, au surplus, d'une question de fait dont l'appréciation est laissée au juge de l'élection par la jurisprudence (Cons. d'État 22 mars 1888, 14 mars 1891) ;

c) Les bulletins doubles, c'est-à-dire les bulletins
portant le même nom et pliés ensemble; s'ils contiennent des noms différents, ils sont annulés (Cons. d'État
7 avril 1866) ;

d) Les bulletins contenant plus de noms qu'il n'y a de
conseillers à élire, les derniers noms ne devant pas
être comptés (Cons. d'État 12 mai 1893) ;

e) Les bulletins portant une désignation ou une qualification inconstitutionnelle ou toute autre qualification injurieuse ou ne se rapportant pas à l'élection. La loi de 1884 ne reproduit pas les prohibitions de la loi de 1855 et ne dit rien notamment au sujet des injures ou des mentions étrangères au scrutin (Cons. d'État 10 juillet 1885). Cependant ces bulletins pourront faire l'objet d'une distinction de la part du juge de l'élection (Cons. d'État 1er août 1884 ; 9 janvier, 15 mai 1885, 27 février 1897) : les votes seront admis ou tenus pour non avenus suivant que les mentions laisseront intact ou atteindront le *caractère sérieux* du suffrage.

N'entrent pas en ligne de compte dans le dépouillement et ne doivent être retenus à aucun titre :

a) Les bulletins blancs (Cons. d'État 22 février 1889 ; 19 mai, 14 août 1893) ;

b) Ceux dans lesquels les votants se font connaître au moyen d'un signe intérieur (Cons. d'État 26 novembre 1892, 16 juin 1893) ;

c) Les bulletins illisibles (Cons. d'État 5 août 1893) ;

d) Les bulletins portant des mentions de nature à les faire considérer comme non sérieux ;

e) Les bulletins ne contenant pas de désignation suffisante (Cons. d'État 12 avril 1889, 15 janvier 1892). Exemple : sera tenu comme contenant une mention suffisante le bulletin indiquant que l'on vote pour la liste d'un tel.

N'entrent pas en ligne de compte pour l'attribution des voix au candidat, mais sont comptés pour le calcul de la majorité, c'est-à-dire pour fixer le chiffre des suffrages exprimés :

Ceux qui sont nuls en la forme, mais n'en sont pas moins la manifestation d'un vote suffisamment clair. Ce sont :

a) Les bulletins de couleur ;

b) Les bulletins à signe extérieur de nature à les faire reconnaître (Cons. d'État 23 janvier 1885, 8 décembre 1888).

L'appréciation est laissée au juge de l'élection.

Bulletins nuls ou faisant l'objet de contestation. — Qu'ils soient nuls d'une façon absolue ou relative, qu'ils soient uniquement l'objet d'une contestation de la part des électeurs, ces bulletins sont annexés au procès-verbal, après avoir été paraphés par les membres du bureau (Cons. d'État 7 mai, 2 juillet 1875 ; Inst. min. int. 15 juillet 1867).

Calcul de la majorité. — La majorité est absolue ou relative.

a) La majorité absolue est seule considérée au premier tour de scrutin ;

b) La majorité relative est seulement exigée au second tour (art. 30, loi du 5 avril 1884).

Lorsque le nombre des bulletins retirés de l'urne *est*

inférieur à celui des votants, on tient compte du nombre des bulletins pour le calcul de la majorité absolue (Cons. d'État 1er juin 1886).

Ce principe est le même pour le calcul de la majorité relative, sauf l'annulation des élections s'il y a eu fraude (Cons. d'État 28 mars 1885).

Si, au contraire, le nombre des bulletins retirés de l'urne *est supérieur* au nombre des émargements, le Conseil d'État déclare que l'élection est viciée d'une façon absolue, sauf lorsque le nombre des voix en trop n'était pas considérable, et lorsque les élus avaient obtenu une forte majorité. Dans ce cas, on retranche à chaque candidat un nombre de voix égal au nombre des suffrages qui dépassait celui des émargements (Cons. d'État 25 novembre 1892, 24 mars, 10 juillet 1893).

Si le *même nombre* de suffrages est donné à *plusieurs candidats,* l'élection est acquise au plus âgé (art. 30, loi du 5 avril 1884).

Majorité absolue ; 1er tour de scrutin.

Nul n'est élu au premier tour s'il ne réunit :

a) La majorité absolue des suffrages exprimés ;

b) Un nombre de suffrages égal au quart de celui des électeurs inscrits. On tient compte, dans le calcul du quart des inscrits, des modifications apportées à la liste électorale conformément à l'article 8 du décret réglementaire du 2 février 1852.

Par majorité absolue, on entend la moitié plus un des suffrages exprimés.

Si le nombre des votants est impair, la majorité absolue sera de la moitié plus un du nombre pair immédiatement inférieur à celui des suffrages exprimés (Cons. d'Etat 28 janvier 1887, 16 mars 1894). Par exemple : si 55 suffrages ont été exprimés, la majorité absolue est de 28 (Circ. min. int. 22 avril 1837).

Majorité relative ; 2e tour de scrutin.

Elle est exigée en cas de deuxième tour de scrutin.

Lorsque la majorité absolue n'a pas été acquise pour certains candidats, l'assemblée est, de droit, convoquée pour le dimanche suivant (Loi du 5 avril 1884, art. 30 ; Circ. min. int. 20 avril 1884). Les élections ont alors lieu à la majorité relative, et les candidats sont élus quel que soit le nombre des votants (art. 30, loi du 5 avril 1884).

Tout retard ou toute avance dans la date fixée par la loi pour le deuxième tour, entraînerait l'annulation absolue des opérations (Cons. d'État 9 avril 1892).

Le maire doit faire, en cas de deuxième tour de scrutin, les *publications nécessaires* pour avertir les électeurs en temps utile (Cons. d'État 9 janvier, 27 mars 1885). La convocation est suffisante lorsque le second tour a été annoncé 3 jours à l'avance et lorsque la publication a été renouvelée la veille (Cons. d'État 9 janvier 1885) ; de même si le maire a fait afficher un extrait du procès-verbal du premier tour annonçant qu'il

sera procédé à un second tour le dimanche suivant
(Cons. d'État 27 mars 1885).

A moins de décision contraire du préfet, les *heures
d'ouverture* et *de clôture* sont les mêmes que pour le
premier tour (Circ. min. int. 10 avril 1884).

Le second tour de scrutin est indépendant du premier
au point de vue de la présentation des candidatures : on
peut se *présenter pour la première fois* au deuxième
tour et être élu à la majorité relative (Cons. d'État 18 février 1876, 14 novembre 1884).

Il n'en reste pas moins que le deuxième tour ayant
un caractère supplémentaire, *sa valeur juridique dépend de celle du premier tour*. Si le premier tour est
annulé, le second devient également nul de plein droit,
et le conseil de préfecture n'a même pas besoin de prononcer l'annulation (C. cass. 20 février 1893). Il s'agissait naturellement d'annulation totale. En cas d'annulation partielle du premier tour, le second a son plein
effet, et il y a lieu seulement à procéder à des élections
partielles complémentaires (Cons. d'État 25 novembre
1893). Il en serait de même si la vacance partielle ne
résultait pas d'une annulation, mais d'un décès (Cons.
d'État 6 août 1878). Le conseil de préfecture, comme
suite à l'annulation partielle des opérations du premier
tour, ne pourrait, en l'absence de toute protestation ou
de conclusion, annuler d'office les opérations du second
tour.

Lorsque le *juge* de l'élection *proclame élu au premier tour un plus grand nombre de candidats que ceux*

indiqués par le bureau, l'invalidation du second tour n'est pas prononcée, pourvu que le nombre des candidats élus de cette façon tant au premier tour qu'au second ne dépasse pas le nombre des membres du conseil municipal (Cons. d'État 6 mars 1885, 21 avril 1893).

Mais lorsque le *nombre des candidats élus* au *second tour joint au nombre des candidats proclamés au premier tour,* tant par le bureau que postérieurement par le conseil de préfecture, *dépasse le nombre des sièges à pourvoir,* les opérations du second tour doivent être annulées de la façon suivante (Cons. d'État 6 mars 1885, 19 juin 1885, 20 janvier 1888, 10 et 24 décembre 1892). Cette annulation a lieu d'office et porte sur l'ensemble du second tour si les résultats rectifiés du premier tour rendent le second inutile (Cons. d'État 12 novembre 1872). Si le second tour était nécessaire, malgré les résultats rectifiés du premier, pour compléter les vacances encore existantes en l'absence de conclusions tendant à l'annulation des opérations totales du second tour, le juge de l'élection doit se borner à annuler, en nombre suffisant, les derniers élus (Cons. d'État 4 avril 1879, 9 janvier 1885 ; voir *contrà* 24 juin 1881, D. P. 1883, 3, 97, note 3). Le conseil de préfecture peut annuler d'office les opérations du deuxième tour dans leur ensemble.

On donne la même solution lorsqu'il y a eu protestation et que cette protestation ou conclusion n'a pas démontré que les opérations du second tour étaient dans leur ensemble inconciliables avec celles du premier.

CHAPITRE IV

PROCLAMATION DES RÉSULTATS. — PROCÈS-VERBAL. — IN-
CINÉRATION DES BULLETINS. — DÉPENSES DES ASSEM-
BLÉES ÉLECTORALES

Proclamation des résultats. — Les résultats sont proclamés par le président du bureau.

S'il y a plusieurs bureaux de vote, on se conforme à l'article 32 du décret réglementaire du 2 février 1852, à défaut de décision spéciale de la loi du 5 avril 1884. Cet article prescrit que les présidents des bureaux de section doivent porter au bureau central leur procès-verbal particulier et ses annexes (Circ. min. int. 9 septembre 1885, 10 juillet 1886).

En possession de tous les résultats, le président du bureau central proclame obligatoirement les candidats élus d'après les procès-verbaux, même s'ils *sont décédés* depuis l'élection (Cons. d'État 30 mars 1889).

La proclamation par le président n'est pas nécessaire pour la validité des élections (Cons. d'État 6 août 1881), mais le conseil de préfecture suppléera au défaut de proclamation par le président.

L'omission de la proclamation des résultats par le bureau n'est pas une cause d'invalidation de l'élection

qui résulte du nombre des suffrages obtenus (Cons.
d'État 8 mai 1885).

La proclamation doit se faire en présence du public.
Si elle a lieu en dehors de toute vérification possible,
les élections doivent être annulées (Cons. d'État 1er mai
1885).

Procès-verbal. — Rédaction. — Nous avons vu que
le procès-verbal est dressé en double par le secrétaire,
qu'il est signé par lui et les autres membres du bureau
(art. 29, loi du 5 avril 1884).

Sa lecture publique n'est pas prescrite par la loi.
L'un des doubles du procès-verbal reste déposé au secrétariat de la mairie (art. 33, décret réglementaire
2 février 1852). L'autre double est transmis au préfet
par l'intermédiaire du sous-préfet, avec les annexes,
sauf les listes d'émargement, signées du président et
du secrétaire, qui sont déposées pendant huit jours au
secrétariat pour être communiquées au public (art. 14,
loi du 5 avril 1884); le préfet en constate la réception
sur un registre spécial ou sur le registre d'ordre et en
donne récépissé (Circ. min. int. 10 avril 1884); extrait
en est immédiatement affiché par les soins du maire
(art. 29, loi du 5 avril 1884); si l'affichage de cet extrait
n'a pas été fait, l'annulation des élections ne serait pas
prononcée : la jurisprudence décide, en effet, qu'après
la clôture des opérations électorales, aucun fait se produisant ne peut constituer un grief contre l'élection
(Cons. d'État 7 novembre 1884).

Chaque bureau de vote dresse son procès-verbal. Ce-lui-ci est rédigé immédiatement après le dépouillement et la proclamation ; il est daté ou doit pouvoir être daté (Cons. d'État 6 août 1840).

Le retard dans la rédaction ne serait une cause de nullité (selon la jurisprudence) que s'il était aggravé par la fraude ou l'erreur (Cons. d'État 17 juin 1893).

Les grattages et les surcharges ne constitueraient également motif à annulation que si quelque fraude avait été commise (Cons. d'État 17 décembre 1886).

Le *procès-verbal contient* l'énumération des opéra-tions et leurs résultats, les décisions du bureau, les ré-clamations, même celles qui ont trait à une question de capacité (art. 21 et 37, loi du 5 avril 1884). Si les récla-mations ne sont pas insérées au procès-verbal, il n'y a pas lieu à annulation des élections, dans le cas où ce fait n'aurait pas eu d'influence sur le scrutin (Cons. d'État 23 décembre 1884). Il en serait de même si les dé-cisions provisoires du bureau avaient été omises dans le procès-verbal.

Il mentionne par *ordre décroissant* le nombre des suffrages obtenus par tous les candidats (Circ. min. int. 10 avril 1884, 9 septembre 1885) ; le nombre des bul-letins trouvés dans l'urne, lorsqu'il n'est pas égal à celui des votants (art. 27, décret réglementaire 2 février 1852).

Il constate que toutes les formalités légales ont été accomplies et que le vote a été secret ; l'heure d'ouver-ture et de fermeture du scrutin (art. 26, loi du 5 avril 1884), les incidents qui ont troublé le vote.

Les énonciations *ne font foi* que jusqu'à preuve contraire, s'il a été rédigé régulièrement (Cons. d'État 18 février 1876, 6 janvier 1882, 1er mai 1885, 6 avril, 5 août 1887).

Le témoignage des membres du bureau ne doit pas être admis contre les mentions du procès-verbal qu'ils ont dressé (Cons. d'État 2 février, 8 août 1889, 17 janvier 1897).

Le *silence du procès-verbal* peut être suppléé par la déclaration de la majorité des membres du bureau, et il peut en résulter l'annulation des élections (Cons. d'État 9 janvier 1885).

Les énonciations du procès-verbal peuvent être *rectifiées* au moyen des feuilles de pointage ou de la feuille d'émargement (Cons. d'État 8 mai 1885).

Incinération des bulletins. — Les bulletins autres que ceux qui doivent être annexés au procès-verbal sont brûlés en présence des électeurs, après le dépouillement du scrutin (art. 29, loi du 5 avril 1884).

L'irrégularité commise dans l'incinération, que celle-ci ait été faite hors la salle ou qu'elle ait eu lieu longtemps après le dépouillement, n'a d'intérêt au point de vue de la validité des opérations que si elle est accompagnée de la violation du secret des votes émis (Cons. d'État 13 mars, 6 novembre 1885). Il s'agit là au surplus d'une formalité postérieure aux opérations électorales proprement dites, qui sont closes après la proclamation des résultats : son importance n'est pas aussi grande

que celle que doivent comporter les autres formalités
prescrites durant les opérations et qui, à notre avis, seraient plus juridiquement sanctionnées par la nullité
absolue comme étant toujours substantielles et d'ordre
public.

Dépenses des assemblées électorales. — Les dépenses des opérations électorales (impression des for-
mules de procès-verbal, des listes d'émargement, des
cartes électorales) sont inscrites obligatoirement au
budget communal (art. 136, loi du 5 avril 1884).

Ne sont pas compris dans ces dépenses les frais d'imprimés destinés à l'administration préfectorale et qui
doivent être acquittés sur les fonds d'abonnement (Circ.
min. int. 10 avril 1884), exemple : les affiches, les in-
sertions au *Recueil des actes administratifs*.

TITRE V

RÉCLAMATIONS CONTRE LES OPÉRATIONS
ÉLECTORALES

CHAPITRE Ier

INSTANCE DEVANT LE CONSEIL DE PRÉFECTURE

Procédure sur les réclamations.

Qualité des réclamants.

I. Tout électeur et tout éligible a le droit d'arguer de
nullité les opérations électorales (art. 37, loi du 5 avril
1884).

Les électeurs dont parle l'article 37 sont les inscrits
dans la commune, alors même qu'ils n'auraient pas pris
part au vote (Cons. d'État 28 février 1845). Donc, ne seraient pas admis à protester ceux qui prétendraient
avoir été omis à tort sur la liste électorale (Cons. d'État
24 juin 1881), mais, contrairement à la législation antérieure (1855), le droit de protestation appartiendrait
aux électeurs d'une section contre les opérations d'une

autre section (Circ. min. int. 10 avril 1884). Les éligibles comprennent les contribuables de la commune âgés de plus de vingt-cinq ans (Circ. min. int. 10 avril 1884).

Les électeurs et les éligibles peuvent agir pour toute espèce de motifs de forme ou de fond et baser par conséquent leur protestation sur des faits de manœuvres, pressions, etc.

II. Le préfet a également le droit de déférer les élections à la juridiction compétente si les conditions et les formes légalement prescrites n'ont pas été remplies (art. 37, loi du 5 avril 1884). Toutefois, il convient de remarquer qu'il ne peut agir qu'en cas d'inobservation des formes et des conditions de légalité requises par la législation électorale (Cons. d'État 5 juillet, 19 juillet 1889, 24 décembre 1892).

Formes, délais, récépissé des réclamations.

I. La réclamation est faite par un électeur ou un éligible.

a) Elle n'est pas consignée au procès-verbal. Dans ce cas, elle sera présentée sous forme de requête tendant expressément à l'annulation, adressée aux membres du conseil de préfecture.

Elle pourra parvenir par la poste ou par télégramme ou être jointe au procès-verbal (Cons. d'État 13 mai 1887); elle sera signée du réclamant ou de son mandataire (Cons. d'État 7 décembre 1883). Exemple : l'avocat qui justifie de son mandat (Cons. d'État 8 mai 1885), mais d'un *mandat formel* et *spécial* (Cons. d'État 15 décembre 1888).

Elle est affranchie du droit de timbre et d'enregistrement (art. 40-6, loi du 5 avril 1884).

Toute réclamation est motivée, comme d'ailleurs toute demande en justice (Cons. d'État 26 novembre 1892).

La réclamation non consignée au procès-verbal sera déposée, à peine de nullité, dans les cinq jours qui suivent le jour de l'élection, au secrétariat de la mairie, à la sous-préfecture ou à la préfecture. Elle est immédiatement adressée au préfet et enregistrée par ses soins au greffe du conseil de préfecture.

Le délai de cinq jours imparti pour le dépôt de la réclamation court après l'expiration du jour de l'élection proclamée (Cons. d'État 22 février 1889, 16 décembre 1892) ou dont le résultat a été porté autrement à la connaissance des électeurs (Cons. d'État 5 mai 1894). Ce n'est pas un délai franc, c'est-à-dire que le *dies ad quem*, le cinquième jour, est compté et constitue l'échéance du délai. Le dépôt de la réclamation devra donc être effectué au plus tard le cinquième jour (Cons. d'État 3 mars 1882, 24 avril 1885). Les jours fériés sont également comptés dans ce délai. L'article 1033 du Code de procédure civile n'est pas applicable (Cons. d'État 16 janvier 1885).

La date de l'enregistrement administratif fait foi de la date du dépôt en temps utile, sauf preuve contraire (Cons. d'État 4 août 1893, 28 novembre 1896).

Passé ce délai, la déchéance est absolue, c'est-à-dire que si la réclamation est arrivée au lieu où elle doit être déposée après l'expiration des cinq jours, elle ne peut plus être examinée (Cons. d'État 30 janvier 1885, 27 février 1885).

Si la réclamation a été déposée en temps utile, elle ne peut plus être augmentée, après le délai imparti, par d'autres griefs indépendants de ceux qui la constituent (Cons. d'État 20 février, 27 mars 1885, 6 avril 1889, 5 août 1893).

b) La réclamation est consignée au procès-verbal. Aucune règle spéciale n'est édictée, mais on doit cependant exiger que la personnalité du réclamant puisse être reconnue d'une façon quelconque (Cons. d'État 4 janvier 1889); la protestation anonyme n'est pas recevable (Cons. d'État 24 juillet 1885).

Elle n'a donc pas besoin d'être signée.

II. La réclamation est faite par le préfet.

Aucune forme n'est prescrite ; le conseil de préfecture serait valablement saisi même par l'envoi d'une protestation déposée tardivement par les électeurs, protestation caduque pour ces derniers, mais dont le préfet déclarerait reprendre personnellement les conclusions (Cons. d'État 23 janvier 1885, 7 juin 1889).

Le délai accordé au préfet est de quinze jours à dater de la réception du procès-verbal. Le *dies a quo* ou jour de l'arrivée du procès-verbal ne compte pas, comme dans tous les délais en général, mais le dernier jour de la quinzaine compte, il est lui-même l'échéance, le terme fatal du délai à l'expiration duquel le conseil de préfecture ne pourrait régulièrement statuer. C'est un délai non franc (Cons. d'État 21 avril 1894).

Notification des protestations. Mesures d'instruction écrite et orale.

Le préfet doit donner notification par la voie administrative de la réclamation aux conseillers dont l'élection est attaquée en les prévenant qu'ils ont un délai de cinq jours à l'effet de produire leur défense au secrétariat de la mairie, de la préfecture ou de la sous-préfecture, et de faire connaître s'ils entendent user du droit de présenter des observations orales (art. 37, loi du 5 avril 1884).

La notification doit être adressée au seul conseiller dont l'élection est contestée directement, et non à celui dont l'élection pourrait être atteinte par voie de conséquence (Cons. d'État 27 mars 1885, 28 février 1890).

L'instruction préliminaire appartient donc au préfet en cette matière et non au conseil de préfecture (Circ. min. int. 10 avril 1884).

La notification ainsi faite doit contenir soit la copie, soit l'analyse de la réclamation, sauf dans le cas où les pièces seraient trop nombreuses ou trop étendues. Il suffirait alors d'aviser le conseiller dont l'élection est l'objet d'une réclamation d'avoir à prendre communication du dossier à la préfecture, à la sous-préfecture ou à la mairie (même circ.).

Si la notification n'a pas été faite immédiatement par le préfet, le retard apporté ne suffit pas pour rendre irrecevable la réclamation (Cons. d'État 9 janvier 1885). Mais le défaut de notification entraînerait comme conséquence l'interdiction pour le conseil de statuer sur la protestation, sous peine de nullité de l'arrêté (Cons. d'État 17 juillet 1885, 5 août 1887, 1ᵉʳ février 1889).

Le délai de cinq jours accordé au conseiller dont l'élection est contestée pour présenter ses défenses ou observations court à dater de la réception de la notification. Le délai n'est pas franc ; le jour de la réception de la notification, le *dies a quo*, n'est pas compris (Circ. min. int. 10 avril 1884), mais le cinquième jour, le *dies ad quem*, est le jour de l'échéance passé lequel l'affaire sera en état et pourra être jugée même en l'absence de défenses ou d'observations : il faut, en effet, remarquer que les défenses et observations peuvent être fournies jusqu'au jour du jugement et que le délai de cinq jours n'est fatal qu'au point de vue de la mise en état de l'affaire (Circ. min. int. 20 avril 1884).

En résumé, passé ce délai de cinq jours, et l'affaire non encore jugée, les défenses pourront toujours être fournies, les observations orales reçues, mais relativement à ces dernières, il faut noter que l'avertissement du jour d'audience ne sera pas donné lorsque, l'affaire n'étant pas encore jugée, le rôle a été fixé (art. 44, loi du 22 juillet 1889).

L'avertissement, aux termes de la loi du 22 juillet 1889, n'est obligatoirement adressé par le greffe du conseil aux parties qui doivent faire connaître leur intention de comparaître en personne que lorsque ces parties ont demandé à présenter des observations orales antérieurement à la fixation du rôle.

Récépissé des réclamations et des défenses.

Il est donné récépissé des réclamations et des défenses (art. 37-4, loi du 5 avril 1884).

Mesures d'instruction spéciale : enquête, etc.

Le conseil de préfecture peut ordonner diverses mesures d'instruction, interrogatoire, enquête, etc.

Il peut, soit d'office, soit à la demande des intéressés, ordonner que les parties seront interrogées à la séance publique ou en chambre du conseil (art. 36, loi du 22 juillet 1889).

Il peut, soit d'office, soit à la demande des intéressés, ordonner une enquête sur les faits dont la constatation lui paraît utile à l'instruction de l'affaire (art. 26, loi du 22 juillet 1889). Les enquêtes électorales sont soumises aux règles générales prévues en matière d'enquête par la loi du 22 juillet 1889, sauf certaines modifications prévues aux articles 34, 35 de ladite loi. C'est ainsi que les notifications avertissant les parties qu'elles peuvent prendre connaissance au greffe de l'arrêté qui ordonne l'enquête et les invitant à présenter leurs témoins aux jours fériés peuvent être faites conformément aux deux derniers paragraphes de l'article 44, c'est-à-

dire au premier signataire de la protestation lorsque
les réclamants n'ont pas de mandataire ou de défenseur
commun, et par lettre recommandée aux réclamants et
à leur mandataire. C'est ainsi également que la notification prévue par l'article 33 de la même loi peut être
faite conformément à l'article 44. L'article 35 prévoit
encore une exception à la règle générale en indiquant
que les témoins n'ont pas le droit de requérir taxe : les
réclamations électorales doivent, en effet, être jugées
sans frais pour les parties (Cons. d'État 19 juillet 1867,
élection de Lannemezan ; 27 août 1877, 18 juillet 1884).

Les frais occasionnés par le déplacement du conseiller enquêteur sont supportés par le fonds d'abonnement
comme dépense générale d'administration.

Délai pour statuer.

Le conseil prononce sa décision dans le délai d'*un
mois* à compter de l'enregistrement des pièces au greffe
du conseil de préfecture, et le préfet la fait notifier dans
la huitaine de sa date.

En cas de renouvellement général, le délai est porté
à *deux mois* (art. 38, loi du 5 avril 1884).

S'il intervient une décision ordonnant une preuve qui
peut être une mesure d'instruction spéciale, interrogatoire, comparution de parties, enquêtes, visites de lieux,
ou un dépôt de pièces, le conseil de préfecture statuera
définitivement dans le mois à dater de cette décision.

Les délais ci-dessus fixés ne commencent à courir,

dans le cas prévu à l'article 39 de la loi du 5 avril 1884
(question préjudicielle), que du jour où le jugement sur
la question préjudicielle est devenu définitif. Si les parties, en matière de question préjudicielle, n'avaient pas
justifié de leurs diligences dans le délai de quinzaine,
il serait passé outre, et la décision du conseil de préfecture interviendrait à bon droit dans le mois à partir
de l'expiration de ce délai de quinzaine (art. 39, loi du
5 avril 1884).

Faute par le conseil d'avoir statué dans les délais
impartis par la loi, la réclamation est considérée comme
rejetée. Cette juridiction *est dessaisie* et le préfet en
informe la partie intéressée, qui peut porter sa réclamation devant le Conseil d'État. Le recours est notifié au
secrétariat de la préfecture par le requérant (art. 38,
loi du 5 avril 1884 ; Cons. d'État 16 janvier 1885). C'est
l'arrêté définitif du conseil qui doit être rendu dans le
délai d'un mois. Le prononcé d'un arrêté préparatoire
ne s'opposerait pas au recours devant le Conseil d'État
dont il vient d'être parlé s'il n'était suivi, avant l'expiration du mois, d'un arrêté sur le fond (Cons. d'État
16 mars 1859, 28 juillet 1869).

En tous cas, l'arrêté rendu par le conseil de préfecture après les délais serait entaché d'excès de pouvoir
(Cons. d'État 10 janvier 1867, 21 décembre 1871, 23 juillet 1875, 1er décembre 1894), même si le retard était dû
au sursis prononcé en raison d'une poursuite judiciaire :
le conseil de préfecture ne peut, en effet, prononcer de
sursis entraînant une prorogation de délai que dans le

seul cas prévu par l'article 39 de la loi du 5 avril 1884 (Cons. d'État 1ᵉʳ décembre 1894, élection de Terre-Basse).

Dans la supputation du délai, le *dies a quo* ne compte pas, mais il en est différemment du *dies ad quem*.

A noter que le conseil de préfecture peut rendre ses arrêtés un jour férié (Cons. d'État 27 mars 1885).

Dessaisissement : le conseil n'a pas statué, recours spécial devant le Conseil d'État. — Le conseil de préfecture, dessaisi comme nous venons de le voir, le pourvoi est porté devant le Conseil d'État. Ce pourvoi est d'une nature spéciale : il supprime un degré de juridiction. Il est néanmoins jugé comme les autres pourvois (Cons. d'État 9 mai 1890).

Si le préfet n'a pas fait notifier à la partie le dessaisissement du conseil, le délai de cinq jours pour former le pourvoi ne court pas. Certains auteurs soutiennent que, ce délai spécial ne pouvant être appliqué, on retombe dans le droit commun de la loi du 22 juillet 1889 et, dans ce cas, le délai pour s'adresser au Conseil d'État est de deux mois. Mais il nous semble que la loi de 1889 n'établit point le droit commun de notre matière lorsqu'elle fixe à deux mois le délai pour se pourvoir devant le Conseil d'État. En effet, le pourvoi dont il est question dans la loi a pour base un arrêté de première instance dont on sollicite l'infirmation, tandis que nous sommes en présence, avec l'article 38 de la loi du 5 avril 1884, d'une instance toute particulière devant le

Conseil d'État, exclusive précisément de toute précédente décision qu'il s'agirait d'annuler.

Nous pensons, par conséquent, que le délai de deux mois prévu par la loi du 22 juillet 1889 pour les recours proprement dits forme le droit commun de ces recours, mais ne saurait s'adapter à une procédure exceptionnelle qui n'a rien de commun avec ces recours.

D'ailleurs, en admettant même que l'assimilation puisse se faire entre les deux sortes de recours, recours exceptionnel et recours ordinaire, il faudrait remarquer que le délai de droit commun, prévu par la loi du 22 juillet 1889, ne court lui-même qu'à dater d'une notification : il ne pourrait donc commencer en l'absence d'une notification, sous le prétexte qu'on l'applique en matière électorale.

Il paraît, au reste, plus conforme à l'esprit de la loi de retarder le point de départ du délai tant que la notification du préfet n'est pas intervenue. En effet, si la loi a entouré de précautions nombreuses les opérations électorales, ces précautions ont été spécialement édictées en faveur du corps électoral : elles sont d'ordre public et ne sauraient être suppléées par voie d'analogie, au risque de les supprimer en fait.

Au surplus, si l'on compare la prescription de la loi du 22 juillet 1886 (art. 61) en ce qui concerne les pourvois proprement dits en matière d'élections et la prescription de l'article 33 *in fine*, relative au recours direct, on s'aperçoit que celui-ci est tenu à l'écart d'une façon absolue des formes de droit commun prévues pour les autres : l'article 61 édicte que les pourvois proprement dits en matière électorale peuvent être déposés tant à la préfecture ou à la sous-préfecture qu'au secrétariat général du Conseil d'État, et l'article 38 de la loi de 1884 édicte que le recours direct doit être notifié à la préfecture du requérant. Cette différence de traitement indique d'une façon très énergique la dissemblance complète entre les deux instances, condamnant toute tentative de rapprochement par analogie en vue de l'application des règles communes. Et nous insistons maintenant sur cette exigence significative de l'article 38 dont nous venons de parler, et qui vise la notification du pourvoi à la préfecture.

L'article 38 établit très clairement qu'à la différence de ce qui se passe pour le pourvoi proprement dit, il ne suffira pas que le recours soit déposé à la préfecture. Il sera porté directement au Conseil d'État, puis, après son dépôt, *notifié* au secrétariat de la préfecture ; il y aura donc dans cet ordre une double formalité successive à la charge du réclamant (*contrà*, élection d'A-ghione, 26 mars 1886, Cons. d'État, arrêt où il est fait faussement application au recours direct de l'article 40 de la loi du 5 avril 1884).

Ceci étant, la question peut se poser de savoir si le préfet pourrait, en cas d'omission de statuer sur son déféré par le conseil de préfecture dans le délai imparti, se pourvoir directement devant le Conseil d'État.

À notre avis, lorsqu'il use de déféré, le préfet est bien une des parties intéressées auxquelles la loi désire assurer un recours direct. Sa réclamation étant rejetée comme peut l'être celle des autres à la suite de la non-décision du conseil de préfecture, la précaution imaginée par l'article 38 doit lui profiter ; la raison de décider est la même : elle serait même encore plus forte lorsqu'il s'agit du préfet, parce que, chargé spécialement de faire respecter les formes substantielles de l'élection, il est constitué comme le gardien de la loi elle-même et des garanties primordiales que celle-ci assure à l'électeur.

On arguerait vainement contre cette opinion des termes de l'article 38 qui paraissent exclure le recours direct du préfet, en ne s'occupant que des parties auxquelles ce fonctionnaire doit notifier le dessaisissement. La loi, en effet, a spécialement prévu le cas où la partie intéressée avait besoin d'être informée ; elle a négligé celui où cette partie se trouvent être le préfet, l'agent informateur et directeur de l'instruction se confondait avec l'informé ; dans ce cas, il y a notification virtuelle.

Le préfet aura donc droit au recours direct et le délai de ce recours partira du jour même où le délai reconnu au conseil de préfecture pour statuer sera écoulé. La notification prescrite pour les intéressés autres que le préfet sera évidemment supprimée.

Nous repoussons par conséquent le délai de droit commun (deux mois), ici comme précédemment : nous estimons qu'il n'y a pas lieu à son application, sous le seul prétexte qu'aucune notification matérielle et effec-

tive ne permet de marquer le point de départ du délai
de cinq jours.

La jurisprudence n'a pas encore tranché la question,
du moins depuis la loi du 5 avril 1884.

Compétence du conseil de préfecture. — Nous
avons examiné, au cours de l'étude des opérations électorales, les différentes réclamations ressortissant au juge
de l'élection.

Nous résumons ci-dessous les litiges qui peuvent être
portés devant le conseil de préfecture. Cette juridiction
est compétente :

a) En ce qui concerne toutes les questions de forme,
de légalité, de quotité, de délais qui peuvent être sou-
levées, par exemple, au sujet de la liste électorale ; les
inscriptions, les actes administratifs prévus par la loi,
la convocation des électeurs, la majorité, la proclamation des candidats (Cons. d'État 20 janvier 1893), etc. ;

b) En ce qui concerne les questions d'éligibilité ;

c) En ce qui concerne l'appréciation de tous les faits
concomitants à l'élection et tendant à la vicier (fraude,
intimidation, pression, etc.).

Le conseil de préfecture statue sur protestation des
électeurs ou déféré du préfet, dans les limites de la protestation légale ou du déféré. Il ne statue jamais d'office,
sous peine d'excès de pouvoir (Cons. d'État 27 janvier
1865). Notamment, il ne peut proclamer élus un certain
nombre de candidats à la place de ceux dont il annule
l'élection, à moins qu'il ne s'agisse de protestation vi-

sant une erreur de calcul dans la supputation du nombre des voix ; dans ce cas, la proclamation serait implicite et résulterait de la comparaison des chiffres : le conseil, en la faisant, ne commettrait aucun excès de pouvoir.

Le caractère d'ordre public des décisions du conseil et du recours contre ses décisions s'oppose à ce que l'on renonce au bénéfice des décisions rendues en matière électorale (Cons. d'État 13 février 1885) ou qu'on y acquiesce (Cons. d'État 6 novembre 1897).

La mission du conseil de préfecture est terminée avec l'élection, et tout fait postérieur lui échapperait qui ne se rattacherait pas aux opérations électorales (Cons. d'État 7 novembre 1884).

Dans tous les cas où le conseil de préfecture se trouve saisi d'une contestation, il a le droit, sans s'abstenir de rendre une décision, de déclarer avec motif qu'il n'y a pas lieu à statuer : le non-lieu à statuer peut s'imposer lorsque, par exemple, le conseiller municipal dont l'élection était contestée a démissionné (Cons. d'État 16 décembre 1893), ou lorsque, pour une raison quelconque, ses fonctions ont pris fin (Cons. d'État 27 juillet 1893), lorsque la protestation a été l'objet d'un désistement.

Les décisions que rend le conseil de préfecture sont notifiées administrativement et par les soins du préfet dans la huitaine de leur date (art. 38, loi du 5 avril 1884 ; art. 51, loi du 22 juillet 1889). Elles sont adressées aux parties intéressées, contiennent les motifs et le dispositif et n'occasionnent aucun frais judiciaire.

CHAPITRE II

VOIES DE RECOURS CONTRE LES DÉCISIONS DU CONSEIL DE PRÉFECTURE

Opposition. — Lorsque les parties attaquées n'ont point produit de défenses écrites ou orales, le conseil de préfecture peut donner défaut (Cons. d'État 17 juillet 1885).

Mais l'opposition est admise jusqu'à l'exécution et dans le mois de l'introduction de l'instance.

Appel.

Qui peut interjeter appel ?

Le recours au Conseil d'État contre la décision du conseil de préfecture est ouvert (art. 40, loi du 5 avril 1884) :

a) Aux parties intéressées, c'est-à-dire :

I. Tous les électeurs et éligibles dans la commune, dans le cas où la réclamation a été accueillie et l'élection annulée (Cons. d'État 10 juillet 1893).

Ils exercent alors une sorte d'action publique analogue à celle qui leur est dévolue lorsqu'il s'agit de la décision de première instance. Grâce à cette action, ils pourront défendre le droit par eux exercé et que la décision à laquelle ils n'ont pas été partie est venue atteindre (Cons. d'État 7 janvier 1887, 10 juillet 1893).

Lorsque l'élection n'a pas été annulée, le recours n'est accordé par conséquent qu'aux parties devant le conseil de préfecture (Cons. d'État 17 février 1894).

II. Les candidats. L'action leur est personnelle et leurs héritiers n'auraient pas qualité pour se pourvoir du chef de leur auteur (Cons. d'État 26 février 1875).

b) Au préfet quand il a été partie à la suite de son déféré (Cons. d'État 17 juillet 1885);

c) Au ministre de l'intérieur. D'après la jurisprudence, le ministre peut déférer au Conseil d'État les arrêtés du conseil de préfecture en matière d'élections municipales.

Il exerce le recours dans les mêmes conditions que le préfet dont il prend la place (Cons. d'État 31 juillet 1885, 9 juin 1894).

Arrêtés, objet du pourvoi.

Les arrêtés définitifs, les arrêtés interlocutoires, les arrêtés préparatoires — mais ces derniers en même temps que l'arrêté définitif (Cons. d'État 30 juillet 1885) — peuvent être l'objet d'un recours (Cons. d'État 27 février 1866).

On appelle arrêté interlocutoire celui qui ordonne une mesure avant-faire droit et préjuge en même temps le fond du litige. L'arrêté préparatoire est celui qui ordonne une mesure avant-faire-droit sans préjuger le fond du litige (Cons. d'Ét. 29 juin 1894).

Formes, réception et transmission du pourvoi, délai.

Le recours au Conseil d'État doit être formé conformément aux dispositions des paragrahes 1 à 6 de l'article 40 de la loi du 5 avril 1884, complétés par le droit commun des pourvois, auquel il n'est pas spécialement dérogé.

Il doit donc, à peine de nullité, être déposé au secrétariat de la sous-préfecture ou de la préfecture dans le délai d'un mois qui court à l'encontre du préfet à partir de la décision, et à l'encontre des parties à partir de la notification qui leur est faite. Il peut aussi être déposé au secrétariat général du Conseil d'État (art. 61, loi du 22 juillet 1899).

Lorsqu'il est déposé à la préfecture ou à la sous-préfecture, il est marqué d'un timbre indiquant la date de son arrêté et transmis par le préfet au ministre de l'intérieur qui l'adresse au Conseil d'État avec les défenses, le procès-verbal des opérations électorales, la liste qui a servi aux émargements, l'expédition de l'arrêté attaqué et toutes les autres pièces visées dans ledit arrêté. Le préfet joint son avis motivé (Loi du 5 avril 1880, art. 40 ; Cons. d'État 25 février 1898).

Avant cette transmission, le préfet a dû donner, par la voie administrative, connaissance du recours aux parties intéressées en les prévenant qu'elles ont quinze jours pour tout délai à l'effet de déposer leurs défenses au secrétariat de la préfecture ou de la sous-préfecture (art. 40).

Le recours est présenté en forme de requête motivée quant aux moyens d'annulation.

Les délais pour la constitution d'un avocat et la transmission au ministre de l'intérieur sont d'un mois pour chacune de ces opérations, de trois mois en ce qui concerne les colonies.

Le pourvoi est jugé comme affaire urgente, dispensé du timbre et du ministère d'avocat.

Caractère suspensif du pourvoi.

Le recours au Conseil d'État est suspensif en ce sens que les conseillers municipaux proclamés restent en fonctions jusqu'à ce qu'il ait été définitivement statué sur les réclamations.

Jugement du pourvoi.

L'arrêté du conseil de préfecture a-t-il été annulé pour vice de forme, le Conseil d'État peut retenir l'affaire et juger sans renvoi. Il use alors du droit d'évocation. Ce droit s'exerce obligatoirement lorsque, et c'est le cas le plus fréquent, le pourvoi est formé après l'expiration du délai imparti au conseil de préfecture pour statuer. En effet, le renvoi serait impossible, la juridiction du premier degré étant dessaisie d'une façon absolue.

Désistement, non-lieu à statuer, décès du réclamant, démission, révocation, décès du candidat élu, défaut d'ob-
tention par aucun candidat de la majorité absolue.

Dans tous ces cas, le pourvoi n'a plus d'objet, et il
n'y a pas lieu à statuer.

Notification de l'arrêt du Conseil d'État.

Le secrétariat du Conseil d'Etat notifie la décision au
ministre de l'intérieur, qui la fait exécuter. L'annulation
de tout ou partie des élections est alors définitive.

L'assemblée des électeurs est convoquée dans un délai qui ne peut excéder deux mois (art. 40, loi du 5 avril
1884 ; Cons. d'État 7 août 1885).

CHAPITRE III

VOIES DE RECOURS CONTRE LES ARRÊTS DU CONSEIL D'ÉTAT

Ces voies sont :

a) L'*opposition,* lorsqu'une décision a été rendue par défaut à la suite de la non-présentation d'une défense quelconque ;

b) La *tierce opposition* de la part du candidat élu non défendeur au pourvoi dont la solution lui fait grief ;

c) La *revision* équivaut à la requête civile du Code de procédure civile, mais elle est admise uniquement dans les cas prévus par l'article 52 du décret du 22 juillet 1806 complété par l'article 23 de la loi du 24 mai 1872.

TITRE VI

DE LA RÉPRESSION DES DÉLITS ÉLECTORAUX

Infractions spéciales. — Il existe en dehors des délits de droit commun un certain nombre d'infractions spéciales à la législation électorale. Nous en trouvons la sanction dans le décret organique du 2 février 1852, qui constitue le droit commun des élections (C. cass. 3 mai 1861), et dans les lois qui ont disposé en vue des opérations municipales.

Énumération de ces infractions.

I. *Inscriptions obtenues par fraude.* — Ce délit est prévu par l'article 6 de la loi du 7 juillet 1874, non nommément abrogée par l'article 168 de la loi du 5 avril 1884, applicable par conséquent en ce qu'elle n'a pas de contraire à ladite loi. L'article 6 dispose ainsi :

Ceux qui, à l'aide de déclaration frauduleuse ou de faux certificats, se seront fait inscrire ou auront tenté de se faire inscrire indûment sur une liste électorale, ceux qui, à l'aide des mêmes moyens, auront fait inscrire ou rayer, tenté de faire inscrire ou rayer un citoyen, et les complices de ces délits, seront passibles d'un emprisonnement de six jours à un an et d'une amende de 5o à 5oo fr. Les coupables pourront, en outre, être privés pendant deux ans de l'exercice de leurs droits civiques. L'article 463 du Code pénal est, dans tous les cas, applicable.

II. *Infractions concernant le vote :*

a) Article 32 du décret organique du 2 février 1852 :

« Celui qui, déchu du droit de voter soit par suite d'une condamnation judiciaire, soit par suite d'une faillite non suivie d'une réhabilitation, aura voté soit en vertu d'une inscription antérieure à sa déchéance, soit en vertu d'une inscription postérieure, mais opérée sans sa participation, sera puni d'un emprisonnement de quinze jours à trois mois et d'une amende de 5o à 5oo fr. »

b) Article 33 du décret organique du 2 février 1852 :

« Quiconque aura voté dans une assemblée électorale soit en vertu d'une inscription obtenue dans les deux premiers cas prévus par l'article 31, soit en prenant faussement les noms et qualités d'un électeur inscrit, sera puni d'un emprisonnement de deux mois à deux ans et d'une amende de 200 à 2,000 fr. »

Nous remarquons que la référence à l'article 31, contenue dans la disposition que nous rapportons, doit être remplacée, en matière d'élections municipales, par la référence à l'article 6 de la loi du 7 juillet 1874 qui a remplacé et complété l'article 31 du décret du 2 février 1852.

Les deux premiers cas de l'article 31 sont ainsi résumés dans l'article 6 : « Ceux qui, à l'aide de déclaration frauduleuse ou de faux certificats, se seront fait inscrire ou auront tenté de se faire inscrire indûment sur une liste électorale..... »

c) Article 34 du décret organique du 2 février 1852 :

« Sera puni de la même peine (prévue à l'art. 33) tout citoyen qui aura profité d'une inscription multiple pour voter plusieurs fois. »

d) Article 35 du même décret :

« Quiconque étant chargé dans un scrutin de recevoir, compter ou dépouiller les bulletins contenant les suffrages des citoyens, aura soustrait, ajouté ou altéré des bulletins, ou lu un nom autre que celui inscrit, sera puni d'un emprisonnement d'un an à cinq ans et d'une amende de 500 à 5,000 francs. »

e) Article 36 du même décret :

« Quiconque aura donné, promis ou reçu des deniers, effets ou valeurs quelconques sous la condition soit de donner ou de procurer un suffrage, soit de s'abstenir de voter, sera puni d'un emprisonnement de trois mois à deux ans et d'une amende de 500 à 5,000 fr.

« Seront punis des mêmes peines ceux qui, sous les mêmes conditions, auront fait ou accepté l'offre ou la promesse d'emplois publics ou privés. Si le coupable est fonctionnaire public la peine sera du double. »

f) Article 39 du même décret :

« Ceux qui, soit par voie de fait, violence ou menace contre un électeur, soit en lui faisant craindre de perdre son emploi ou d'exposer à un dommage sa personne, sa famille ou sa fortune, l'auront déterminé à s'abstenir de voter ou auront influencé son vote, seront punis d'un emprisonnement d'un mois à un an et d'une amende de 100 à 1,000 fr. La peine sera du double si le coupable est fonctionnaire public. »

g) Article 37 du même décret :

« L'entrée dans l'assemblée électorale avec armes apparentes est interdite. En cas d'infraction, le contrevenant sera passible d'une amende de 16 à 100 fr. La peine sera de l'emprisonnement de quinze jours à trois mois et d'une amende de 50 à 300 fr. si les armes étaient cachées. »

h) Article 40 du même décret :

« Ceux qui, à l'aide de fausses nouvelles, bruits calomnieux ou autres manœuvres frauduleuses auront, surpris ou détourné des suffrages, déterminé un ou plusieurs électeurs à s'abstenir de voter, seront punis d'un emprisonnement d'un mois à un an et d'une amende de 500 à 2,000 fr. »

i) Article 3 de la loi du 3 novembre 1875 :

« Tout agent de l'autorité publique ou municipale doit s'abstenir de distribuer des bulletins de vote, professions de foi et circulaires des candidats. »

L'article 22 prévoit la sanction dans les termes suivants :

« Toute infraction aux dispositions prohibitives de l'article 3-3° de la présente loi sera punie d'une amende de 16 fr. à 300 fr. Néanmoins, le tribunal de police correctionnelle pourra faire application de l'article 463 du Code pénal. »

L'article 14 *in fine* de la loi du 5 avril 1884 rend applicables aux élections municipales les deux articles précédents.

III. *Violences. — Outrages.*

a) Article 41 du décret organique du 2 février 1852 :

« Lorsque par attroupements, clameurs ou démonstrations menaçantes, on aura troublé les opérations d'un collège électoral, porté atteinte à l'exercice du droit électoral ou à la liberté du vote, les coupables seront punis d'un emprisonnement de trois mois à deux ans et d'une amende de 100 fr. à 2,000 fr. »

b) Article 42 du même décret :

« Toute irruption dans un collège électoral consommée ou tentée avec violence en vue d'empêcher un choix sera punie d'un emprisonnement d'un an à cinq ans et d'une amende de 1,000 à 5,000 fr. »

Article 43 du même décret :

« Si les coupables étaient porteurs d'armes ou si le scrutin a été violé, la peine sera la réclusion. »

Article 44 du même décret :

« La peine sera des travaux forcés à temps si le crime a été commis pour être exécuté soit dans toute la République, soit dans un ou plusieurs départements, soit dans un ou plusieurs arrondissements. »

c) Article 45 du même décret :

« Les membres d'un collège électoral qui, pendant la réunion, se sont rendus coupables d'outrages ou de violences soit envers le bureau, soit envers l'un de ses membres, ou qui, par voie de fait ou de menaces, auront retardé ou empêché les opérations électorales, seront punis d'un emprisonnement d'un mois à un an et d'une amende de 400 à 2,000 francs. Si le scrutin a été violé, l'emprisonnement serait d'un an à cinq ans et l'amende de 1,000 à 5,000 fr. »

d) Article 46 du même décret :

« L'enlèvement de l'urne contenant les suffrages émis et encore non dépouillés sera puni d'un emprisonnement d'un à cinq ans et d'une amende de 1,000 fr. à 5,000 fr. Si cet enlèvement a été effectué en réunion et avec violence, la peine sera la réclusion. »

e) Art. 47 du même décret :

« La violation du scrutin faite soit par les membres du bureau, soit par les agents de l'autorité préposés à la garde des bulletins non encore dépouillés, sera punie de la réclusion. »

IV. Art. 49 du même décret :

« En cas de conviction de plusieurs crimes ou délits commis antérieurement au premier acte de poursuite, la peine la plus forte sera seule appliquée. » (C. instr. crim., art. 365.)

NOTA. — Nous renvoyons à la loi du 30 juin 1881 en

ce qui concerne les réunions, et à la loi du 19 juillet 1881 en ce qui concerne les écrits électoraux, les affiches et la diffamation publique.

Juge des infractions.

Les délits électoraux spéciaux sont jugés par les tribunaux correctionnels, les crimes par la cour d'assises. L'article 463 du Code pénal peut être appliqué (art. 48, décret organique du 2 février 1852).

La poursuite a lieu sur l'action du ministère public, qui s'exerce soit d'office, soit sur plainte. L'action devant les tribunaux répressifs peut également s'exercer par voie de citation directe de la part des intéressés (C. cass. 16 mars 1878, 23 octobre 1886 ; C. de Montpellier 10 novembre 1894), c'est-à-dire de tous les électeurs du collège.

Prescription des actions publiques et civiles en matière d'infractions électorales.

L'article 50 du décret organique du 2 février 1852 établit que « l'action publique et l'action civile seront prescrites après trois mois à partir du jour de la proclamation de l'élection ».

TITRE VII

MAIRES ET ADJOINTS

CHAPITRE Ier

MESURES PRÉLIMINAIRES DE L'ÉLECTION

Qualité pour nommer les maires et adjoints. — Le conseil municipal est qualifié pour élire le maire et les adjoints parmi ses membres, au scrutin secret et à la majorité absolue.

Le conseil municipal appelé à procéder à une telle élection se compose *de tous* les conseillers municipaux en exercice (Cons. d'État 20 février 1885 ; Loi du 5 avril 1884, art. 40).

Il en résulte que les conseillers proclamés même irrégulièrement peuvent participer au scrutin pour l'élection des maire et adjoints. Il s'agit, bien entendu, de la proclamation par le bureau et non de celle faite par le conseil de préfecture sur l'abstention du bureau : cette proclamation administrative ne conférerait l'électorat que si elle était définitive (Cons. d'État 4 novembre 1881).

Les conseillers municipaux démissionnaires prennent légalement part au scrutin jusqu'à l'acceptation de leur démission (Cons. d'État 15 novembre 1888), alors même que le sous-préfet l'aurait acceptée verbalement (Cons. d'État 24 juillet 1885).

Il en est de même des conseillers invalidés par le conseil de préfecture s'ils se sont pourvus devant le Conseil d'État ou si le délai de recours n'est pas expiré (Cons. d'État 23 janvier, 1er mai, 24 juillet 1885).

Sont comptés à plus forte raison parmi les électeurs les conseillers dont l'élection est attaquée ; en cas d'annulation de cette élection, l'élection du maire à laquelle ces conseillers ont pu concourir ne serait pas invalidée (Cons. d'État 10 juin 1886, 13 janvier 1894).

Conditions de capacité, d'éligibilité ; incompatibilités. — Le maire ou l'adjoint doit faire partie du conseil municipal (art. 76, loi du 5 avril 1884). Il en résulte implicitement que le candidat aux fonctions de maire ou d'adjoint doit réunir les conditions d'éligibilité et de capacité nécessaires pour être élu conseiller municipal. Mais une fois élu, le conseiller municipal est présumé élu à bon droit jusqu'à l'annulation de son élection, et sa qualité lui permet de briguer la mairie.

Cependant le Conseil d'État, par un arrêt du 12 février 1892, paraît s'être prononcé contre cette confusion des conditions d'éligibilité des maires, des adjoints et des conseillers municipaux. Il a décidé qu'un individu admis définitivement comme conseiller municipal et contre l'élection duquel aucun moyen d'action ne serait plus recevable, pourrait être contesté quant à son éligibilité au sujet de son élection à la mairie, comme maire ou adjoint.

Il résulte de cette jurisprudence qu'un individu élu par surprise conseiller municipal et non contesté en temps voulu peut, si la protestation est fondée sur sa non-qualité de Français, conserver son siège et se voir refuser celui de maire ou d'adjoint sur le fondement de cette même protestation.

Certaines incompatibilités et inéligibilités relativement aux fonctions de la mairie sont ajoutées par la loi de 1884 et le décret du 29 décembre 1875.

A. — Incompatibilités.

I. L'article 80 de la loi du 5 avril 1884 stipule que : « Ne peuvent être maires ou adjoints, ni en exercer temporairement les fonctions » :

a) Les agents et employés des administrations financières, c'est-à-dire les agents d'un service extérieur qui ont un pouvoir et une action propres, des fonds à recevoir, des procès-verbaux à dresser, des vérifications, visites et surveillance à exercer et non les employés de bureau qui travaillent à l'intérieur des administrations, ne sont pas en relation avec les habitants et ne sont point investis d'un caractère public. Ainsi les vérificateurs des douanes, les trésoriers des invalides de la marine, les fondés de pouvoirs des trésoriers généraux, les receveurs buralistes (déclaration du rapporteur à la Ch. des dép., séance du 17 février 1883), les débitants de tabac et de poudre titulaires des bureaux, les locataires ou gérants de ces bureaux (séance du 25 octobre 1883), le porteur de contraintes assermenté mis à la disposition du receveur des finances (Cons. d'État 20 décembre 1895), le préposé en chef d'octroi, même lorsqu'il exerce ses fonctions dans une commune autre que celle qui l'a élu maire (Cons. d'État 11 décembre 1896).

Ne sont pas compris dans l'exclusion : les employés de l'administration centrale des finances ; les vérificateurs des poids et mesures ; les essayeurs de la garantie ; les commis des conservateurs des hypothèques ; les agents auxiliaires des contrôleurs de contributions directes ; les directeurs de la Banque de France ; les receveurs, caissiers, trésoriers des établissements publics placés sous la surveillance de l'inspection des finances, mais qui ne relèvent pas directement du ministère (comme les receveurs d'hospices, de bureaux de bienfaisance, de caisses d'épargne, les trésoriers de fabrique) ;

b) Les trésoriers-payeurs généraux, les receveurs particuliers et les percepteurs ;

c) Les agents des forêts, ceux des postes et des télégraphes.

Les agents des postes et télégraphes ne comprennent pas les chefs de bureau et commis non assermentés, mais ils comprennent tous les autres agents, y compris le courrier convoyeur (Cons. d'État 27 mars 1885) ;

d) Les gardes des établissements publics et des particuliers.

Si le garde particulier résigne son emploi le jour de son élection, celle-ci est valable (Cons. d'État 27 mars 1885), car il s'agit là d'une véritable incompatibilité ;

e) Les agents salariés du maire ne peuvent être adjoints ; exemple : ses employés, ses ouvriers, etc.

II. Le décret du 29 décembre 1875, réglant la nouvelle organisation des corps de sapeurs-pompiers (art. 8), rend incompatibles les fonctions de sapeurs-pompiers avec celles de maire ou d'adjoint.

Nota. — Toutes les incompatibilités prévues par l'article 80 de la loi du 5 avril 1884 et l'article 8 du décret du 29 décembre 1875 disparaissent par la cessation des fonctions qui les justifient.

Cette cessation n'a pas besoin, comme en matière d'inéligibilité proprement dite, de précéder l'élection (Cons. d'État 27 mars 1885, 9 juin 1895).

B. — Inéligibilité.

« La révocation emporte de plein droit l'inégibilité aux fonctions de maire ou d'adjoint pendant une année à dater du décret de révocation » (art. 86, loi du 5 avril 1884).

L'inéligibilité cesse si le décret de révocation est rapporté (Cons. d'État 23 février 1879). Elle cesse également lorsqu'il est procédé au renouvellement général des conseils municipaux (art. 86 ; Cons. d'État 1er mai 1885,

3o novembre 1889, 8 mars 1890) ; il résulte de la loi, de la jurisprudence, ainsi que de l'amendement au texte apporté par le Sénat, que l'article 86 vise le cas de renouvellement quatriennal des conseils municipaux et non celui du renouvellement d'un conseil municipal.

Nota. — Il n'y a pas d'autres cas d'inéligibilité spéciaux, et le candidat *illettré* pourrait même être élu maire (Cons. d'État 6 mars 1885).

Cependant, il nous paraît que le maire doit savoir lire et écrire pour exercer les fonctions qui lui sont dévolues par la loi. Par conséquent, l'illettré est pourvu d'une inéligibilité de fait ; d'un autre côté, le maire appelé à présider le bureau électoral doit être à ce titre — nous l'avons vu — capable de lire et d'écrire.

Convocation. — Pour toute élection du maire et des adjoints, les membres du conseil municipal sont convoqués dans les formes et délais prévus par l'article 48 de la loi du 5 avril 1884 (art. 48, 77, loi du 5 avril 1884).

Toute convocation est faite par le maire en exercice au moment du renouvellement, même du renouvellement intégral (art. 81, loi du 5 avril 1884 ; Cons. d'État 5 avril 1889). Si le maire ou le conseiller municipal faisant fonctions s'abstient de convoquer le conseil, le préfet peut, après invitations restées sans résultat, déléguer le sous-préfet pour faire la convocation ou convoquer le conseil lui-même au moyen d'un arrêté (Cons. d'État 24 juillet 1885).

La convocation est mentionnée au registre des délibérations, affichée à la porte de la mairie et adressée par écrit et à domicile trois jours francs au moins avant celui de la réunion. En cas d'urgence, le délai, d'après la jurisprudence, peut être abrégé par le préfet ou le sous-préfet (art. 48 et 50, loi du 5 avril 1884 ; Cons. d'État 3 mars 1893 ; voir plus loin, *Délai de convocation*).

La convocation contiendra la mention spéciale de l'élection à laquelle il doit être procédé (art. 77, loi du 5 avril 1884).

Les formalités prévues sont de droit strict, selon la circulaire du ministère de l'intérieur du 10 avril 1884. Mais la jurisprudence, sauf en ce qui concerne la mention de l'objet de la réunion (art. 77) qu'elle considère comme une formalité substantielle (Cons. d'État 5 novembre 1886, 4 janvier 1895), n'admet pas que leur omission puisse vicier l'élection d'une façon absolue en l'absence de toute influence sur le résultat du scrutin. Exemple : on a jugé que la convocation verbale était suffisante lorsque tous les conseillers étaient présents ou si la présence des conseillers absents ne pouvait avoir aucune influence sur le résultat (Cons. d'État 23 janvier 1885, 22 mars 1889), que le défaut de mention de convocation sur le registre des délibérations ne sera pas par lui-même une cause de nullité (Cons. d'État 20 novembre 1885), que l'omission de l'affichage de la convocation en l'absence de manœuvres frauduleuses ne peut à elle seule faire prononcer la nullité (Cons. d'État 13 février 1885).

Nous tenons à faire remarquer qu'ici, comme en matière d'élections au conseil municipal, il serait plus conforme à l'esprit de la loi de considérer les prescriptions de forme comme étant de droit strict, d'ordre public et comportant, par conséquent, une sanction de nullité absolue. La jurisprudence, en repoussant cette façon de voir, a été conduite à s'engager dans les demimesures en reconnaissant tantôt la nécessité de la nullité absolue, tantôt la simple utilité de la nullité relative. C'est ainsi qu'elle a fait une différence entre la mention de l'objet de la réunion et les autres formalités prévues, cela sans base juridique et par simple interprétation gratuite d'une disposition légale uniformément prohibitive. De ce système, il est même résulté une conséquence bizarre : la convocation prévue par l'article 77 doit contenir la mention spéciale de l'élection à laquelle il devra être procédé ; la jurisprudence reconnaît que cette mention est substantielle (Cons. d'État 20 février 1885) dans la lettre de convocation, qu'elle est d'ordre public, qu'elle constitue de par la loi une garantie tutélaire pour l'électeur, et elle attache la sanction de nullité complète à sa simple omission : c'est assez démontrer la valeur intrinsèque de la mention prescrite *ad solemnitatem*. Pourtant elle fait de la convocation verbale la concurrente légale de la convocation écrite, lorsque tous les électeurs ayant été prévenus de la date de la réunion où devait se faire ladite convocation verbale, l'absence d'un certain nombre n'a pu influer sur le résultat du scrutin. N'est-ce pas immédia-

tement infirmer sa première opinion sur l'utilité pri-
mordiale de la mention prévue par l'article 77 ? Nous
penchons fortement pour l'affirmative. En effet, la convocation verbale est la négation de cette garantie de la
mention de l'article 77, dont l'importance est telle
qu'on l'exige concurremment avec la convocation écrite.

Les conseillers non présents au jour de la communication orale auront été plus ou moins prévenus de la
réunion et de son objet ; et la convocation verbale
adressée même à la majorité ne diminuera guère leur
incertitude : en fait et légalement, ils ne sauront rien.

A notre avis, il est impossible de méconnaître impu-
nément les prohibitions absolues de la loi en matière
électorale ou de transiger avec ses prescriptions toutes
impératives.

Délai de la convocation. — Réunion. — La convocation des conseillers municipaux pour l'élection du
maire et de l'adjoint doit se faire trois jours francs au
moins avant la réunion, sauf le cas d'urgence d'après
la jurisprudence (art. 48, 50, loi du 5 avril 1884 ; Cons.
d'État 3 mars 1893).

Il s'agit là d'un délai rigoureux en dehors de l'exception prévue, délai qui constitue la période électorale
pour l'élection de la municipalité. La délibération prise
à l'encontre de cette prescription sera annulée par le
préfet ou le Conseil d'État (art. 48, 77, loi du 5 avril
1884 ; Cons. d'État 30 mars 1889, 7 août 1890, travaux
prép. de la loi). La jurisprudence fait ici une saine ap-

plication des principes en ce sens qu'elle déclare la
nullité absolue en thèse générale, mais elle s'éloigne
encore de ces derniers lorsqu'elle ne repousse pas le
tempérament qui consiste à donner au préfet ou au
sous-préfet le droit d'abréger le délai de trois jours
francs (application art. 5o, loi du 5 avril 1884). Dans
ce cas, comme dans tous ceux examinés au sujet des
formalités électorales, il nous semble que les délais et
formes édictés sont de stricte observation ; nous pensons que le caractère exceptionnel et d'ordre public de
la matière s'oppose à l'admission d'une libre faculté
prévue en l'espèce par l'article 5o de la loi du 5 avril
1884 pour les délibérations de droit commun.

La réunion a lieu ordinairement le premier dimanche
qui suit les élections, le premier acte d'un conseil étant
de former la municipalité (Circ. min. 10 avril 1884).

Lorsque l'élection du maire ou de l'adjoint a été annulée ou que pour toute autre cause ceux-ci ont cessé
leurs fonctions, le conseil, s'il est au complet, est convoqué pour procéder à leur remplacement dans le délai
de quinzaine (art. 79-2, loi du 5 avril 1884) à dater de
l'annulation définitive ou de la cessation définitive des
fonctions.

S'il y a lieu, dans la même hypothèse, de compléter
le conseil, il sera procédé à l'élection du nouveau maire
dans la quinzaine qui suivra les élections partielles
(même art.).

Si, après ces élections complémentaires, de nouvelles
vacances se produisent, on appliquera l'article 77 (*ibid.*).

Élections complémentaires du conseil précédant les convocations. — Avant les convocations, il doit être procédé aux élections qui pourraient être nécessaires pour compléter le conseil municipal.

Si, après les élections complémentaires, de nouvelles vacances se produisent, le conseil municipal procédera néanmoins à l'élection du maire et des adjoints, à moins qu'il ne soit réduit *aux trois quarts de ses membres.* En ce cas, il y aura lieu de recourir à de nouvelles élections complémentaires. Il y sera procédé dans le délai d'un mois à dater de la dernière vacance (art. 77, loi du 5 avril 1884).

Quorum du conseil pour pouvoir délibérer sur l'élection. — Après la première et la seconde convocations faites dans les formes dont nous venons de parler, le conseil municipal procède à l'élection des maire et adjoint si la majorité des membres en exercice assiste la séance (art. 50, loi du 5 avril 1884 ; Cons. d'État 5 août 1887).

Lorsqu'après deux convocations successives à trois jours au moins d'intervalle et dûment constatées, le conseil ne s'est pas réuni en nombre suffisant, l'élection faite après la troisième convocation est valable, quel que soit le nombre des membres présents (Circ. min. int. 10 avril 1884 et loi du 5 avril 1884, art. 50).

Présidence de l'assemblée pour l'élection du maire. — La séance dans laquelle il est procédé à l'élection du maire est présidée par le plus âgé des membres du conseil municipal (art. 77, loi du 5 avril 1884), fût-il en même temps adjoint démissionnaire (Cons. d'Etat 17 juillet 1885).

La formalité qui consiste à laisser la présidence au doyen a bien un caractère d'essentiel comme, d'ailleurs, toutes les formalités électorales. Mais la jurisprudence, fidèle à son système, n'admet pas la nullité absolue et subordonne l'annulation à l'influence du fait sur l'élection (Cons. d'État 2 août 1890, 14 janvier 1893).

Si le doyen d'âge refuse la présidence, celle-ci appartient au conseiller qui vient après lui par rang d'âge (Cons. d'État 30 janvier 1885, 26 décembre 1891).

Lorsque le sous-préfet est délégué par le préfet pour convoquer le conseil municipal sur l'abstention du maire, il peut présider la séance (Cons. d'État 24 juillet 1885 ; Loi du 5 avril 1884, art. 85).

Présidence de l'assemblée pour l'élection de l'adjoint. — Le maire prend la présidence de l'assemblée.

Le doyen d'âge conservant la présidence, il y aurait irrégularité, mais non motif d'annulation d'après la jurisprudence (Cons. d'État 20 février 1885, 23 décembre 1892). Ici, la jurisprudence décide à bon droit, car il n'y a aucune stipulation précise dans la loi qui défende cette pratique.

Le maire devant présider la séance pour l'élection de l'adjoint, cette élection ne pourra par conséquent précéder celle du maire, et si ce dernier, une fois élu, ve-

nait à démissionner, on comprendrait qu'il serait nécessaire de pourvoir à son remplacement avant de
nommer les adjoints (Cons. d'État 4 mars 1893).

Secrétaires; scrutateurs. — Le ou les secrétaires
sont nommés au début de la session (Circ. min. int.
10 avril 1884), conformément à l'article 53 de la loi du
5 avril 1884, par le conseil et pris parmi ses membres.

En cas d'infraction à cette disposition, la jurisprudence n'annule pas l'élection, s'il n'y a pas eu fraude
ou influence illicite sur le résultat du scrutin (Cons.
d'État 11 décembre 1885).

Les fonctions de scrutateur sont dévolues aux trois
conseillers les plus âgés.

CHAPITRE II

SCRUTIN. — NOMBRE ET RANG DES ADJOINTS. — GRATUITÉ
DES FONCTIONS MUNICIPALES. — REFUS D'ACCEPTATION

Élection du maire et de l'adjoint.

1er, 2e, 3e tours de scrutin : Majorité.

Le conseil municipal élit le maire et les adjoints
parmi ses membres, au scrutin secret et à la majorité
absolue.

Si, après deux tours de scrutin, aucun candidat n'a obtenu la majorité absolue, il est procédé à un troisième tour de scrutin, et l'élection a lieu à la majorité relative. En cas d'égalité de suffrages, le plus âgé est déclaré élu (art. 76, loi du 5 avril 1884).

Les conseillers *non présents* à l'un des tours de scrutin peuvent prendre part à l'autre tour (Cons. d'État 26 novembre 1892).

Calcul de la majorité prescrite pour chacun des trois tours de scrutin après une, deux et trois convocations.

A) *1re et 2e convocations :*

Les délibérations n'étant valables, après une première et une deuxième convocation, que si la majorité des membres en exercice est présente à l'ouverture de la séance, c'est-à-dire au moment où le doyen d'âge prend la présidence (art. 50, 77, loi du 5 avril 1884 ; Cons. d'État 22 avril 1893), le nombre des électeurs d'après lequel se calculera la majorité absolue exigée pour la validité des deux premiers tours de scrutin sera au moins égal à cette majorité des membres en exercice.

Quant au troisième tour, la majorité relative est seule requise et l'élection sera valable, quel que soit le nombre des présents.

B) *3e convocation :*

La délibération étant valable quel que soit le nombre des présents, les deux premiers tours du scrutin exigeront bien encore, selon la règle, une majorité absolue, mais cette majorité sera calculée d'après le nombre des suffrages exprimés, quel qu'il soit.

Si le troisième tour est nécessaire, la majorité relative sera seule requise.

Vote ; bulletins. — Le vote a lieu au scrutin secret : les suffrages ne sont donc pas motivés (Cons. d'État 27 mars 1881).

Les bulletins peuvent être écrits même pendant la séance (Cons. d'État 27 juin 1881).

Les règles qui sont admises pour l'élection des conseillers municipaux, en ce qui concerne l'entrée en compte des bulletins, s'appliquent à l'élection du maire et de l'adjoint. Par conséquent, sont nuls les bulletins blancs, ceux qui ne contiennent pas une désignation suffisante ou dans lesquels les votants se sont fait connaître ; si un bulletin renferme deux ou plusieurs noms, il ne sera tenu compte que du premier.

Les suffrages sont recueillis sans aucune formalité spéciale, sans urne, sans liste d'émargement.

Publicité. — **Police de la séance.** — **Procès-verbal.** — La séance est publique ; cependant l'article 54 laisse toute latitude au conseil pour se former en comité secret. La seule condition consiste dans la demande de trois membres ou du maire. A la suite de cette demande, le conseil municipal vote par assis et levé sans débat (art. 54, loi du 5 avril 1884).

La police de la séance appartient au maire ou au

président. Ils peuvent faire expulser de l'auditoire ou arrêter tout individu qui trouble l'ordre.

En cas de crime ou de délit, ils en dressent un procès-verbal et le procureur de la République en est immédiatement saisi (art. 55, loi du 5 avril 1884).

Le compte rendu ou procès-verbal de la séance de l'élection, qui est une véritable délibération, est rédigé immédiatement par le secrétaire de l'assemblée. Il relate le nombre des membres présents et le nombre des suffrages obtenus par chacun des candidats à chaque tour de scrutin (Circ. min. int. 10 avril 1884).

Il énonce si l'élection a eu lieu à la majorité absolue ou à la majorité relative.

Ce procès-verbal est transcrit sur un registre coté et paraphé par le préfet ou le sous-préfet (art. 57, loi du 5 avril 1884). Il est signé par tous les membres du conseil présents à la séance ou mention est faite de la cause qui les a empêchés de signer.

L'élection serait viciée, selon nous, par l'inobservation des formalités du procès-verbal. La jurisprudence n'en pense pas ainsi, elle exige de plus des circonstances de nature à aggraver l'infraction en jetant quelque doute sur la sincérité des résultats ; par exemple, serait considéré comme viciant l'élection un procès-verbal dont la contexture tellement informe équivaudrait à son inexistence (Cons. d'État 20 février 1885) ; en conformité de sa doctrine très large, elle permettrait même l'addition d'un procès-verbal supplémentaire au procès-verbal insuffisant (Cons. d'État 27 mars 1885).

Tout électeur a le droit de demander communication sans déplacement, de prendre copie totale ou partielle du procès-verbal. Il peut le publier sous sa responsabilité (art. 58, loi du 5 avril 1884).

Publicité des nominations. — Les nominations sont rendues publiques dans les 24 heures de leur date par voie d'affiche à la porte de la mairie.

Elles sont, dans le même délai, notifiées au sous-préfet (art. 78, loi du 5 avril 1884). Cette notification faite au sous-préfet s'opère au moyen d'une copie du procès-verbal (Circ. min. int. 10 avril 1884).

Installation des maire et adjoint. — L'installation des maire et adjoint se fait sans aucune formalité particulière.

Le serment n'est plus exigé.

Après l'élection, ils peuvent prendre possession de leurs fonctions (C. cass. 19 novembre 1874).

Nombre des adjoints. — Le nombre des adjoints à élire est d'un dans les communes de 2,500 habitants et au-dessous, de deux dans celles de 2,501 à 10,000. Dans les communes d'une population supérieure, il y aura un adjoint de plus par chaque excédent de 25,000 habitants, sans que le nombre des adjoints puisse dépasser douze, sauf en ce qui concerne la ville de Lyon où le nombre des adjoints sera porté à dix-sept (art. 73, loi du 5 avril 1884).

La population qui sert de base pour la fixation du nombre des adjoints est la population municipale totale constatée par les dénombrements quinquennaux ; les décrets qui ordonnent les dénombrements périodiques stipulent, en effet, que les populations comptées à part ne comptent pas pour l'application des lois municipales et l'assiette de l'impôt.

Rang des adjoints. — Les adjoints prennent rang dans l'ordre de leur nomination (art. 84, loi du 5 avril 1884). En cas de démission ou de cessation des fonctions du premier adjoint, il est remplacé dans son rang par le suivant et ainsi de suite (Circ. min. int. 10 avril 1884 ; Cons. d'État 11 décembre 1885).

Durée du mandat. — Les maires et adjoints sont élus pour la même durée que le conseil municipal. Ils continuent l'exercice de leurs fonctions, sauf les dispositions des articles 80, 86, 87 de la loi du 5 avril 1884, jusqu'à l'installation de leurs successeurs.

Toutefois, en cas de renouvellement intégral, les fonctions de maire ou d'adjoint sont, à partir de l'installation du nouveau conseil jusqu'à l'élection du maire, exercées par les conseillers municipaux dans l'ordre du tableau (art. 81, loi du 5 avril 1884).

Gratuité des fonctions municipales. — Les fonctions de maire, adjoint, conseillers municipaux sont gratuites. Elles donnent seulement droit au remboursement des frais que nécessite l'exécution des mandats spéciaux.

Les conseils peuvent voter sur les ressources ordinaires de la commune, des indemnités au maire pour
frais de représentation (art. 74, loi du 5 avril 1884).

Refus des fonctions de maire ou d'adjoint.

— Il est
loisible au conseiller municipal de refuser les fonctions
de maire ou d'adjoint. En cas de refus collectif, l'administration peut dissoudre le conseil et nommer une délégation spéciale.

Quand un conseiller municipal refuse immédiatement
d'accepter les fonctions de maire ou d'adjoint qui lui
sont attribuées, il peut être procédé sans désemparer à
une nouvelle élection (Cons. d'État 13 février 1885,
1er mai 1885), pour laquelle la majorité absolue est nécessaire au premier et au second tour de scrutin (Cons.
d'État 1er mai 1885).

Le candidat élu qui, après avoir accepté même implicitement les fonctions dévolues, déclare ne pas vouloir
les remplir, est considéré comme démissionnaire ; on
tient l'acceptation pour implicite par exemple lorsqu'il
a pris la présidence de l'assemblée pour la nomination
de l'adjoint (Cons. d'État 27 mars 1885). Il doit alors
être procédé à une nouvelle élection dans les formes
prescrites dès que la démission a été acceptée par l'autorité supérieure (*ibid.*).

CHAPITRE III

CONTENTIEUX DE L'ÉLECTION

———

Principe. — L'élection du maire et des adjoints peut être arguée de nullité dans les conditions, formes et délais prescrits pour les réclamations contre les élections du conseil municipal. Le délai de cinq jours court à partir de 24 heures après l'élection (art. 79, loi du 5 avril 1884).

Devant le Conseil de préfecture.

Il résulte du principe posé dans l'article 79 que tous les conseillers municipaux et tous les électeurs de la commune peuvent attaquer l'élection du maire et des adjoints ; que toutes les formalités concernant la consignation des protestations au procès-verbal de l'assemblée électorale ou le dépôt au secrétariat de la mairie, à la préfecture ou à la sous-préfecture, sont soumises aux règles édictées précédemment pour l'élection des conseillers municipaux.

Le délai dans lequel la protestation doit être consignée ou déposée court à partir de 24 heures après l'élection, c'est-à-dire après l'affichage de l'élection, et

dans le cas où l'affichage n'aurait pas eu lieu, où par
conséquent la nomination du maire n'aurait pas été
rendue publique conformément à l'article 78 de la loi
du 5 avril 1884, à partir du jour où cette nomination a
été portée à la connaissance des électeurs (Cons. d'État
13 février 1885 ; art. 37, 78, 79, loi du 5 avril 1884,
travaux prép. loi de 1884). Ce délai n'est pas un délai
franc, le *dies à quo* ne compte pas ; il en est différemment du *dies ad quem*.

Le jour de l'affichage de l'élection n'est pas le *dies
à quo* du délai : il est complètement en dehors de ce
dernier. Donc une réclamation formée, par exemple, le
17 contre une élection ayant été affichée le 11 sera recevable. En effet, le *dies à quo* ou point de départ du
délai se place au 12, lendemain de l'élection, et ce
jour-là ne compte pas. On aura donc le 17 tout entier
pour s'adresser au conseil de préfecture (Cons. d'État
13 février 1885, 9 juillet 1886, 24 juin 1887).

Le préfet a quinze jours à dater de la réception du
procès-verbal pour se pourvoir devant le conseil de
préfecture (art. 37, loi du 5 avril 1884); ce droit lui est.
accordé en conformité des principes généraux émis précédemment pour les conseillers municipaux, principes
dont nous avons indiqué ci-dessus l'application à la
matière.

Le conseil de préfecture doit borner son examen à
l'élection du maire et de l'adjoint et ne peut critiquer
par la même occasion l'élection devenue définitive du
maire ou de l'adjoint comme conseiller municipal.

Devant le Conseil d'État.

Le recours se forme selon les mêmes principes qu'en matière d'élections municipales (art. 40, 79, loi du 5 avril 1884 ; Circ. min. int. 10 avril 1884).

Le recours appartient :

a) A ceux qui ont été partie devant le conseil de préfecture (électeurs, candidat, préfet, ministre quand le préfet a été partie) [Cons. d'État 7 juillet 1887]. Cependant le Conseil d'État admet, parmi les personnes pouvant former le recours, le conseiller municipal qui n'a pas signé la protestation (Cons. d'État 14 janvier 1893) ;

b) Les mandataires des parties (Cons. d'État 10 juillet 1885).

NOTA. — Le recours direct devant le Conseil d'État est également reçu dans le cas où le conseil de préfecture n'a pas statué dans les délais prescrits.

APPENDICE

LES ÉLECTIONS MUNICIPALES EN ALGÉRIE

CHAPITRE Ier

DANS LES COMMUNES DE PLEIN EXERCICE

Composition des conseils municipaux. — La loi du 5 avril 1884 (art. 164) est applicable aux communes algériennes de plein exercice, sous réserve des dispositions actuellement en vigueur concernant la représentation des musulmans indigènes.

Les communes de plein exercice ont été organisées par l'ordonnance du 28 septembre 1847 et le décret du 27 décembre 1866 sur le modèle des communes de la métropole.

Dans ces communes, les conseils municipaux comprennent : des candidats élus par les citoyens français ou naturalisés ; des candidats élus par les indigènes musulmans lorsque la population atteint le chiffre de 100 individus européens.

Parmi les Européens, on range les israélites citoyens français.

Le chiffre de la population européenne doit seul servir à déterminer la composition du conseil municipal.

Les conseillers élus par les indigènes musulmans viennent en augmentation du chiffre du conseil municipal tel qu'il est déterminé par l'article 10 de la loi du 5 avril 1884. Leur nombre est fixé comme suit :

De 100 à 1,000 habitants musulmans, deux conseillers ; au-dessus de ce chiffre, il y aura un conseiller musulman de plus par chaque excédent de 1,000 habitants, sans que le nombre de ces conseillers puisse jamais dépasser le quart de l'effectif total du conseil, ni dépasser le nombre de six (art. 1er, décret du 7 avril 1884).

Les conseillers indigènes sont élus au scrutin de liste par tous les électeurs musulmans ; il en est ainsi même dans les communes où le conseil général a établi des sections électorales pour l'élection des conseillers français (Circ. gouv. gén. du 15 avril 1884). Ces conseillers siègent au conseil municipal au même titre que les conseillers élus par les citoyens français. Cependant, en exécution de l'article 11 de la loi du 2 août 1875, ils ne prennent part à la désignation des délégués pour les élections sénatoriales qu'à la condition d'être citoyens français. La même condition leur est nécessaire pour participer à la nomination du maire et des adjoints (art. 4, décret du 7 avril 1884).

Conditions imposées aux indigènes musulmans pour être électeurs. — Pour être admis à l'électorat municipal, les indigènes musulmans doivent :

a) Être âgés de vingt-cinq ans ;

b) Avoir une résidence de deux années consécutives dans la commune ;

c) Se trouver dans l'une des conditions suivantes :

I. Être propriétaire foncier ou fermier d'une propriété rurale ;

II. Être employé de l'État, du département ou de la commune ;

III. Être membre de la Légion d'honneur, décoré de la médaille militaire, d'une médaille d'honneur ou d'une médaille commémorative donnée ou autorisée par le gouvernement français, ou titulaire d'une pension de retraite.

Les musulmans indigènes ne seront inscrits sur la liste des électeurs qu'après en avoir fait la demande et avoir déclaré le lieu et la date de leur naissance.

Ne sont pas admis à se faire inscrire les musulmans qui ne sont pas nés sur le sol même de l'Algérie, et par conséquent ne sont pas sujets français (C. cass. 25 avril 1892).

La commission qui fonctionne pour l'élaboration de la liste des électeurs français siège également pour la formation de la liste des électeurs musulmans (voir arrêté du gouv. gén. 27 novembre 1884 ; art. 2, décret du 7 avril 1884).

Il faut admettre que des irrégularités dans la formation de la liste entraîneraient la nullité absolue des élections, mais la jurisprudence ne prononce l'annulation que si lesdites irrégularités ont eu une influence quelconque sur le résultat de l'élection (Cons. d'État 21 décembre 1888).

Conditions pour être élu conseiller au titre musulman. — Sont éligibles au titre musulman :

a) Les citoyens français ou naturalisés qui remplissent les conditions prescrites par l'article 31 de la loi du 5 avril 1884. Ils jouissent dans ce cas des mêmes prérogatives que les conseillers au titre français ;

b) Les indigènes musulmans âgés de vingt-cinq ans et domiciliés dans la commune depuis trois ans au moins, inscrits sur la liste des électeurs musulmans de la commune. Ces conseillers ne peuvent être délégués sénatoriaux et ne prennent pas part à l'élection de la municipalité.

Les conditions prévues à l'article 31 de la loi du 5 avril 1884 sont les seules qui soient exigées des Français élus au titre musulman (arg. art. 3, décret du 7 avril 1884 ; Cons. d'État 19 février 1897).

Municipalité : élections. — L'élection des maire et adjoint se fait dans les communes de plein exercice, d'après les prescriptions de la loi du 5 avril 1884.

Dans les communes de plein exercice où la population musulmane est assez nombreuse pour qu'il y ait lieu d'exercer à son égard une surveillance spéciale, cette population est administrée, sous l'autorité immédiate du maire, par des adjoints indigènes. Ces adjoints peuvent être pris en dehors du conseil et de la commune et sont nommés par le préfet. Celui-ci détermine au moyen d'arrêtés les communes où doivent être établis les adjoints indigènes, ainsi que le nombre, la résidence et le traitement de ces adjoints. Le traitement des adjoints indigènes constitue une dépense obligatoire pour les communes. Leur nomination par le préfet est précédée de l'avis du maire ; le préfet peut les suspendre pour un temps qui n'excédera pas trois mois ; ils ne peuvent être révoqués que par arrêté du gouverneur général (art. 5, décret du 7 avril 1884).

L'autorité des adjoints indigènes ne s'exerce que sur leurs coreligionnaires.

Indépendamment des attributions qui peuvent leur être déléguées par le maire, ces agents sont particulièrement chargés de fournir à l'autorité municipale tous les renseignements qui intéressent le maintien de la tranquillité et la police du pays ; d'assister les agents du Trésor et de la commune pour les opérations de recensement en matière de taxes et d'impôts ; de prêter à toute réquisition leur concours aux agents du recouvrement des deniers publics ; de veiller spécialement à ce que les déclarations de naissance et de décès, de mariage et de divorce soient faites exactement par leurs coreligionnaires à l'officier d'état civil. Ils ne sont chargés de la tenue des registres de l'état civil musulman qu'en vertu d'une délégation spéciale du maire. Toutefois, lorsque les distances ne permettront pas de faire les déclarations au siège de la commune ou d'une section française de la commune, elles seront reçues par l'adjoint de la section indigène. En cas d'absence ou d'empêchement, l'adjoint indigène est remplacé, sur la proposition du maire, par un conseiller municipal indigène ou, à défaut, par un notable habitant indigène désigné par le préfet (art. 6, décret du 7 avril 1884).

Les adjoints français sont élus, en vertu de la loi du 5 avril 1884, par le conseil municipal. C'est la population européenne qui sert à fixer le nombre des conseillers municipaux (art. 1er, décret du 7 avril 1884). La même règle est suivie en ce qui concerne le nombre des adjoints (Cons. d'État 2 novembre 1888).

L'élection des municipalités se fait après que le conseil municipal a été complété, c'est-à-dire après la nomination des conseillers indigènes, parce que, nous l'avons vu, des Français peuvent être élus au titre musulman et que, dans ce cas, les conseillers au titre musulman doivent participer à l'élection du maire ou des adjoints (Cons. d'État 10 janvier 1885, 21 mars 1886).

CHAPITRE II

DANS LES COMMUNES MIXTES

Représentation communale. — Les communes mixtes sont les territoires qui ne possèdent pas de population européenne en quantité suffisante pour être érigées en communes de plein exercice.

Elles sont administrées par des commissions municipales instituées par arrêté du gouverneur en conseil de gouvernement.

Ces commissions municipales sont composées ordinairement de :

a) L'administrateur, président ;

b) Un nombre d'adjoints égal à celui des sections françaises ;

c) Un nombre d'adjoints indigènes égal à celui des sections indigènes ;

d) Autant de membres français qu'il y a de fois dans chaque section prise isolément 100 habitants ou une fraction de 100 habitants français ou européens (Arrêté du gouv. gén. 20 mai 1868, 24 novembre 1871, 22 juillet 1874 ; Décret du 7 avril 1884).

Dans les centres européens que comprend le périmètre des communes mixtes, les adjoints et les membres français des commissions municipales sont élus par les citoyens inscrits sur les listes électorales (art. 7, décret du 7 avril 1884). Pour cette élection spéciale, la loi du 5 avril 1884 est applicable en ce qui concerne l'éligibilité et l'incompatibilité. La procédure pour les recours est également applicable.

La jurisprudence assimile la commission municipale à un conseil municipal (Cons. d'État 30 janvier 1885, 16 janvier 1892).

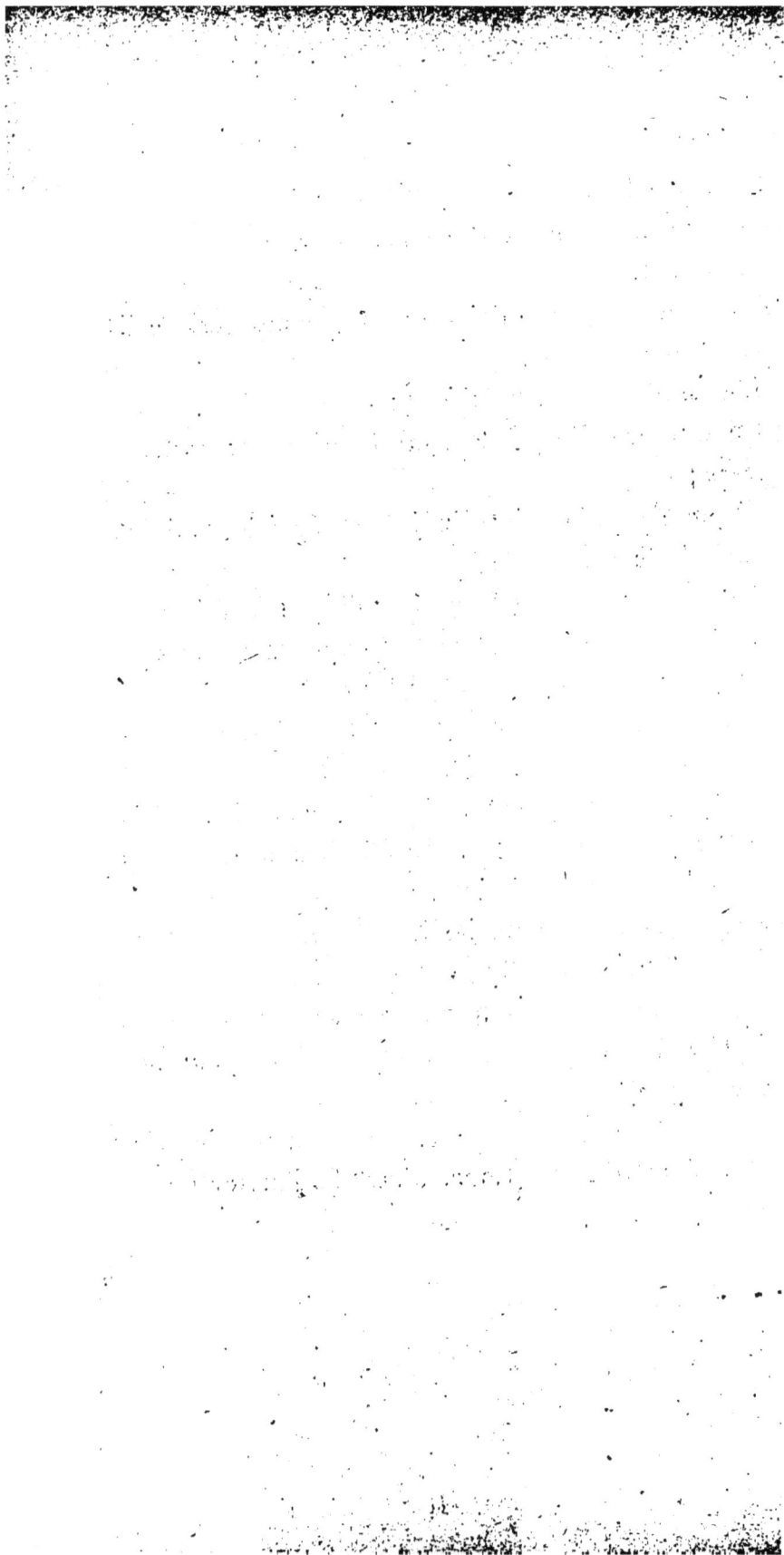

LOI DU 5 AVRIL 1884

SUR

L'ORGANISATION ET LES ATTRIBUTIONS

DES

CONSEILS MUNICIPAUX

―――――•┃•―――――

TITRE Iᵉʳ

DES COMMUNES

Art. 1ᵉʳ. — Le corps municipal de chaque commune se compose du conseil municipal, du maire et d'un ou de plusieurs adjoints.

Art. 2. — Le changement de nom d'une commune est décidé par décret du Président de la République sur la demande du conseil municipal, le conseil général consulté et le Conseil d'Etat entendu.

Art. 3. — Toutes les fois qu'il s'agit de transférer le chef-lieu d'une commune, de réunir plusieurs communes en une seule, ou de distraire une section d'une commune, soit pour la réunir à une autre, soit pour l'ériger en commune séparée, le préfet prescrit dans les communes intéressées une enquête sur le projet en lui-même et sur ses conditions.

Le préfet devra ordonner cette enquête lorsqu'il aura été saisi d'une demande à cet effet, soit par le conseil municipal de l'une des communes intéressées, soit par le tiers des électeurs inscrits de la commune ou de la section en question. Il pourra aussi l'ordonner d'office.

Après cette enquête, les conseils municipaux et les conseils d'arrondissement donnent leur avis, et la proposition est soumise au conseil général.

Art. 4. — Si le projet concerne une section de commune, un arrêté du préfet décidera la création d'une commission syndicale pour cette section, ou pour la section du chef-lieu, si les représentants de la première sont en majorité dans le conseil municipal, et déterminera le nombre des membres de cette commission.

Ils seront élus par les électeurs domiciliés dans la section.

La commission nomme son président. Elle donne son avis sur le projet.

Art. 5. — Il ne peut être procédé à l'élection d'une commune nouvelle qu'en vertu d'une loi, après avis du conseil général et le Conseil d'État entendu.

Art. 6. — Les autres modifications à la circonscription territoriale des communes, les suppressions et les réunions de deux ou de plusieurs communes, la désignation des nouveaux chefs-lieux sont réglées de la manière suivante :

Si les changements proposés modifient la circonscription du département, d'un arrondissement ou d'un canton, il est statué par une loi, les conseils généraux et le Conseil d'État entendus.

Dans tous les autres cas, il est statué par un décret rendu en Conseil d'État, les conseils généraux entendus.

Néanmoins, le conseil général statue définitivement s'il approuve le projet, lorsque les communes ou sections sont situées dans le même canton et que la modification projetée réunit, quant au fond et quant aux conditions de la réalisation, l'adhésion des conseils municipaux et des commissions syndicales intéressés.

Art. 7. — La commune réunie à une autre commune conserve la propriété des biens qui lui appartenaient.

Les habitants de cette commune conservent la jouissance de ceux de ces mêmes biens dont les fruits sont perçus en nature.

Il en est de même de la section réunie à une autre commune pour les biens qui lui appartenaient exclusivement.

Les édifices et autres immeubles servant à un usage public et situés sur le territoire de la commune ou de la section de commune réunie à une autre commune, ou de la section érigée en commune séparée, deviennent la propriété de la commune à laquelle est faite la réunion, ou de la nouvelle commune.

Les actes qui prononcent des réunions ou des distractions de communes en déterminent expressément toutes les autres conditions.

En cas de division, la commune ou la section de commune réunie à une autre commune ou érigée en commune séparée reprend la pleine propriété de tous les biens qu'elle avait apportés.

Art. 8. — Les dénominations nouvelles qui résultent, soit d'un changement de chef-lieu, soit de la création d'une commune nouvelle, sont fixées par les autorités compétentes pour prendre ces décisions.

Art. 9. — Dans tous les cas de réunion ou de fractionnement de communes, les conseils municipaux sont dissous de plein droit. Il est procédé immédiatement à des élections nouvelles.

TITRE II

DES CONSEILS MUNICIPAUX

CHAPITRE PREMIER

FORMATION DES CONSEILS MUNICIPAUX

Art. 10. — Le conseil municipal se compose de 10 membres dans les communes de 500 habitants et au-dessous ;

De 12 dans celles de	501 à 1,500 habitants.	
16 —	1,501 à 2,500	—

De 21 dans celles de 2,501 à 3,500 habitants.
   23   —   3,501 à 10,000   —
   27   —   10,001 à 30,000   —
   30   —   30,001 à 40,000   —
   32   —   40,001 à 50,000   —
   34   —   50,001 à 60,000   —
   36   —   60,001 habitants et au-dessus.

Dans les villes divisées en plusieurs mairies, le nombre des conseillers sera augmenté de trois par mairie.

Art. 11. — L'élection des membres du conseil municipal a lieu au scrutin de liste pour toute la commune.

Néanmoins, la commune peut être divisée en sections électorales, dont chacune élit un nombre de conseillers proportionné au chiffre des électeurs inscrits, mais seulement dans les deux cas suivants :

1º Quand elle se compose de plusieurs agglomérations d'habitants distinctes et séparées ; dans ce cas, aucune section ne peut avoir moins de deux conseillers à élire ;

2º Quand la population agglomérée de la commune est supérieure à 10,000 habitants. Dans ce cas, la section ne peut être formée de fractions de territoire appartenant à des cantons ou à des arrondissements municipaux différents. Les fractions de territoire ayant des biens propres ne peuvent être divisées entre plusieurs sections électorales.

Aucune de ces sections ne peut avoir moins de quatre conseillers à élire.

Dans tous les cas où le sectionnement est autorisé, chaque section doit être composée de territoires contigus.

Art. 12. — Le sectionnement est fait par le conseil général, sur l'initiative, soit d'un de ses membres, soit du préfet, soit du conseil municipal ou d'électeurs de la commune intéressée.

Aucune décision en matière de sectionnement ne peut être prise qu'après avoir été demandée avant la session d'avril ou au cours de cette session au plus tard. Dans l'intervalle entre la session d'avril et la session d'août, une enquête est ouverte à la mairie de la commune intéressée, et le conseil municipal est consulté par les soins du préfet.

Chaque année, ces formalités étant observées, le conseil général, dans sa session d'août, prononce sur les projets dont il est saisi. Les sectionnements ainsi opérés subsistent jusqu'à une nouvelle décision. Le tableau de ces opérations est dressé chaque année par le conseil général dans sa session d'août. Ce tableau sert pour les élections intégrales à faire dans l'année.

Il est publié dans les communes intéressées avant la convocation des électeurs, par les soins du préfet, qui détermine, d'après le chiffre des électeurs inscrits dans chaque section, le nombre des conseillers que la loi lui attribue.

Le sectionnement, adopté par le conseil général, sera représenté par un plan déposé à la préfecture et à la mairie de la commune intéressée. Tout électeur pourra le consulter et en prendre copie.

Avis de ce dernier dépôt sera donné aux intéressés par voie d'affiche à la porte de la mairie.

Dans les colonies régies par la présente loi, toute demande ou proposition de sectionnement doit être faite trois mois au moins avant l'ouverture de la session ordinaire du conseil général. Elle est instruite, par les soins du directeur de l'intérieur, dans les formes indiquées ci-dessus.

Les demandes et propositions, délibérations de conseils municipaux et procès-verbaux d'enquête sont remis au conseil général à l'ouverture de la session.

Art. 13. — Le préfet peut, par arrêté spécial publié dix jours au moins à l'avance, diviser la commune en plusieurs bureaux de vote qui concourront à l'élection des mêmes conseillers.

Il sera délivré à chaque électeur une carte électorale. Cette carte indiquera le lieu où doit siéger le bureau où il devra voter.

Art. 14. — Les conseillers municipaux sont élus par le suffrage direct universel.

Sont électeurs tous les Français âgés de vingt et un ans accomplis, et n'étant dans aucun cas d'incapacité prévu par la loi.

La liste électorale comprend : 1° tous les électeurs qui ont leur domicile réel dans la commune, ou y habitent depuis six mois au moins ; 2° ceux qui y auront été inscrits au rôle d'une des quatre contributions directes ou au rôle des prestations en nature, et, s'ils ne résident pas dans la commune, auront déclaré vouloir y exercer leurs droits électoraux. — Seront également inscrits, aux termes du présent paragraphe, les membres de la famille des mêmes électeurs compris dans la cote de la prestation en nature, alors même qu'ils n'y sont pas personnellement portés, et les habitants qui, en raison de leur âge ou de leur santé, auront cessé d'être soumis à cet impôt ; 3° ceux qui, en vertu de l'article 2 du traité du 10 mai 1871, ont opté pour la nationalité française et déclaré fixer leur résidence dans la commune, conformément à la loi du 19 juin 1871 ; 4° ceux qui sont assujettis à une résidence obligatoire dans la commune en qualité, soit de ministres des cultes reconnus par l'État, soit de fonctionnaires publics.

Seront également inscrits les citoyens qui, ne remplissant pas les conditions d'âge et de résidence ci-dessus indiquées lors de la formation des listes, les rempliront avant la clôture définitive.

L'absence de la commune résultant du service militaire ne portera aucune atteinte aux règles ci-dessus édictées pour l'inscription sur les listes électorales.

Les dispositions concernant l'affichage, la libre distribution des bulletins, circulaires et professions de foi, les réunions publiques électorales, la communication des listes d'émargement, les pénalités et poursuites, en matière législative, sont applicables aux élections municipales.

Sont également applicables aux élections municipales les paragraphes 3 et 4 de l'article 3 de la loi organique du 30 novembre 1875 sur les élections des députés.

Art. 15. — L'assemblée des électeurs est convoquée par arrêté du préfet.

L'arrêté de convocation est publié dans la commune, quinze jours au moins avant l'élection, qui doit toujours avoir lieu un dimanche. Il fixe le local où le scrutin sera ouvert, ainsi que les heures auxquelles il doit être ouvert et fermé.

Art. 16. — Lorsqu'il y aura lieu de remplacer des conseillers municipaux élus par des sections, conformément à l'article 11 de la présente loi, ces remplacements seront faits par les sections auxquelles appartiennent ces conseillers.

Art. 17. — Les bureaux de vote sont présidés par le maire, les adjoints, les conseillers municipaux, dans l'ordre du tableau, et, en cas d'empêchement, par des électeurs désignés par le maire.

Art. 18. — Le président a seul la police de l'assemblée. Cette assemblée ne peut s'occuper d'autres objets que de l'élection qui lui est attribuée. Toute discussion, toute délibération, lui sont interdites.

Art. 19. — Les deux plus âgés et les deux plus jeunes des électeurs présents à l'ouverture de la séance, sachant lire et écrire, remplissent les fonctions d'assesseurs. Le secrétaire est désigné par le président et par les assesseurs. Dans les délibérations du bureau, il n'a que voix consultative. Trois membres du bureau, au moins, doivent être présents pendant tout le cours des opérations.

Art. 20. — Le scrutin ne dure qu'un jour.

Art. 21. — Le bureau juge provisoirement les difficultés qui s'élèvent sur les opérations de l'assemblée. Ses décisions sont motivées.

Toutes les réclamations et décisions sont insérées au procès-verbal; les pièces et les bulletins qui s'y rapportent y sont annexés, après avoir été paraphés par le bureau.

Art. 22. — Pendant toute la durée des opérations, une copie de la liste des électeurs, certifiée par le maire, contenant les nom, domicile, qualification de chacun des inscrits, reste déposée sur la table autour de laquelle siège le bureau.

Art. 23. — Nul ne peut être admis à voter s'il n'est inscrit sur cette liste.

Toutefois, seront admis à voter, quoique non inscrits, les électeurs porteurs d'une décision du juge de paix ordonnant leur inscription, ou d'un arrêt de la Cour de cassation annulant un jugement qui aurait prononcé leur radiation.

Art. 24. — Nul électeur ne peut entrer dans l'assemblée porteur d'armes quelconques.

Art. 25. — Les électeurs apportent leurs bulletins préparés en dehors de l'assemblée.

Le papier du bulletin doit être blanc et sans signe extérieur.

L'électeur remet au président son bulletin fermé.

Le président le dépose dans la boîte du scrutin, laquelle doit, avant le commencement du vote, avoir été fermée à deux serrures, dont les clefs restent, l'une entre les mains du président, l'autre entre les mains de l'assesseur le plus âgé.

Le vote de chaque électeur est constaté sur la liste, en marge de son nom, par la signature, ou le parafe avec initiales, de l'un des membres du bureau.

Art. 26. — Le président doit constater, au commencement de l'opération, l'heure à laquelle le scrutin est ouvert.

Le scrutin ne peut être fermé qu'après avoir été ouvert pendant six heures au moins.

Le président constate l'heure à laquelle il déclare le scrutin clos ; après cette déclaration, aucun vote ne peut être reçu.

Art. 27. — Après la clôture du scrutin, il est procédé au dépouillement de la manière suivante :

La boîte du scrutin est ouverte, et le nombre de bulletins vérifié.

Si ce nombre est plus grand ou moindre que celui des votants, il en est fait mention au procès-verbal.

Le bureau désigne parmi les électeurs présents un certain nombre de scrutateurs.

Le président et les membres du bureau surveillent l'opération du dépouillement.

Ils peuvent y procéder eux-mêmes, s'il y a moins de 300 votants.

Art. 28. — Les bulletins sont valables bien qu'ils portent plus ou moins de noms qu'il y a de conseillers à élire.

Les derniers noms inscrits au delà de ce nombre ne sont pas comptés.

Les bulletins blancs ou illisibles, ceux qui ne contiennent pas une désignation suffisante, ou dans lesquels les votants se font connaître, n'entrent pas en compte dans le résultat du dépouillement, mais ils sont annexés au procès-verbal.

Art. 29. — Immédiatement après le dépouillement, le président proclame le résultat du scrutin.

Le procès-verbal des opérations est dressé par le secrétaire; il est signé par lui et les autres membres du bureau. Une copie, également signée du secrétaire et des membres du bureau, en est aussitôt envoyée, par l'intermédiaire du sous-préfet, au préfet, qui en constate la réception sur un registre et en donne récépissé. Extrait en est immédiatement affiché par les soins du maire.

Les bulletins autres que ceux qui doivent être annexés au procès-verbal sont brûlés en présence des électeurs.

Art. 30. — Nul n'est élu au premier tour de scrutin s'il n'a réuni : 1° la majorité absolue des suffrages exprimés ; 2° un nombre de suffrages égal au quart de celui des électeurs inscrits. Au deuxième tour de scrutin, l'élection a lieu à la majorité relative, quel que soit le nombre des votants. Si plusieurs candidats obtiennent le même nombre de suffrages, l'élection est acquise au plus âgé.

En cas de deuxième tour de scrutin, l'assemblée est de droit convoquée pour le dimanche suivant. Le maire fait les publications nécessaires.

Art. 31. — Sont éligibles au conseil municipal, sauf les restrictions portées au dernier paragraphe du présent article et aux deux articles suivants, tous les électeurs de la commune et les citoyens inscrits au rôle des contributions directes ou justifiant qu'ils devaient y être inscrits au 1er janvier de l'année de l'élection, âgés de vingt-cinq ans accomplis.

Toutefois, le nombre des conseillers qui ne résident pas dans la commune au moment de l'élection ne peut excéder le quart des membres du conseil. S'il dépasse ce chiffre, la préférence est déterminée suivant les règles posées à l'article 49.

Ne sont pas éligibles, les militaires et employés des armées de terre et de mer en activité de service.

Art. 32. — Ne peuvent être conseillers municipaux :

1º Les individus privés du droit électoral ;

2º Ceux qui sont pourvus d'un conseil judiciaire ;

3º Ceux qui sont dispensés de subvenir aux charges communales et ceux qui sont secourus par les bureaux de bienfaisance ;

4º Les domestiques attachés exclusivement à la personne.

Art. 33. — Ne sont pas éligibles dans le ressort où ils exercent leurs fonctions :

1º Les préfets, sous-préfets, secrétaires généraux, conseillers de préfecture; et, dans les colonies régies par la présente loi, les gouverneurs, directeurs de l'intérieur et les membres du conseil privé ;

2º Les commissaires et les agents de police ;

3º Les magistrats des cours d'appel et des tribunaux de première instance, à l'exception des juges suppléants auxquels l'instruction n'est pas confiée;

4º Les juges de paix titulaires ;

5º Les comptables des deniers communaux et les entrepreneurs de services municipaux ;

6º Les instituteurs publics ;

7º **Les employés de préfecture et de sous-préfecture ;**

8° Les ingénieurs et les conducteurs des ponts et chaussées, chargés du service de la voirie urbaine et vicinale, et les agents voyers;

9° Les ministres en exercice d'un culte légalement reconnu;

10° Les agents salariés de la commune, parmi lesquels ne sont pas compris ceux qui, étant fonctionnaires publics ou exerçant une profession indépendante, ne reçoivent une indemnité de la commune qu'à raison des services qu'ils lui rendent dans l'exercice de cette profession.

Art. 34. — Les fonctions de conseiller municipal sont incompatibles avec celles :

1° De préfet, de sous-préfet et de secrétaire général de préfecture ;

2° De commissaire et d'agent de police ;

3° De gouverneur, directeur de l'intérieur et de membre du conseil privé dans les colonies.

Les fonctionnaires désignés au présent article qui seraient élus membres d'un conseil municipal auront, à partir de la proclamation du résultat du scrutin, un délai de dix jours pour opter entre l'acceptation du mandat et la conservation de leur emploi. A défaut de déclaration adressée dans ce délai à leurs supérieurs hiérarchiques, ils seront réputés avoir opté pour la conservation dudit emploi.

Art. 35. — Nul ne peut être membre de plusieurs conseils municipaux.

Un délai de dix jours, à partir de la proclamation du résultat du scrutin, est accordé au conseiller municipal nommé dans plusieurs communes pour faire sa déclaration d'option. Cette déclaration est adressée aux préfets des départements intéressés.

Si, dans ce délai, le conseiller élu n'a pas fait connaître son option, il fait partie de droit du conseil de la commune où le nombre des électeurs est le moins élevé.

Dans les communes de 501 habitants et au-dessus, les ascendants et les descendants, les frères et les alliés au même degré ne peuvent être simultanément membres du même conseil municipal.

L'article 49 est applicable aux cas prévus par le paragraphe précédent.

Art. 36. — Tout conseiller municipal qui, pour une cause survenue postérieurement à sa nomination, se trouve dans un des cas d'exclusion ou d'incompatibilité prévus par la présente loi, est immédiatement déclaré démissionnaire par le préfet, sauf réclamation au conseil de préfecture dans les dix jours de la notification, et sauf recours au Conseil d'État, conformément aux articles 38, 39 et 40 ci-après.

Art. 37. — Tout électeur et tout éligible a le droit d'arguer de nullité les opérations électorales de la commune.

Les réclamations doivent être consignées au procès-verbal, sinon être déposées, à peine de nullité, dans les cinq jours qui suivent le jour de l'élection, au secrétariat de la mairie, ou à la sous-préfecture, ou à la préfecture. Elles sont immédiatement adressées au préfet, et enregistrées par ses soins au greffe du conseil de préfecture.

Le préfet, s'il estime que les conditions et les formes légalement prescrites n'ont pas été remplies, peut également, dans le délai de quinzaine à dater de la réception du procès-verbal, déférer les opérations électorales au conseil de préfecture.

Dans l'un et l'autre cas, le préfet donne immédiatement connaissance de la réclamation, par la voie administrative, aux conseillers dont l'élection est contestée, les prévenant qu'ils ont cinq jours, pour tout délai, à l'effet de déposer leurs défenses au secrétariat de la mairie, de la sous-préfecture ou de la préfecture, et de faire connaître s'ils entendent user du droit de présenter des observations orales.

Il est donné récépissé, soit des réclamations, soit des défenses.

Art. 38. — Le conseil de préfecture statue, sauf recours au Conseil d'État.

Il prononce sa décision dans le délai d'un mois à compter de l'enregistrement des pièces au greffe de la préfecture, et le préfet la fait notifier dans la huitaine de sa date. En cas de renouvellement général, le délai est porté à deux mois.

S'il intervient une décision ordonnant une preuve, le conseil de préfecture doit statuer définitivement dans le mois à partir de cette décision.

Les délais ci-dessus fixés ne commencent à courir, dans le cas prévu à l'article 39, que du jour où le jugement sur la question préjudicielle est devenu définitif.

Faute par le conseil d'avoir statué dans les délais ci-devant fixés, la réclamation est considérée comme rejetée. Le conseil de préfecture est dessaisi ; le préfet en informe la partie intéressée, qui peut porter sa réclamation devant le Conseil d'État. Le recours est notifié dans les cinq jours au secrétariat de la préfecture par le requérant.

Art. 39. — Dans tous les cas où une réclamation, formée en vertu de la présente loi, implique la solution préjudicielle d'une question d'état, le conseil de préfecture renvoie les parties à se pourvoir devant les juges compétents, et la partie doit justifier de ses diligences dans le délai de quinzaine ; à défaut de cette justification, il sera passé outre, et la décision du conseil de préfecture devra intervenir dans le mois à partir de l'expiration de ce délai de quinzaine.

Art. 40. — Le recours au Conseil d'État contre la décision du conseil de préfecture est ouvert soit au préfet, soit aux parties intéressées.

Il doit, à peine de nullité, être déposé au secrétariat de la sous-préfecture ou de la préfecture, dans le délai d'un mois qui court, à l'encontre du préfet, à partir de la décision, et à l'encontre des parties à partir de la notification qui leur est faite.

Le préfet donne immédiatement, par la voie administrative, connaissance du recours aux parties intéressées, en les prévenant qu'elles ont quinze jours, pour tout délai, à l'effet de déposer leurs défenses au secrétariat de la sous-préfecture ou de la préfecture.

Aussitôt ce nouveau délai expiré, le préfet transmet au ministre de l'intérieur, qui les adresse au Conseil d'État, le recours, les défenses, s'il y a lieu, le procès-verbal des opérations électorales, la liste qui a servi aux émargements, une expédition de l'arrêté attaqué et toutes les autres pièces visées dans ledit arrêté ; il y joint son avis motivé.

Les délais pour la constitution d'un avocat et pour la communication au ministre de l'intérieur sont d'un mois pour chacune de ces opérations, et de trois mois en ce qui concerne les colonies.

Le pourvoi est jugé comme affaire urgente et sans frais, et dispensé du timbre et du ministère de l'avocat.

Les conseillers municipaux proclamés restent en fonctions jusqu'à ce qu'il ait été définitivement statué sur les réclamations.

Dans le cas où l'annulation de tout ou partie des élections est devenue définitive, l'assemblée des électeurs est convoquée dans un délai qui ne peut excéder deux mois.

Art. 41. — Les conseils municipaux sont nommés pour quatre ans. Ils sont renouvelés intégralement, le premier dimanche de mai, dans toute la France, lors même qu'ils ont été élus dans l'intervalle.

Art. 42. — Lorsque le conseil municipal se trouve, par l'effet des vacances survenues, réduit aux trois quarts de ses membres, il est, dans le délai de deux mois à dater de la dernière vacance, procédé à des élections complémentaires.

Toutefois, dans les six mois qui précèdent le renouvellement intégral, les élections complémentaires ne sont obligatoires qu'au cas où le conseil municipal aurait perdu plus de la moitié de ses membres.

Dans les communes divisées en sections, il y a toujours lieu à faire des élections partielles, quand la section a perdu **la moitié de ses conseillers.**

Art. 43. — Un conseil municipal ne peut être dissous que par décret du Président de la République, rendu en Conseil des ministres et publié au *Journal officiel*, et, dans les colonies régies par la présente loi, par arrêté du gouverneur en conseil privé, inséré au *Journal officiel de la colonie*.

S'il y a urgence, il peut être provisoirement suspendu par arrêté motivé du préfet, qui doit en rendre compte immédiatement au ministre de l'intérieur. La durée de la suspension ne peut excéder un mois. Dans les colonies ci-dessus spécifiées, le conseil municipal peut être suspendu par arrêté motivé du gouverneur. La durée de la suspension ne peut excéder un mois.

Le gouverneur rend compte immédiatement de sa décision au ministre de la marine et des colonies.

Art. 44. — En cas de dissolution d'un conseil municipal ou de démission de tous ses membres en exercice, et lorsque aucun conseil municipal ne peut être constitué, une délégation spéciale en remplit les fonctions.

Dans les huit jours qui suivent la dissolution ou l'acceptation de la démission, cette délégation spéciale est nommée par décret du Président de la République, et, dans les colonies, par arrêté du gouverneur.

Le nombre des membres qui la composent est fixé à trois dans les communes où la population ne dépasse pas 35,000 habitants. Ce nombre peut être porté jusqu'à sept dans les villes d'une population supérieure.

Le décret ou l'arrêté qui l'institue en nomme le président, et, au besoin, le vice-président.

Les pouvoirs de cette délégation spéciale sont limités aux actes de pure administration conservatoire et urgente. En aucun cas il ne lui est permis d'engager les finances municipales au delà des ressources disponibles de l'exercice courant. Elle ne peut ni préparer le budget communal, ni recevoir les comptes du maire ou du receveur, ni modifier le personnel ou le régime de l'enseignement public.

Art. 45. — Toutes les fois que le conseil municipal a été dissous, ou que, par application de l'article précédent, une délégation spéciale a été nommée, il est procédé à la réélection du conseil municipal dans les deux mois, à dater de la dissolution ou de la dernière démission.

Les fonctions de la délégation spéciale expirent de plein droit dès que le conseil municipal est reconstitué.

CHAPITRE II

FONCTIONNEMENT DES CONSEILS MUNICIPAUX

Art. 46. — Les conseils municipaux se réunissent en session ordinaire quatre fois l'année : en février, mai, août et novembre.

La durée de chaque session est de quinze jours ; elle peut être prolongée avec l'autorisation du sous-préfet.

La session pendant laquelle le budget est discuté peut durer six semaines.

Pendant les sessions ordinaires, le conseil municipal peut s'occuper de toutes les matières qui rentrent dans ses attributions.

Art. 47. — Le préfet ou le sous-préfet peut prescrire la convocation extraordinaire du conseil municipal. Le maire peut également réunir le conseil municipal chaque fois qu'il le juge utile. Il est tenu de le convoquer quand une demande motivée lui en est faite par la majorité en exercice du conseil municipal. Dans l'un et l'autre cas, en même temps qu'il convoque le conseil, il donne avis au préfet ou au sous-préfet de cette réunion et des motifs qui la rendent nécessaire.

La convocation contient alors l'indication des objets spéciaux et déterminés pour lesquels le conseil doit s'assembler, et le conseil ne peut s'occuper que de ces objets.

Art. 48. — Toute convocation est faite par le maire. Elle **est mentionnée au registre des délibérations, affichée à la** porte de la mairie et adressée par écrit et à domicile trois jours francs au moins avant la réunion.

En cas d'urgence, le délai peut être abrégé par le préfet ou le sous-préfet.

Art. 49. — Les conseillers municipaux prennent rang dans l'ordre du tableau.

L'ordre du tableau est déterminé, même quand il y a des sections électorales : 1° par la date la plus ancienne des nominations ; 2° entre conseillers élus le même jour, par le plus grand nombre de suffrages obtenus ; 3° et, à égalité de voix, par la priorité d'âge.

Un double du tableau reste déposé dans les bureaux de la mairie, de la sous-préfecture et de la préfecture, où chacun peut en prendre communication ou copie.

Art. 50. — Le conseil municipal ne peut délibérer que lorsque la majorité de ses membres en exercice assiste à la séance.

Quand, après deux convocations successives, à trois jours au moins d'intervalle et dûment constatées, le conseil municipal ne s'est pas réuni en nombre suffisant, la délibération prise après la troisième convocation est valable, quel que soit le nombre des membres présents.

Art. 51. — Les délibérations sont prises à la majorité absolue des votants. En cas de partage, sauf le cas de scrutin secret, la voix du président est prépondérante. Le vote a lieu au scrutin public sur la demande du quart des membres présents ; les noms des votants, avec la désignation de leurs votes, sont insérés au procès-verbal.

Il est voté au scrutin secret toutes les fois que le tiers des membres présents le réclame, ou qu'il s'agit de procéder à une nomination ou présentation.

Dans ces derniers cas, après deux tours de scrutin secret, si aucun des candidats n'a obtenu la majorité absolue, il est procédé à un troisième tour de scrutin, et l'élection a lieu à la majorité relative ; à égalité de voix, l'élection est acquise au plus âgé.

Art. 52. — Le maire, et à défaut celui qui le remplace, préside le conseil municipal.

Dans les séances où les comptes d'administration du maire sont débattus, le conseil municipal élit son président.

Dans ce cas, le maire peut, même quand il ne serait plus en fonctions, assister à la discussion ; mais il doit se retirer au moment du vote. Le président adresse directement la délibération au sous-préfet.

Art. 53. — Au début de chaque session et pour sa durée, le conseil municipal nomme un ou plusieurs de ses membres pour remplir les fonctions de secrétaire.

Il peut leur adjoindre des auxiliaires pris en dehors de ses membres qui assisteront aux séances, mais sans participer aux délibérations.

Art. 54. — Les séances des conseils municipaux sont publiques. Néanmoins, sur la demande de trois membres ou du maire, le conseil municipal, par assis et levé, sans débats, décide s'il se formera en comité secret.

Art. 55. — Le maire a seul la police de l'assemblée. Il peut faire expulser de l'auditoire ou arrêter tout individu qui trouble l'ordre. En cas de crime ou de délit, il en dresse un procès-verbal et le procureur de la République en est immédiatement saisi.

Art. 56. — Le compte rendu de la séance est, dans la huitaine, affiché par extrait à la porte de la mairie.

Art. 57. — Les délibérations sont inscrites par ordre de date sur un registre coté et paraphé par le préfet ou le sous-préfet.

Elles sont signées par tous les membres présents à la séance, ou mention est faite de la cause qui les a empêchés de signer.

Art. 58. — Tout habitant ou contribuable a le droit de demander communication sans déplacement, de prendre copie totale ou partielle des procès-verbaux du conseil municipal, des budgets et des comptes de la commune, des arrêtés municipaux.

Chacun peut les publier sous sa responsabilité.

Art. 59. — Le conseil municipal peut former, au cours de chaque session, des commissions chargées d'étudier les questions soumises au conseil, soit par l'administration, soit par l'initiative d'un de ses membres.

Les commissions peuvent tenir leurs séances dans l'intervalle des sessions.

Elles sont convoquées par le maire, qui en est le président de droit, dans les huit jours qui suivent leur nomination, ou à plus bref délai sur la demande de la majorité des membres qui les composent. Dans cette première réunion, les commissions désignent un vice-président qui peut les convoquer et les présider, si le maire est absent ou empêché.

Art. 60. — Tout membre du conseil municipal qui, sans motifs reconnus légitimes par le conseil, a manqué à trois convocations successives, peut être, après avoir été admis à fournir ses explications, déclaré démissionnaire par le préfet, sauf recours, dans les dix jours de la notification, devant le conseil de préfecture.

Les démissions sont adressées au sous-préfet; elles sont définitives à partir de l'accusé de réception par le préfet, et, à défaut de cet accusé de réception, un mois après un nouvel envoi de la démission constatée par lettre recommandée.

CHAPITRE III

ATTRIBUTIONS DES CONSEILS MUNICIPAUX

Art. 61. — Le conseil municipal règle par ses délibérations les affaires de la commune.

Il donne son avis toutes les fois que cet avis est requis par les lois et règlements, ou qu'il est demandé par l'administration supérieure.

Il réclame, s'il y a lieu, contre le contingent assigné à la commune dans l'établissement des impôts de répartition.

Il émet des vœux sur tous les objets d'intérêt local.

Il dresse chaque année une liste contenant un nombre double de celui des répartiteurs et des répartiteurs suppléants à nommer ; et, sur cette liste, le sous-préfet nomme les cinq répartiteurs vis·s dans l'article 9 de la loi du 3 frimaire an VII et les cinq répartiteurs suppléants.

Art. 62. — Expédition de toute délibération est adressée, dans la huitaine, par le maire au sous-préfet, qui en constate la réception sur un registre et en délivre immédiatement récépissé.

Art. 63. — Sont nulles de plein droit :

1° Les délibérations d'un conseil municipal portant sur un objet étranger à ses attributions ou prises hors de sa réunion légale ;

2° Les délibérations prises en violation d'une loi ou d'un règlement d'administration publique.

Art. 64. — Sont annulables les délibérations auxquelles auraient pris part des membres du conseil intéressés, soit en leur nom personnel, soit comme mandataires, à l'affaire qui en a fait l'objet.

Art. 65. — La nullité de droit est déclarée par le préfet en conseil de préfecture. Elle peut être prononcée par le préfet, et proposée ou opposée par les parties intéressées, à toute époque.

Art. 66. — L'annulation est prononcée par le préfet en conseil de préfecture.

Elle peut être provoquée d'office par le préfet dans un délai de trente jours à partir du dépôt du procès-verbal de la délibération à la sous-préfecture ou à la préfecture.

Elle peut aussi être demandée par toute personne int'ressée et par tout contribuable de la commune.

Dans ce dernier cas, la demande en annulation doit être déposée, à peine de déchéance, à la sous-préfecture ou à la préfecture, dans un délai de quinze jours à partir de l'affichage à la porte de la mairie.

Il en est donné récépissé.

Le préfet statuera dans le délai d'un mois.

Passé le délai de quinze jours sans qu'aucune demande ait été produite, le préfet peut déclarer qu'il ne s'oppose pas à la délibération.

Art. 67. — Le conseil municipal et, en dehors du conseil, toute partie intéressée peut se pourvoir contre l'arrêté du préfet devant le Conseil d'État. Le pourvoi est introduit et jugé dans les formes du recours pour excès de pouvoir.

Art. 68. — Ne sont exécutoires qu'après avoir été approuvées par l'autorité supérieure les délibérations portant sur les objets suivants :

1º Les conditions des baux dont la durée dépasse dix-huit ans ;

2º Les aliénations et échanges de propriétés communales ;

3º Les acquisitions d'immeubles, les constructions nouvelles, les reconstructions entières ou partielles, les projets, plans et devis des grosses réparations et d'entretien, quand la dépense totalisée avec les dépenses de même nature pendant l'exercice courant dépasse les limites des ressources ordinaires et extraordinaires que les communes peuvent se créer sans autorisation spéciale ;

4º Les transactions ;

5º Le changement d'affectation d'une propriété communale déjà affectée à un service public ;

6º La vaine pâture ;

7º Le classement, le déclassement, le redressement ou le prolongement, l'élargissement, la suppression, la dénomination des rues et places publiques, la création et la suppression des promenades, squares ou jardins publics, champs de foire, de tir ou de course, l'établissement des plans d'alignement et de nivellement des voies publiques municipales, les modifications à des plans d'alignement adoptés, le tarif des droits de voirie, le tarif des droits de stationnement et de location sur les dépendances de la grande voirie, et, généralement, les tarifs des droits divers à percevoir au profit des communes en vertu de l'article 133 de la présente loi ;

8° L'acceptation des dons et legs faits à la commune lorsqu'il y a des charges ou conditions, ou lorsqu'ils donnent lieu à des réclamations des familles ;

9° Le budget communal ;

10° Les crédits supplémentaires ;

11° Les contributions extraordinaires et les emprunts, sauf dans le cas prévu par l'article 141 de la présente loi ;

12° Les octrois dans les cas prévus aux articles 137 et 138 de la présente loi ;

13° L'établissement, la suppression ou les changements des foires et marchés autres que les simples marchés d'approvisionnement.

Les délibérations qui ne sont pas soumises à l'approbation préfectorale ne deviendront néanmoins exécutoires qu'un mois après le dépôt qui aura été fait à la préfecture ou à la sous-préfecture. Le préfet pourra, par un arrêté, abréger ce délai.

Art. 69. — Les délibérations des conseils municipaux sur les objets énoncés à l'article précédent sont exécutoires, sur l'approbation du préfet, sauf les cas où l'approbation par le ministre compétent, par le conseil général, par la commission départementale, par un décret ou par une loi, est prescrite par les lois et règlements.

Le préfet statue en conseil de préfecture dans les cas prévus aux n°s 1, 2, 4, 6, de l'article précédent.

Lorsque le préfet refuse son approbation ou qu'il n'a pas fait connaître sa décision dans un délai d'un mois à partir de la date du récépissé, le conseil municipal peut se pourvoir devant le ministre de l'intérieur.

Art. 70. — Le conseil municipal est toujours appelé à donner son avis sur les objets suivants :

1° Les circonscriptions relatives aux cultes ;

2º Les circonscriptions relatives à la distribution des secours publics ;

3º Les projets d'alignement et de nivellement de grande voirie dans l'intérieur des villes, bourgs et villages ;

4º La création des bureaux de bienfaisance ;

5º Les budgets et les comptes des hospices, hôpitaux et autres établissements de charité et de bienfaisance, des fabriques et autres administrations préposées aux cultes dont les ministres sont salariés par l'État ; les autorisations d'acquérir, d'aliéner, d'emprunter, d'échanger, de plaider ou de transiger, demandées par les mêmes établissements ; l'acceptation des dons et legs qui leur sont faits ;

6º Enfin, tous les objets sur lesquels les conseils municipaux sont appelés par les lois et règlements à donner leur avis, et ceux sur lesquels ils seront consultés par le préfet.

Lorsque le conseil municipal, à ce régulièrement requis et convoqué, refuse ou néglige de donner son avis, il peut être passé outre.

Art. 71. — Le conseil municipal délibère sur les comptes d'administration qui lui sont annuellement présentés par le maire, conformément à l'article 151 de la présente loi.

Il entend, débat et arrête les comptes de deniers des receveurs, sauf règlement définitif, conformément à l'article 157 de la présente loi.

Art. 72. — Il est interdit à tout conseil municipal, soit de publier des proclamations et adresses, soit d'émettre des vœux politiques, soit, hors les cas prévus par la loi, de se mettre en communication avec un ou plusieurs conseils municipaux.

La nullité des actes et des délibérations prises en violation de cet article est prononcée dans les formes indiquées aux articles 63 et 65 de la présente loi.

TITRE III

DES MAIRES ET DES ADJOINTS

Art. 73. — Il y a dans chaque commune un maire et un ou plusieurs adjoints élus parmi les membres du conseil municipal.

Le nombre des adjoints est d'un dans les communes de 2,500 habitants et au-dessous, de deux dans celles de 2,501 à 10,000. Dans les communes d'une population supérieure, il y aura un adjoint de plus par chaque excédent de 25,000 habitants, sans que le nombre des adjoints puisse dépasser douze, sauf en ce qui concerne la ville de Lyon, où le nombre des adjoints sera porté à dix-sept.

La ville de Lyon continue à être divisée en six arrondissements municipaux. Le maire délègue spécialement deux de ses adjoints dans chacun de ces arrondissements. Ils sont chargés de la tenue des registres de l'état civil et des autres attributions déterminées par le règlement d'administration publique du 11 juin 1881, rendu en exécution de la loi du 21 avril 1881.

Art. 74. — Les fonctions de maire, adjoints, conseillers municipaux sont gratuites. Elles donnent seulement droit au remboursement des frais que nécessite l'exécution des mandats spéciaux. Les conseils municipaux peuvent voter, sur les ressources ordinaires de la commune, des indemnités aux maires pour frais de représentation.

Art. 75. — Lorsqu'un obstacle quelconque ou l'éloignement rend difficiles, dangereuses ou momentanément impossibles les communications entre le chef-lieu et une fraction de commune, un poste d'adjoint spécial peut être institué, sur la demande du conseil municipal, par un décret rendu en Conseil d'État.

Cet adjoint, élu par le conseil, est pris parmi les conseillers et, à défaut d'un conseiller résidant dans cette fraction de

commune, ou, s'il est empêché, parmi les habitants de la
fraction. Il remplit les fonctions d'officier de l'état civil, et il
peut être chargé de l'exécution des lois et des règlements de
police dans cette partie de la commune. Il n'a pas d'autres
attributions.

Art. 76. — Le conseil municipal élit le maire et les adjoints parmi ses membres, au scrutin secret et à la majorité
absolue.

Si, après deux tours de scrutin, aucun candidat n'a obtenu
la majorité absolue, il est procédé à un troisième tour de
scrutin et l'élection a lieu à la majorité relative. En cas d'égalité de suffrages, le plus âgé est déclaré élu.

Art. 77. — La séance dans laquelle il est procédé à l'élection du maire est présidée par le plus âgé des membres du
conseil municipal.

Pour toute élection du maire ou des adjoints, les membres
du conseil municipal sont convoqués dans les formes et délais prévus par l'article 48; la convocation contiendra la mention spéciale de l'élection à laquelle il devra être procédé.

Avant cette convocation, il sera procédé aux élections qui
pourraient être nécessaires pour compléter le conseil municipal. Si, après les élections complémentaires, de nouvelles
vacances se produisent, le conseil municipal procédera néanmoins à l'élection du maire et des adjoints, à moins qu'il ne
soit réduit aux trois quarts de ses membres. En ce cas, il y
aura lieu de recourir à de nouvelles élections complémentaires. Il y sera procédé dans le délai d'un mois, à dater de
la dernière vacance.

Art. 78. — Les nominations sont rendues publiques dans
les vingt-quatre heures de leur date, par voie d'affiche à la
porte de la mairie. Elles sont, dans le même délai, notifiées
au sous-préfet.

Art. 79. — L'élection du maire et des adjoints peut être
arguée de nullité dans les conditions, formes et délais prescrits pour les réclamations contre les élections du conseil mu-

nicipal. Le délai de cinq jours court à partir de vingt-quatre heures après l'élection.

Lorsque l'élection est annulée ou que, pour toute autre cause, le maire ou les adjoints ont cessé leurs fonctions, le conseil, s'il est au complet, est convoqué pour procéder au remplacement dans le délai de quinzaine.

S'il y a lieu de compléter le conseil, il sera procédé aux élections complémentaires dans la quinzaine de la vacance, et le nouveau maire sera élu dans la quinzaine qui suivra. Si, après les élections complémentaires, de nouvelles vacances se produisent, l'article 77 sera applicable.

Art. 80. — Ne peuvent être maires ou adjoints ni en exercer même temporairement les fonctions :

Les agents et employés des administrations financières, les trésoriers-payeurs généraux, les receveurs particuliers et les percepteurs ; les agents des forêts, ceux des postes et des télégraphes, ainsi que les gardes des établissements publics et des particuliers.

Les agents salariés du maire ne peuvent être adjoints.

Art. 81. — Les maires et adjoints sont nommés pour la même durée que le conseil municipal.

Ils continuent l'exercice de leurs fonctions, sauf les dispositions des articles 80, 86, 87 de la présente loi, jusqu'à l'installation de leurs successeurs.

Toutefois, en cas de renouvellement intégral, les fonctions de maire et d'adjoints sont, à partir de l'installation du nouveau conseil jusqu'à l'élection du maire, exercées par les conseillers municipaux dans l'ordre du tableau.

Art. 82. — Le maire est seul chargé de l'administration ; mais il peut, sous sa surveillance et sa responsabilité, déléguer par arrêté une partie de ses fonctions à un ou plusieurs de ses adjoints, et, en l'absence ou en cas d'empêchement des adjoints, à des membres du conseil municipal.

Ces délégations subsistent tant qu'elles ne sont pas rapportées.

Art. 83. — Dans les cas où les intérêts du maire se trouvent en opposition avec ceux de la commune, le conseil municipal désigne un autre de ses membres pour représenter la commune soit en justice, soit dans les contrats.

Art. 84. — En cas d'absence, de suspension, de révocation ou de tout autre empêchement, le maire est provisoirement remplacé, dans la plénitude de ses fonctions, par un adjoint, dans l'ordre des nominations, et, à défaut d'adjoints, par un conseiller municipal désigné par le conseil, sinon pris dans l'ordre du tableau.

Art. 85. — Dans le cas où le maire refuserait ou négligerait de faire un des actes qui lui sont prescrits par la loi, le préfet peut, après l'en avoir requis, y procéder d'office par lui-même ou par un délégué spécial.

Art. 86. — Les maires et adjoints peuvent être suspendus par arrêté du préfet pour un temps qui n'excédera pas un mois et qui peut être porté à trois mois par le ministre de l'intérieur.

Ils ne peuvent être révoqués que par décret du Président de la République.

La révocation emporte de plein droit l'inéligibilité aux fonctions de maire et à celles d'adjoint pendant une année à dater du décret de révocation, à moins qu'il ne soit procédé auparavant au renouvellement général des conseils municipaux.

Dans les colonies régies par la présente loi, la suspension peut être prononcée par arrêté du gouverneur pour une durée de trois mois. Cette durée ne peut être prolongée par le ministre.

Le gouverneur rend compte immédiatement de sa décision au ministre de la marine et des colonies.

Art. 87. — Au cas prévu et réglé par l'article 44, le président et, à son défaut, le vice-président de la délégation spéciale remplit les fonctions de maire.

Ses pouvoirs prennent fin dès l'installation du nouveau conseil.

Art. 88. — Le maire nomme à tous les emplois communaux pour lesquels les lois, décrets et ordonnances actuellement en vigueur ne fixent pas un droit spécial de nomination.

Il suspend et révoque les titulaires de ces emplois.

Il peut faire assermenter et commissionner les agents nommés par lui, mais à la condition qu'ils soient agréés par le préfet ou le sous-préfet.

Art. 89. — Lorsque le maire procède à une adjudication publique pour le compte de la commune, il est assisté de deux membres du conseil municipal désignés d'avance par le conseil ou, à défaut de cette désignation, appelés dans l'ordre du tableau.

Le receveur municipal est appelé à toutes les adjudications. Toutes les difficultés qui peuvent s'élever sur les opérations préparatoires de l'adjudication sont résolues, séance tenante, par le maire et les deux assistants, à la majorité des voix, sauf le recours de droit.

Il n'est pas dérogé aux prescriptions du décret du 17 mai 1809 relatives à la mise en ferme des octrois.

. **Art. 90.** — Le maire est chargé, sous le contrôle du conseil municipal et la surveillance de l'administration supérieure :

1° De conserver et d'administrer les propriétés de la commune et de faire, en conséquence, tous actes conservatoires de ses droits ;

2° De gérer les revenus, de surveiller les établissements communaux et la comptabilité communale ;

3° De préparer et proposer le budget et ordonnancer les dépenses ;

4° De diriger les travaux communaux ;

5° De pourvoir aux mesures relatives à la voirie municipale ;

6° De souscrire les marchés, de passer les baux des biens et les adjudications des travaux communaux dans les formes établies par les lois et règlements et par les articles 68 et 69 de la présente loi ;

7° De passer dans les mêmes formes les actes de vente, échange, partage, acceptation de dons ou legs, acquisition, transaction, lorsque ces actes ont été autorisés conformément à la présente loi ;

8° De représenter la commune en justice, soit en demandant, soit en défendant ;

9° De prendre, de concert avec les propriétaires ou les détenteurs du droit de chasse dans les buissons, bois et forêts, toutes les mesures nécessaires à la destruction des animaux nuisibles désignés dans l'arrêté du préfet pris en vertu de l'article 9 de la loi du 3 mai 1844 ;

De faire, pendant le temps de neige, à défaut des détenteurs du droit de chasse, à ce dûment invités, détourner les loups et sangliers remis sur le territoire ; de requérir, à l'effet de les détruire, les habitants avec armes et chiens propres à la chasse de ces animaux ;

De surveiller et d'assurer l'exécution des mesures ci-dessus et d'en dresser procès-verbal ;

10° Et, d'une manière générale, d'exécuter les décisions du conseil municipal.

Art. 91. — Le maire est chargé, sous la surveillance de l'administration supérieure, de la police municipale, de la police rurale et de l'exécution des actes de l'autorité supérieure qui y sont relatifs.

Art. 92. — Le maire est chargé, sous l'autorité de l'administration supérieure :

1° De la publication et de l'exécution des lois et règlements ;

2° De l'exécution des mesures de sûreté générale ;

3° Des fonctions spéciales qui lui sont attribuées par les lois.

Art. 93. — Le maire ou, à son défaut, le sous-préfet pourvoit d'urgence à ce que toute personne décédée soit ensevelie et inhumée décemment, sans distinction de culte ni de croyance.

Art. 94. — Le maire prend des arrêtés à l'effet :

1º D'ordonner les mesures locales sur les objets confiés par les lois à sa vigilance et à son autorité ;

2º De publier de nouveau les lois et les règlements de police et de rappeler les citoyens à leur observation.

Art. 95. — Les arrêtés pris par le maire sont immédiatement adressés au sous-préfet ou, dans l'arrondissement du chef-lieu du département, au préfet.

Le préfet peut les annuler ou en suspendre l'exécution.

Ceux de ces arrêtés qui portent règlement permanent ne sont exécutoires qu'un mois après la remise de l'ampliation constatée par les récépissés délivrés par le sous-préfet ou le préfet.

Néanmoins, en cas d'urgence, le préfet peut en autoriser l'exécution immédiate.

Art. 96. — Les arrêtés du maire ne sont obligatoires qu'après avoir été portés à la connaissance des intéressés, par voie de publications et d'affiches, toutes les fois qu'ils contiennent des dispositions générales, et, dans les autres cas, par voie de notification individuelle.

La publication est constatée par une déclaration certifiée par le maire.

La notification est établie par le récépissé de la partie intéressée ou, à son défaut, par l'original de la notification conservé dans les archives de la mairie.

Les arrêtés, actes de publication et de notification sont inscrits à leur date sur le registre de la mairie.

Art. 97. — La police municipale a pour objet d'assurer le bon ordre, la sûreté et la salubrité publiques.

Elle comprend notamment :

1º Tout ce qui intéresse la sûreté et la commodité du passage dans les rues, quais, places et voies publiques, ce qui comprend le nettoiement, l'éclairage, l'enlèvement des encombrements, la démolition ou la réparation des édifices menaçant ruine, l'interdiction de ne rien exposer aux fenêtres ou aux autres parties des édifices qui puisse nuire par sa chute, ou celle de ne rien jeter qui puisse endommager les passants ou causer des exhalaisons nuisibles ;

2° Le soin de réprimer les atteintes à la tranquillité publique, telles que les rixes et disputes accompagnées d'ameutement dans les rues, le tumulte excité dans les lieux d'assemblée publique, les attroupements, les bruits et rassemblements nocturnes qui troublent le repos des habitants, et tous actes de nature à compromettre la tranquillité publique ;

3° Le maintien du bon ordre dans les endroits où il se fait de grands rassemblements d'hommes, tels que les foires, marchés, réjouissances et cérémonies publiques, spectacles, jeux, cafés, églises et autres lieux publics ;

4° Le mode de transport des personnes décédées, les inhumations et exhumations, le maintien du bon ordre et de la décence dans les cimetières, sans qu'il soit permis d'établir des distinctions ou des prescriptions particulières à raison des croyances ou du culte du défunt ou des circonstances qui ont accompagné sa mort ;

5° L'inspection sur la fidélité du débit des denrées qui se vendent au poids ou à la mesure, et sur la salubrité des comestibles exposés en vente ;

6° Le soin de prévenir, par des précautions convenables, et celui de faire cesser, par la distribution de secours nécessaires, les accidents et les fléaux calamiteux, tels que les incendies, les inondations, les maladies épidémiques ou contagieuses, les épizooties, en provoquant, s'il y a lieu, l'intervention de l'administration supérieure ;

7° Le soin de prendre provisoirement les mesures nécessaires contre les aliénés dont l'état pourrait compromettre la morale publique, la sécurité des personnes ou la conservation des propriétés ;

8° Le soin d'obvier ou de remédier aux événements fâcheux qui pourraient être occasionnés par la divagation des animaux malfaisants ou féroces.

Art. 98. — Le maire a la police des routes nationales et départementales, et des voies de communication dans l'intérieur des agglomérations, mais seulement en ce qui touche à la circulation sur lesdites voies.

Il peut, moyennant le paiement des droits fixés par un tarif dûment établi, sous les réserves imposées par l'article 7 de la loi du 11 frimaire an VII, donner des permis de stationnement ou de dépôt temporaire sur la voie publique, sur les rivières, ports et quais fluviaux et autres lieux publics.

Les alignements individuels, les autorisations de bâtir, les autres permissions de voirie sont délivrés par l'autorité compétente, après que le maire aura donné son avis dans le cas où il ne lui appartient pas de les délivrer lui-même.

Les permissions de voirie à titre précaire ou essentiellement révocable sur les voies publiques qui sont placées dans les attributions du maire et ayant pour objet, notamment, l'établissement dans le sol de la voie publique des canalisations destinées au passage ou à la conduite, soit de l'eau, soit du gaz, peuvent, en cas de refus du maire non justifié par l'intérêt général, être accordées par le préfet.

Art. 99. — Les pouvoirs qui appartiennent au maire, en vertu de l'article 91, ne font pas obstacle au droit du préfet de prendre, pour toutes les communes du département ou plusieurs d'entre elles, et dans tous les cas où il n'y aurait pas été pourvu par les autorités municipales, toutes mesures relatives au maintien de la salubrité, de la sûreté et de la tranquillité publiques.

Ce droit ne pourra être exercé par le préfet à l'égard d'une seule commune qu'après une mise en demeure au maire restée sans résultat.

Art. 100. — Les cloches des églises sont spécialement affectées aux cérémonies du culte.

Néanmoins, elles peuvent être employées dans les cas de péril commun qui exigent un prompt secours et dans les cir-

constances où cet emploi est prescrit par des dispositions de
lois ou règlements, ou autorisé par les usages locaux.

Les sonneries religieuses, comme les sonneries civiles, fe-
ront l'objet d'un règlement concerté entre l'évêque et le préfet
ou entre le préfet et les consistoires, et arrêté, en cas de désaccord, par le ministre des cultes.

Art. 101. — Une clef du clocher sera déposée entre les
mains des titulaires ecclésiastiques, une autre entre les mains
du maire, qui ne pourra en faire usage que dans des circonstances prévues par les lois ou règlements.

Si l'entrée du clocher n'est pas indépendante de celle de
l'église, une clef de la porte de l'église sera déposée entre les
mains du maire.

Art. 102. — Toute commune peut avoir un ou plusieurs
gardes champêtres. Les gardes champêtres sont nommés par
le maire ; ils doivent être agréés et commissionnés par le
sous-préfet ou par le préfet dans l'arrondissement du chef-
lieu. Le préfet ou le sous-préfet devra faire connaître son
agrément ou son refus d'agréer dans le délai d'un mois. Ils
doivent être assermentés. Ils peuvent être suspendus par le
maire. La suspension ne pourra durer plus d'un mois ; le
préfet seul peut les révoquer.

En dehors de leurs fonctions relatives à la police rurale, les
gardes champêtres sont chargés de rechercher, chacun dans
le territoire pour lequel il est assermenté, les contraventions
aux règlements et arrêtés de police municipale. Ils dressent
des procès-verbaux pour constater ces contraventions.

Art. 103. — Dans les villes ayant plus de 40,000 habitants,
l'organisation du personnel chargé du service de la police est
réglée, sur l'avis du conseil municipal, par décret du Président de la République.

Si un conseil municipal n'allouait pas les fonds exigés pour
la dépense, ou n'allouait qu'une somme insuffisante, l'allocation nécessaire serait inscrite au budget par décret du Président de la République, le Conseil d'État entendu.

Dans toutes les communes, les inspecteurs de police, les brigadiers et sous-brigadiers et les agents de police nommés par le maire doivent être agréés par le sous-préfet ou par le préfet. Ils peuvent être suspendus par le maire, mais le préfet seul peut les révoquer.

Art. 104. — Le préfet du Rhône exerce, dans les communes de Lyon, Caluire-et-Cuire, — Oullins, Sainte-Foy, — Saint-Rambert, Villeurbanne, — Vaux-en-Velin, — Bron, Vénissieux et Pierre-Bénite, du département du Rhône, et dans celle de Sathonay, du département de l'Ain, les mêmes attributions que celles qu'exerce le préfet de police dans les communes suburbaines de la Seine.

Art. 105. — Dans les communes dénommées à l'article 104, les maires restent investis de tous les pouvoirs de police conférés aux administrations municipales par les paragraphes 1, 4, 5, 6, 7 et 8 de l'article 97.

Ils sont, en outre, chargés du maintien du bon ordre dans les foires, marchés, réjouissances et cérémonies publiques, spectacles, jeux, cafés, églises et autres lieux publics.

Art. 106. — Les communes sont civilement responsables des dégâts et dommages résultant des crimes ou délits commis à force ouverte ou par violence sur leur territoire par des attroupements ou rassemblements armés, ou non armés, soit envers les personnes, soit contre les propriétés publiques ou privées.

Les dommages-intérêts dont la commune est responsable sont répartis entre tous les habitants domiciliés dans ladite commune, en vertu d'un rôle spécial comprenant les quatre contributions directes.

Art. 107. — Si les attroupements ou rassemblements ont été formés d'habitants de plusieurs communes, chacune d'elles est responsable des dégâts et dommages causés, dans la proportion qui sera fixée par les tribunaux.

Art. 108. — Les dispositions des articles 106 et 107 ne sont pas applicables :

1° Lorsque la commune peut prouver que toutes les mesures qui étaient en son pouvoir ont été prises à l'effet de prévenir les attroupements ou rassemblements, et d'en faire connaître les auteurs ;

2° Dans les communes où la municipalité n'a pas la disposition de la police locale ni de la force armée ;

3° Lorsque les dommages causés sont le résultat d'un fait de guerre.

Art. 109. — La commune déclarée responsable peut exercer son recours contre les auteurs et complices du désordre.

TITRE IV

DE L'ADMINISTRATION DES COMMUNES

CHAPITRE PREMIER

DES BIENS, TRAVAUX ET ÉTABLISSEMENTS COMMUNAUX

Art. 110. — La vente des biens mobiliers et immobiliers des communes autres que ceux servant à un usage public, peut être autorisée, sur la demande de tout créancier porteur de titre exécutoire, par un décret du Président de la République qui détermine les formes de la vente.

Art. 111. — Les délibérations du conseil municipal ayant pour objet l'acceptation de dons et legs, lorsqu'il y a des charges ou conditions, sont exécutoires sur arrêté du préfet, pris en conseil de préfecture.

S'il y a réclamation des prétendants droit à la succession, quelles que soient la quotité et la nature de la donation ou du legs, l'autorisation ne peut être accordée que par décret rendu en Conseil d'État.

Si la donation ou le legs ont été faits à un hameau ou quartier d'une commune qui n'est pas encore à l'état de section ayant la personnalité civile, les habitants du hameau ou quar-

tier seront appelés à élire une commission syndicale, conformément à l'article 129 ci-dessous. La commission syndicale
délibérera sur l'acceptation de la libéralité, et, dans aucun
cas, l'autorisation d'accepter ne pourra être accordée que par
un décret rendu dans la forme des règlements d'administration publique.

Art. 112. — Lorsque la délibération porte refus de dons ou
legs, le préfet peut, par un arrêté motivé, inviter le conseil
municipal à revenir sur sa première délibération. Le refus
n'est définitif que si, par une seconde délibération, le conseil
municipal déclare y persister.

Si le don ou le legs a été fait à une section de commune
et que le conseil municipal soit d'avis de refuser la libéralité,
il sera procédé comme il est dit au paragraphe 3 de l'article 111.

Art. 113. — Le maire peut toujours, à titre conservatoire,
accepter les dons ou legs et former avant l'autorisation toute
demande en délivrance.

Le décret du Président de la République, l'arrêté du préfet
ou la délibération du conseil municipal, qui interviennent ul-
térieurement, ont effet du jour de cette acceptation.

Art. 114. — Aucune construction nouvelle ou reconstruc-
tion ne peut être faite que sur la production des plans et devis
approuvés par le conseil municipal, sauf les exceptions prévues par des lois spéciales.

Les plans et devis sont, en outre, approuvés par le préfet
dans les cas prévus par l'article 68, § 3.

Art. 115. — Les traités de gré à gré à passer dans les conditions prévues par l'ordonnance du 14 novembre 1837, et qui
ont pour objet l'exécution par entreprise des travaux d'ouverture de nouvelles voies publiques et de tous autres travaux
communaux, sont approuvés par le préfet ou par décret, dans
le cas prévu par l'article 145, § 3.

Il en est de même des traités portant concession à titre exclusif, ou pour une durée de plus de trente années, des grands

services municipaux, ainsi que des tarifs et traités relatifs aux pompes funèbres.

Art. 116. — Deux ou plusieurs conseils municipaux peuvent provoquer entre eux, par l'entremise de leurs présidents, et après en avoir averti les préfets, une entente sur les objets d'utilité communale compris dans leurs attributions et qui intéressent à la fois leurs communes respectives.

Ils peuvent faire des conventions à l'effet d'entreprendre ou de conserver à frais communs des ouvrages ou des institutions d'utilité commune.

Art. 117. — Les questions d'intérêt commun seront débattues dans des conférences où chaque conseil municipal sera représenté par une commission spéciale nommée à cet effet et composée de trois membres nommés au scrutin secret.

Les préfets et les sous-préfets des départements et arrondissements comprenant les communes intéressées pourront toujours assister à ces conférences.

Les décisions qui y seront prises ne seront exécutoires qu'après avoir été ratifiées par tous les conseils municipaux intéressés et sous les réserves énoncées au chapitre III du titre IV de la présente loi.

Art. 118. — Si des questions autres que celles que prévoit l'article 116 étaient mises en discussion, le préfet du département où la conférence a lieu déclarerait la réunion dissoute.

Toute délibération prise après cette déclaration donnerait lieu à l'application des dispositions et pénalités énoncées à l'article 34 de la loi du 10 août 1871.

Art. 119. — Les délibérations des commissions administratives des hospices, hôpitaux et autres établissements charitables communaux concernant un emprunt sont exécutoires en vertu d'un arrêté du préfet, sur avis conforme du conseil municipal, lorsque la somme à emprunter ne dépasse pas le chiffre des revenus ordinaires de l'établissement et que le remboursement doit être effectué dans un délai de douze années.

Si la somme à emprunter dépasse ledit chiffre ou si le délai de remboursement excède douze années, l'emprunt ne peut être autorisé que par un décret du Président de la République.

Le décret est rendu en Conseil d'État si l'avis du conseil municipal est contraire, ou s'il s'agit d'un établissement ayant plus de 100,000 fr. de revenu.

L'emprunt ne peut être autorisé que par une loi, lorsque la somme à emprunter dépasse 500,000 fr. ou lorsque ladite somme, réunie aux chiffres d'autres emprunts non encore remboursés, dépasse 500,000 fr.

Art. 120. — Les délibérations par lesquelles les commissions administratives chargées de la gestion des établissements publics communaux changeraient en totalité ou en partie l'affectation des locaux ou objets immobiliers ou mobiliers appartenant à ces établissements, dans l'intérêt d'un service public ou privé quelconque, ou mettraient à la disposition, soit d'un autre établissement public ou privé, soit d'un particulier, lesdits locaux et objets, ne sont exécutoires qu'après avis du conseil municipal, et en vertu d'un décret rendu sur la proposition du ministre de l'intérieur.

CHAPITRE II

DES ACTIONS JUDICIAIRES

Art. 121. — Nulle commune ou section de commune ne peut ester en justice sans y être autorisée par le conseil de préfecture, sauf les cas prévus aux articles 122 et 154 de la présente loi.

Après tout jugement intervenu, la commune ne peut se pourvoir devant un autre degré de juridiction qu'en vertu d'une nouvelle autorisation du conseil de préfecture.

Dans les cas prévus par les deux paragraphes précédents, la décision du conseil de préfecture doit être rendue dans les deux mois, à compter du jour de la demande en autorisation. A défaut de décision rendue dans ledit délai, la commune est autorisée à plaider.

Art. 122. — Le maire peut toujours, sans autorisation préalable, intenter toute action possessoire ou y défendre, et faire tous actes conservatoires ou interruptifs des déchéances.

Il peut, sans autre autorisation, interjeter appel de tout jugement et se pourvoir en cassation; mais il ne peut ni suivre sur son appel, ni suivre sur le pourvoi qu'en vertu d'une nouvelle autorisation.

Art. 123. — Tout contribuable inscrit au rôle de la commune a le droit d'exercer, à ses frais et risques, avec l'autorisation du conseil de préfecture, les actions qu'il croit appartenir à la commune ou section, et que celle-ci, préalablement appelée à en délibérer, a refusé ou négligé d'exercer.

La commune ou section est mise en cause et la décision qui intervient a effet à son égard.

Art. 124. — Aucune action judiciaire autre que les actions possessoires ne peut, à peine de nullité, être intentée contre une commune qu'autant que le demandeur a préalablement adressé au préfet ou au sous-préfet un mémoire exposant l'objet et les motifs de sa réclamation. Il lui en est donné récépissé.

L'action ne peut être portée devant les tribunaux que deux mois après la date du récépissé, sans préjudice des actes conservatoires.

La présentation du mémoire interrompt toute prescription ou déchéance, si elle est suivie d'une demande en justice dans le délai de trois mois.

Art. 125. — Le préfet ou sous-préfet adresse immédiatement le mémoire au maire, avec l'invitation de convoquer le conseil municipal dans le plus bref délai, pour en délibérer.

La délibération du conseil municipal est transmise au conseil de préfecture, qui décide si la commune doit être autorisée à ester en justice.

La décision du conseil de préfecture doit être rendue dans le délai de deux mois, à dater du dépôt du mémoire.

Art. 126. — Toute décision du conseil de préfecture portant refus d'autorisation doit être motivée.

La commune, la section de commune ou le contribuable auquel l'autorisation a été refusée peut se pourvoir devant le Conseil d'État.

Le pourvoi est introduit et jugé en la forme administrative. Il doit, à peine de déchéance, être formé dans le délai de deux mois à dater de la notification de l'arrêté du conseil de préfecture.

Il doit être statué sur le pourvoi dans le délai de deux mois à partir du jour de son enregistrement au secrétariat général du Conseil d'État.

Art. 127. — En cas de pourvoi de la commune ou section contre la décision du conseil de préfecture, le demandeur peut néanmoins introduire l'action ; mais l'instance est suspendue jusqu'à ce qu'il ait été statué par le Conseil d'État, ou jusqu'à l'expiration du délai dans lequel le Conseil d'État doit statuer. A défaut de décision rendue dans les délais ci-dessus impartis, la commune est autorisée à ester en justice. Mais, en cas d'appel ou de pourvoi en cassation, il doit être procédé comme il est dit à l'article 121.

Art. 128. — Lorsqu'une section se propose d'intenter ou de soutenir une action judiciaire soit contre la commune dont elle dépend, soit contre une autre section de la même commune, il est formé, pour la section et pour chacune des sections intéressées, une commission syndicale distincte.

Art. 129. — Les membres de la commission syndicale sont choisis parmi les éligibles de la commune et nommés par les électeurs de la section qui l'habitent et par les personnes qui, sans être portées sur la liste électorale, y sont propriétaires fonciers.

Le préfet est tenu de convoquer les électeurs dans le délai d'un mois pour nommer une commission syndicale, toutes les fois qu'un tiers des habitants ou propriétaires de la section lui adresse à cet effet une demande motivée sur l'existence d'un droit litigieux à exercer au profit de la section contre la commune ou une autre section de la commune.

Le nombre des membres de la commission est fixé par l'arrêté qui convoque les électeurs.

Ils élisent parmi eux un président chargé de suivre l'action.

Art. 130. — Lorsque le conseil municipal se trouve réduit à moins du tiers de ses membres, par suite de l'abstention, prescrite par l'article 64, des conseillers municipaux qui sont intéressés à la jouissance des biens et droits revendiqués par une section, le préfet convoque les électeurs de la commune, déduction faite de ceux qui habitent ou sont propriétaires sur le territoire de la section, à l'effet d'élire ceux d'entre eux qui doivent prendre part aux délibérations au lieu et place des conseillers municipaux obligés de s'abstenir.

Art. 131. — La section qui a obtenu une condamnation contre la commune ou une autre section n'est point passible des charges ou contributions imposées pour l'acquittement des frais et dommages-intérêts qui résultent du procès.

Il en est de même à l'égard de toute partie qui plaide contre une commune ou section de commune.

CHAPITRE III

DU BUDGET COMMUNAL

SECTION PREMIÈRE

Recettes et dépenses.

Art. 132. — Le budget communal se divise en budget ordinaire et en budget extraordinaire.

Art. 133. — Les recettes du budget ordinaire se composent :

1° Des revenus de tous les biens dont les habitants n'ont pas la jouissance en nature ;

2° Des cotisations imposées annuellement sur les ayants droit aux fruits qui se perçoivent en nature ;

3° Du produit des centimes ordinaires et spéciaux affectés aux communes par les lois de finances ;

4° Du produit de la portion accordée aux communes dans certains des impôts et droits perçus pour le compte de l'État ;

5° Du produit des octrois municipaux affecté aux dépenses ordinaires ;

6° Du produit des droits de place perçus dans les halles, foires, marchés, abattoirs, d'après les tarifs dûment établis ;

7° Du produit des permis de stationnement et de location sur la voie publique, sur les rivières, ports et quais fluviaux et autres lieux publics ;

8° Du produit des péages communaux, des droits de pesage, mesurage et jaugeage, des droits de voirie et autres droits légalement établis ;

9° Du produit des terrains communaux affectés aux inhumations et de la part revenant aux communes dans le prix des concessions dans les cimetières ;

10° Du produit des concessions d'eau et de l'enlèvement des boues et immondices de la voie publique et autres concessions autorisées pour les services communaux ;

11° Du produit des expéditions des actes administratifs et des actes de l'état civil ;

12° De la portion que les lois accordent aux communes dans les produits des amendes prononcées par les tribunaux de police correctionnelle et de simple police ;

13° Du produit de la taxe de balayage dans les communes de France et d'Algérie où elle sera établie, sur leur demande, conformément aux dispositions de la loi du 26 mars 1873, en vertu d'un décret rendu dans la forme des règlements d'administration publique ;

14° Et généralement du produit des contributions, taxes et

droits dont la perception est autorisée par les lois dans l'intérêt des communes, et de toutes les ressources annuelles et permanentes ; en Algérie et dans les colonies, des ressources dont la perception est autorisée par les lois et décrets.

L'établissement des centimes pour insuffisance de revenus est autorisé par arrêté du préfet lorsqu'il s'agit de dépenses obligatoires.

Il est approuvé par décret dans les autres cas.

Art. 134. — Les recettes du budget extraordinaire se composent :

1° Des contributions extraordinaires dûment autorisées ;

2° Du prix des biens aliénés ;

3° Des dons et legs ;

4° Du remboursement des capitaux exigibles et des rentes rachetées ;

5° Du produit des coupes extraordinaires de bois ;

6° Du produit des emprunts ;

7° Du produit des taxes ou des surtaxes d'octroi spécialement affectées à des dépenses extraordinaires et à des remboursements d'emprunt ;

8° Et de toutes autres recettes accidentelles.

Art. 135. — Les dépenses du budget ordinaire comprennent les dépenses annuelles et permanentes d'utilité communale.

Les dépenses du budget extraordinaire comprennent les dépenses accidentelles ou temporaires qui sont imputées sur des recettes énumérées à l'article 134 ou sur l'excédent des recettes ordinaires.

Art. 136. — Sont obligatoires pour les communes les dépenses suivantes :

1° L'entretien de l'hôtel de ville, ou, si la commune n'en possède pas, la location d'une maison ou d'une salle pour en tenir lieu ;

2° Les frais de bureau et d'impression pour le service de la commune, de conservation des archives communales et du

Recueil des actes administratifs du département ; les frais d'abonnement au *Bulletin des communes* et, pour les communes chefs-lieux de canton, les frais d'abonnement et de conservation du *Bulletin des lois ;*

3° Les frais de recensement de la population ; ceux des assemblées électorales qui se tiennent dans les communes et ceux des cartes électorales ;

4° Les frais des registres de l'état civil et des livrets de famille et la portion de la table décennale des actes de l'état civil à la charge des communes ;

5° Le traitement du receveur municipal, du préposé en chef de l'octroi et les frais de perception ;

6° Les traitements et autres frais du personnel de la police municipale et rurale et des gardes des bois de la commune ;

7° Les pensions à la charge de la commune, lorsqu'elles ont été régulièrement liquidées et approuvées ;

8° Les frais de loyer et de réparation du local de la justice de paix, ainsi que ceux d'achat et d'entretien de son mobilier dans les communes chefs-lieux de canton ;

9° Les dépenses relatives à l'instruction publique, conformément aux lois ;

10° Le contingent assigné à la commune, conformément aux lois, dans la dépense des enfants assistés et des aliénés ;

11° L'indemnité de logement aux curés et desservants et ministres des autres cultes salariés par l'État, lorsqu'il n'existe pas de bâtiment affecté à leur logement et lorsque les fabriques ou autres administrations préposées aux cultes ne pourront pourvoir elles-mêmes au paiement de cette indemnité ;

12° Les grosses réparations aux édifices communaux, sauf, lorsqu'ils sont consacrés aux cultes, l'application préalable des revenus et ressources disponibles des fabriques à ces réparations, et sauf l'exécution des lois spéciales concernant les bâtiments affectés à un service militaire ;

S'il y a désaccord entre la fabrique et la commune, quand le concours financier de cette dernière est réclamé par la fabrique dans les cas prévus aux paragraphes 11° et 12°, il est statué par décret sur les propositions des ministres de l'intérieur et des cultes ;

13° La clôture des cimetières, leur entretien et leur translation dans les cas déterminés par les lois et règlements d'administration publique ;

14° Les frais d'établissement et de conservation des plans d'alignement et de nivellement ;

15° Les frais et dépenses des conseils de prud'hommes pour les communes comprises dans le territoire de leur juridiction et proportionnellement au nombre des électeurs inscrits sur les listes électorales spéciales à l'élection, et les menus frais des chambres consultatives des arts et manufactures pour les communes où elles existent ;

16° Les prélèvements et contributions établis par les lois sur les biens et revenus communaux ;

17° L'acquittement des dettes exigibles ;

18° Les dépenses des chemins vicinaux dans les limités fixées par la loi ;

19° Dans les colonies régies par la présente loi, le traitement du secrétaire et des employés de la mairie ; les contributions assises sur les biens communaux ; les dépenses pour le service de la milice qui ne sont pas à la charge du Trésor ;

20° Les dépenses occasionnées par l'application de l'article 85 de la présente loi, et généralement toutes les dépenses mises à la charge des communes par une disposition de loi.

Art. 137. — L'établissement des taxes d'octroi votées par les conseils municipaux, ainsi que les règlements relatifs à leur perception, sont autorisés par des décrets du Président de la République rendus en Conseil d'État, après avis du conseil général ou de la commission départementale dans l'intervalle des sessions.

Il en sera de même de toute délibération portant augmentation ou prorogation de taxe pour une période de plus de cinq ans.

Les délibérations concernant :

1º Les modifications aux règlements ou aux périmètres existants ;

2º L'assujettissement à la taxe d'objets non encore imposés au tarif local ;

3º L'établissement ou le renouvellement d'une taxe non comprise dans le tarif général ;

4º L'établissement ou le renouvellement d'une taxe excédant le maximum fixé par ledit tarif général ;

Doivent être pareillement approuvées par décret du Président de la République rendu en Conseil d'État, après avis du conseil général ou de la commission départementale dans l'intervalle des sessions.

Les surtaxes d'octroi sur les vins, cidres, poirés, hydromels et alcools, au delà des proportions déterminées par les lois spéciales concernant les droits d'entrée du Trésor, ne peuvent être autorisées que par une loi.

Art. 138. — Sont exécutoires, sur l'approbation du préfet, conformément aux dispositions de l'article 69 de la présente loi, mais toutefois après avis du conseil général, ou de la commission départementale dans l'intervalle des sessions, les délibérations prises par les conseils municipaux concernant la suppression ou la diminution des taxes d'octroi.

Art. 139. — Sont exécutoires par elles-mêmes, les délibérations prises par les conseils municipaux prononçant la prorogation ou l'augmentation des taxes d'octroi pour une période de cinq ans au plus, sous la réserve toutefois qu'aucune des taxes ainsi maintenues ou modifiées n'excédera le maximum déterminé par le tarif général, et ne portera que sur des objets compris dans ce tarif.

Art. 140. — Les taxes particulières dues par les habitants ou propriétaires en vertu des lois et des usages locaux sont réparties par une délibération du conseil municipal approuvée par le préfet.

Ces taxes sont perçues suivant les formes établies pour le recouvrement des contributions publiques.

Art. 141. — Les conseils municipaux peuvent voter, dans la limite du maximum fixé chaque année par le conseil général, des contributions extraordinaires n'excédant pas cinq centimes pendant cinq années, pour en affecter le produit à des dépenses extraordinaires d'utilité communale.

Ils peuvent aussi voter trois centimes extraordinaires exclusivement affectés aux chemins vicinaux ordinaires, et trois centimes extraordinaires exclusivement affectés aux chemins ruraux reconnus.

Ils votent et règlent les emprunts communaux remboursables sur les centimes extraordinaires votés comme il vient d'être dit au premier paragraphe du présent article, ou sur les ressources ordinaires, quand l'amortissement, en ce dernier cas, ne dépasse pas trente ans.

Art. 142. — Les conseils municipaux votent, sauf approbation du préfet :

1º Les contributions extraordinaires qui dépasseraient cinq centimes, sans excéder le maximum fixé par le conseil général, et dont la durée excédant cinq années ne serait pas supérieure à trente ans ;

2º Les emprunts remboursables sur les mêmes contributions extraordinaires ou sur les revenus ordinaires dans un délai excédant, pour ce dernier cas, trente ans.

Art. 143. — Toute contribution extraordinaire dépassant le maximum fixé par le conseil général, et tout emprunt remboursable sur cette contribution sont autorisés par décret du Président de la République.

Si la contribution est établie pour une durée de plus de trente ans, ou si l'emprunt remboursable sur ressources extraordinaires doit excéder cette durée, le décret est rendu en Conseil d'État.

Il est statué par une loi si la somme à emprunter dépasse un million, ou si, réunie aux chiffres d'autres emprunts non encore remboursés, elle dépasse un million.

Art. 144. — Les forêts et les bois de l'État acquittent les centimes additionnels ordinaires et extraordinaires affectés aux dépenses des communes dans la même proportion que les propriétés privées.

SECTION II

Vote et règlement du budget.

Art. 145. — Le budget de chaque commune est proposé par le maire, voté par le conseil municipal et réglé par le préfet.

Lorsqu'il pourvoit à toutes les dépenses obligatoires et qu'il n'applique aucune recette extraordinaire aux dépenses, soit obligatoires, soit facultatives, ordinaires ou extraordinaires, les allocations portées audit budget pour les dépenses facultatives ne peuvent être modifiées par l'autorité supérieure.

Le budget des villes dont le revenu est de trois millions de francs au moins est toujours soumis à l'approbation du Président de la République, sur la proposition du ministre de l'intérieur.

Le revenu d'une ville est réputé atteindre trois millions de francs lorsque les recettes ordinaires constatées dans les comptes se sont élevées à cette somme pendant les trois dernières années.

Il n'est réputé être descendu au-dessous de trois millions de francs que lorsque, pendant les trois dernières années, les recettes ordinaires sont restées inférieures à cette somme.

Art. 146. — Les crédits qui seront reconnus nécessaires après le règlement du budget seront votés et autorisés conformément à l'article précédent.

Art. 147. — Les conseils municipaux peuvent porter au budget un crédit pour les dépenses imprévues.

La somme inscrite pour ce crédit ne peut être réduite ou rejetée qu'autant que les revenus ordinaires, après avoir satisfait à toutes les dépenses obligatoires, ne permettraient pas d'y faire face.

Le crédit pour dépenses imprévues est employé par le maire.

Dans la première session qui suivra l'ordonnancement de chaque dépense, le maire rendra compte au conseil municipal, avec pièces justificatives à l'appui, de l'emploi de ce crédit. Ces pièces demeureront annexées à la délibération.

Art. 148. — Le décret du Président de la République ou l'arrêté du préfet qui règle le budget d'une commune peut rejeter ou réduire les dépenses qui y sont portées, sauf dans les cas prévus par le paragraphe 2 de l'article 145 et par le paragraphe 2 de l'article 147 ; mais il ne peut les augmenter ni en introduire de nouvelles qu'autant qu'elles sont obligatoires.

Art. 149. — Si un conseil municipal n'allouait pas les fonds exigés par une dépense obligatoire, ou n'allouait qu'une somme insuffisante, l'allocation serait inscrite au budget par décret du Président de la République, pour les communes dont le revenu est de trois millions et au-dessus, et par arrêté du préfet en conseil de préfecture pour celles dont le revenu est inférieur.

Aucune inscription d'office ne peut être opérée sans que le conseil municipal ait été, au préalable, appelé à prendre une délibération spéciale à ce sujet.

S'il s'agit d'une dépense annuelle et variable, le chiffre en est fixé sur sa quotité moyenne pendant les trois dernières années.

S'il s'agit d'une dépense annuelle et fixe de sa nature ou d'une dépense extraordinaire, elle est inscrite pour sa quotité réelle.

Si les ressources de la commune sont insuffisantes pour

subvenir aux dépenses obligatoires inscrites d'office, en vertu
du présent article, il y est pourvu par le conseil municipal,
ou, en cas de refus de sa part, au moyen d'une contribution
extraordinaire établie d'office par un décret, si la contribution
extraordinaire n'excède pas le maximum à fixer annuellement
par la loi de finances, et par une loi spéciale, si la contribution doit excéder ce maximum.

Art. 150. — Dans le cas où, pour une cause quelconque,
le budget d'une commune n'aurait pas été définitivement réglé avant le commencement de l'exercice, les recettes et les
dépenses ordinaires continuent, jusqu'à l'approbation de ce
budget, à être faites conformément à celui de l'année précédente. Dans le cas où il n'y aurait eu aucun budget antérieurement voté, le budget serait établi par le préfet en conseil
de préfecture.

CHAPITRE IV

DE LA COMPTABILITÉ DES COMMUNES

Art. 151. — Les comptes du maire, pour l'exercice clos,
sont présentés au conseil municipal avant la délibération du
budget.

Ils sont définitivement approuvés par le préfet.

Art. 152. — Le maire peut seul délivrer des mandats.

S'il refusait d'ordonnancer une dépense régulièrement autorisée et liquide, il serait prononcé par le préfet en conseil
de préfecture, et l'arrêté du préfet tiendrait lieu du mandat
du maire.

Art. 153. — Les recettes et dépenses communales s'effectuent par un comptable, chargé seul et sous sa responsabilité
de poursuivre la rentrée de tous revenus de la commune et
de toutes sommes qui lui seraient dues, ainsi que d'acquitter
les dépenses ordonnancées par le maire, jusqu'à concurrence
des crédits régulièrement accordés.

Tous les rôles de taxes, de sous-répartitions et de prestations locales doivent être remis à ce comptable.

Art. 154. — Toutes les recettes municipales pour lesquelles les lois et règlements n'ont pas prescrit un mode spécial de recouvrement, s'effectuent sur les états dressés par le maire. Ces états sont exécutoires après qu'ils ont été visés par le préfet ou le sous-préfet.

Les oppositions, lorsque la matière est de la compétence des tribunaux ordinaires, sont jugées comme affaires sommaires, et la commune peut y défendre sans autorisation du conseil de préfecture.

Art. 155. — Toute personne autre que le receveur municipal qui, sans autorisation légale, se serait ingérée dans le maniement des deniers de la commune, sera par ce seul fait constituée comptable et pourra, en outre, être poursuivie, en vertu du Code pénal, comme s'étant immiscée sans titre dans les fonctions publiques.

Art. 156. — Le percepteur remplit les fonctions de receveur municipal.

Néanmoins, dans les communes dont les revenus ordinaires excèdent 30,000 fr., ces fonctions peuvent être confiées, sur la demande du conseil municipal, à un receveur municipal spécial.

Ce receveur spécial est nommé sur une liste de trois noms présentée par le conseil municipal.

Il est nommé par le préfet dans les communes dont le revenu ne dépasse pas 300,000 fr., et par le Président de la République, sur la proposition du ministre des finances, dans les communes dont le revenu est supérieur.

En cas de refus, le conseil municipal doit faire de nouvelles présentations.

Art. 157. — Les comptes du receveur municipal sont apurés par le conseil de préfecture, sauf recours à la Cour des comptes pour les communes dont les revenus ordinaires dans les trois dernières années n'excèdent pas 30,000 fr.

Ils sont apurés et définitivement réglés par la Cour des comptes pour les communes dont le revenu est supérieur.

Ces distinctions sont applicables aux comptes des trésoriers des hôpitaux et autres établissements de bienfaisance.

Art. 158. — La responsabilité des receveurs municipaux et les formes de la comptabilité des communes sont déterminées par des règlements d'administration publique.

Les receveurs municipaux sont assujettis, pour l'exécution de ces règlements, à la surveillance des receveurs des finances.

Dans les communes où les fonctions de receveur municipal et de percepteur sont réunies, la gestion du comptable est placée sous la responsabilité du receveur des finances, d'après les conditions déterminées par un règlement d'administration publique.

Art. 159. — Les comptables qui n'ont pas présenté leurs comptes dans les délais prescrits par les règlements peuvent être condamnés, par l'autorité chargée de juger lesdits comptes, à une amende de 10 fr. à 100 fr. par chaque mois de retard pour les receveurs et trésoriers justiciables des conseils de préfecture, et de 50 à 500 fr., également par mois de retard, pour ceux qui sont justiciables de la Cour des comptes.

Ces amendes sont attribuées aux communes ou établissements que concernent les comptes en retard.

Elles sont assimilées, quant au mode de recouvrement et de poursuites, aux débets de comptables des deniers de l'État et la remise n'en peut être accordée que d'après les mêmes règles.

Art. 160. — Les budgets et les comptes des communes restent déposés à la mairie ; ils sont rendus publics dans les communes dont le revenu est de 100,000 fr. et au-dessus et dans les autres quand le conseil municipal a voté la dépense de l'impression.

TITRE V

DES BIENS ET DROITS INDIVIS ENTRE PLUSIEURS COMMUNES

Art. 161. — Lorsque plusieurs communes possèdent des biens ou des droits indivis, un décret du Président de la République instituera, si l'une d'elles le réclame, une commission syndicale composée des délégués des conseils municipaux des communes intéressées.

Chacun des conseils élira dans son sein, au scrutin secret, le nombre de délégués qui aura été déterminé par le décret du Président de la République.

La commission syndicale sera présidée par un syndic élu par les délégués et pris parmi eux. Elle sera renouvelée après chaque renouvellement des conseils municipaux.

Les délibérations sont soumises à toutes les règles établies pour les délibérations des conseils municipaux.

Art. 162. — Les attributions de la commission syndicale et de son président comprennent l'administration des biens et droits indivis et l'exécution des travaux qui s'y rattachent.

Ces attributions sont les mêmes que celles des conseils municipaux et des maires en pareille matière.

Mais les ventes, échanges, partages, acquisitions, transactions demeurent réservés aux conseils municipaux, qui pourront autoriser le président de la commission à passer les actes qui y sont relatifs.

Art. 163. — La répartition des dépenses votées par la commission syndicale est faite entre les communes intéressées par les conseils municipaux.

Leurs délibérations seront soumises à l'approbation du préfet.

En cas de désaccord entre les conseils municipaux, le préfet prononcera, sur l'avis du conseil général ou, dans l'intervalle des sessions, de la commission départementale. Si les

conseils municipaux appartiennent à des départements différents, il sera statué par décret.

La part de la dépense définitivement assignée à chaque
commune sera portée d'office aux budgets respectifs, conformément à l'article 149 de la présente loi.

TITRE VI

DISPOSITIONS RELATIVES A L'ALGÉRIE ET AUX COLONIES

Art. 164. — La présente loi est applicable aux communes
de plein exercice de l'Algérie, sous réserve des dispositions
actuellement en vigueur concernant la constitution de la propriété communale, les formes et conditions des acquisitions,
échanges, aliénations et partages, et sous réserve des dispositions concernant la représentation des musulmans indigènes.

Par dérogation aux articles 5 et 6 de la présente loi, les
érections de communes, les changements projetés à la circonscription territoriale des communes, quand ils devront
avoir pour effet de modifier les limites d'un arrondissement,
seront décidés par décret pris après avis du conseil général.

Par dérogation à l'article 74, les conseils municipaux peuvent allouer aux maires des indemnités de fonctions, sauf
approbation du gouverneur général.

Art. 165. — La présente loi est également applicable aux
colonies de la Martinique, de la Guadeloupe et de la Réunion,
sous les réserves suivantes :

Un arrêté du gouverneur en conseil privé tiendra lieu du
décret du Président de la République dans les cas prévus aux
articles 110, 145, 148 et 149 *et dans le cas prévu à l'article
133, § 15* [1].

Les attributions dévolues au ministre de l'intérieur par les

---

1. Ajouté par la loi du 12 mai 1889.

articles 40, 69 et 120; au ministre des cultes par l'article 100, et au ministre des finances par l'article 156 de la présente loi, sont conférées au ministre de la marine et des colonies.

Les attributions conférées au ministre de l'intérieur et aux préfets par les articles 4, 13, 15, 36, 40, § 4; 46, § 2; 47, 48, 60, § 1er; 65, 66, 67, 69, 70, 85, 95, §§ 2 et 4; 98, § 4; 100, 111, 112, 113, 114, 115, 116, 117, 118, 119, 124, 129, 130, 133, § 15; 140, 142, 145, § 1er; 146, 148, 149, 150, 151, 152 et 156 de la présente loi sont dévolues au gouverneur.

Les attributions dévolues aux préfets et aux sous-préfets par les articles 12, 29, 37, 38, 40, §§ 1, 2 et 3; 49, § 3; 52, 57, 60, § 2; 61, 62, 78, 88, 93, 95, §§ 1 et 3; 102, 103, 125 et 154 sont remplies par le directeur de l'intérieur.

Les attributions conférées aux conseils de préfecture par les articles 36, 37, 38, 39, 40 et 60 sont dévolues au conseil du contentieux administratif.

Les attributions dévolues aux conseils de préfecture par les articles 65, 66, 111, 121, 123, 125, 126, 127, 152, 154, 157 et 159 sont conférées au conseil privé.

Les attributions dévolues à la Cour des comptes par les articles 157, § 2, et 159 sont conférées au conseil privé, sauf recours à la Cour des comptes.

Les recours au Conseil d'État formés par l'administration contre les décisions du conseil du contentieux administratif sont transmis par le gouverneur au ministre de la marine et des colonies, qui en saisit le Conseil d'État.

Les dispositions du décret du 12 décembre 1882 sur le régime financier des colonies restent applicables à la comptabilité communale en tout ce qui n'est pas contraire à la présente loi.

Art. 166. — Les dispositions de la présente loi relatives aux octrois municipaux ne sont pas applicables à l'octroi de mer, qui reste assujetti aux règlements en vigueur en Algérie et dans les colonies.

TITRE VII

DISPOSITIONS GÉNÉRALES

Art. 167. — Les conseils municipaux pourront prononcer la désaffectation totale ou partielle d'immeubles consacrés, en dehors des prescriptions de la loi organique des cultes du 18 germinal an X, et des dispositions relatives au culte israélite, soit aux cultes, soit à des services religieux ou à des établissements quelconques ecclésiastiques et civils.

Ces désaffectations seront prononcées dans la même forme que les affectations.

Art. 168. — Sont abrogés :

1º Le titre XI, article 3, de la loi des 16-24 août 1790 ;

2º Les articles 1, 2, 3 et 5 de la loi du 20 messidor an III ;

3º Les titres I, IV et V de la loi du 10 vendémiaire an IV ;

4º La loi du 29 vendémiaire an V, la loi du 17 vendémiaire an X, l'arrêté du 21 frimaire an XII ;

5º Les articles 36, nº 4, 39, 49, 92 à 103 du décret du 30 décembre 1809 ; la loi du 14 février 1810 ;

6º La loi du 18 juillet 1837 ;

7º L'ordonnance du 18 décembre 1838 ;

8º L'ordonnance du 15 juillet 1840 ;

9º L'ordonnance du 7 août 1842 ;

10º La loi du 19 juin 1851, à l'exception de l'article 5 ;

11º Le décret des 4-11 septembre 1851 ;

12º L'article 5, nᵒˢ 13 et 21, du décret du 25 mars 1852 ;

13º La loi du 5 mai 1855 ;

14º Le décret du 13 avril 1861, tableau A, nᵒˢ 42, 48, 50, 51, 56, 59 ;

15º La loi du 24 juillet 1867, à l'exception de la disposition de l'article 9, relative à l'établissement du tarif général, et de l'article 17, lequel reste en vigueur provisoirement, mais seulement en ce qui concerne la ville de Paris ;

16º La loi du 22 juillet 1870 ;

17° Les articles 1, 2, 3, 4, 5, 6, 8, 9, 18, 19, 20 de la loi du 14 avril 1871, le paragraphe 25 de l'article 46 et le paragraphe 4 de l'article 48 de la loi du 10 août 1871 ;

18° La loi du 4 avril 1873 ;

19° La loi du 20 janvier 1874 ;

20° La loi du 12 août 1876 ;

21° La loi du 21 avril 1881 ;

22° La loi du 28 mars 1882 ;

Sont abrogés également pour les colonies, en ce qu'ils ont de contraire à la présente loi :

23° Le décret colonial du 12 juin 1827 (Martinique) ;

24° Le décret colonial du 20 septembre 1837 (Guadeloupe) ;

25° L'arrêté du 12 novembre 1848 (Réunion) ;

26° Le décret du 29 juin 1882 (Saint-Barthélemy) ;

27° L'article 116 du décret du 20 novembre 1882 sur le régime financier des colonies, pour les colonies soumises à la présente loi ;

28° Et, en outre, toutes dispositions contraires à la présente loi, sauf celles qui concernent la ville de Paris.

DISPOSITIONS TRANSITOIRES

Les sectionnements votés par les conseils généraux dans leur session du mois d'août 1883 recevront leur application dans toutes les communes qui en ont été l'objet à l'occasion des élections municipales du 4 mai 1884.

TITRE VIII[1]

DES SYNDICATS DE COMMUNES

Art. 169. — Lorsque les conseils municipaux de deux ou de plusieurs communes d'un même département ou de dépar-

---

1. Ce titre a été ajouté par la loi du 22 mars 1890 qui porte :
Article unique. — Il est ajouté à la loi du 5 avril 1884 un titre ainsi conçu : (suit le texte du titre VIII ci-dessus).

tements limitrophes ont fait connaître, par des délibérations concordantes, leur volonté d'associer les communes qu'ils représentent en vue d'une œuvre d'utilité intercommunale et qu'ils ont décidé de consacrer à cette œuvre des ressources suffisantes, les délibérations prises sont transmises par le préfet au ministre de l'intérieur, et, s'il y a lieu, un décret rendu en Conseil d'État autorise la création de l'association qui prend le nom de syndicat de communes.

D'autres communes que celles primitivement associées peuvent être admises, avec le consentement de celles-ci, à faire partie de l'association. Les délibérations prises à cet effet par les conseils municipaux de ces communes et des communes déjà syndiquées sont approuvées par décret simple.

Art. 170. — Les syndicats de communes sont des établissements publics investis de la personnalité civile.

Les lois et règlements concernant la tutelle des communes leur sont applicables.

Dans le cas où les communes syndiquées font partie de plusieurs départements, le syndicat ressortit à la préfecture du département auquel appartient la commune siège de l'association.

Art. 171. — Le syndicat est administré par un comité.

A moins de dispositions contraires confirmées par le décret d'institution, ce comité est constitué d'après les règles suivantes :

Les membres sont élus par les conseils municipaux des communes intéressées.

Chaque commune est représentée dans le comité par deux délégués.

Le choix du conseil municipal peut porter sur tout citoyen réunissant les conditions requises pour faire partie d'un conseil municipal.

Les délégués sont élus au scrutin secret et à la majorité absolue ; si, après deux tours de scrutin, aucun candidat n'a obtenu la majorité absolue, il est procédé à un troisième tour, et l'élection a lieu à la majorité relative. En cas d'égalité de suffrages, le plus âgé est déclaré élu.

Les délégués du conseil municipal suivent le sort de cette assemblée quant à la durée de leur mandat ; mais en cas de suspension, de dissolution du conseil municipal ou de démission de tous les membres en exercice, ce mandat est continué jusqu'à la nomination des délégués par le nouveau conseil.

Les délégués sortants sont rééligibles.

En cas de vacance parmi les délégués, par suite de décès, démission ou toute autre cause, le conseil municipal pourvoit au remplacement dans le délai d'un mois.

Si un conseil, après mise en demeure du préfet, néglige ou refuse de nommer les délégués, le maire et le premier adjoint représentent la commune dans le comité du syndicat.

Art. 172. — La commune siège du syndicat est fixée par le décret d'institution, sur la proposition des communes syndiquées.

Les règles de la comptabilité des communes s'appliquent à la comptabilité des syndicats.

A moins de dispositions contraires confirmées par le décret d'institution, les fonctions de receveur du syndicat sont exercées par le receveur municipal de la commune siège du syndicat.

Art. 173. — Le comité tient, chaque année, deux sessions ordinaires, un mois avant les sessions ordinaires du conseil général.

Il peut être convoqué extraordinairement par son président, qui devra avertir le préfet trois jours au moins avant la réunion.

Le président est obligé de convoquer le comité, soit sur l'invitation du préfet, soit sur la demande de la moitié au moins des membres du comité.

Le comité élit annuellement, parmi ses membres, les membres de son bureau.

Pour l'exécution de ses décisions et pour ester en justice, le comité est représenté par son président, sous réserve des délégations facultatives autorisées par l'article 7[1].

Le préfet et le sous-préfet ont entrée dans le comité et sont toujours entendus quand ils le demandent. Ils peuvent se faire représenter par un délégué.

Art. 174. — Les conditions de validité des délibérations du comité, de l'ordre et de la tenue des séances, sauf en ce qui concerne la publicité, les conditions d'annulation de ses délibérations, de nullité de droit et de recours, sont celles que fixe la loi du 5 avril 1884 pour les conseils municipaux.

Art. 175. — Le comité du syndicat peut choisir, soit parmi ses membres, soit en dehors, une commission de surveillance et un ou plusieurs gérants. Il détermine l'étendue des mandats qu'il leur confère.

Les décisions prises en vertu du précédent paragraphe ne sont exécutoires qu'après approbation du préfet.

La durée des pouvoirs de la commission de surveillance et des gérants ne peut dépasser celle des pouvoirs du comité.

Les gérants peuvent être révoqués dans les formes où ils ont été nommés.

Art. 176. — L'administration des établissements faisant l'objet des syndicats est soumise aux règles du droit commun. Leur sont notamment applicables les lois qui fixent, pour les établissements analogues, la constitution des commissions consultatives ou de surveillance, la composition ou la nomination du personnel, la formation et l'approbation des budgets, l'approbation des comptes, les règles d'administration intérieure et de comptabilité. Le comité exerce, à l'égard de ces établissements, les droits qui appartiennent aux conseils municipaux à l'égard des établissements communaux de même nature.

Toutefois, si le syndicat a pour objet de secourir des ma-

---

1. Il faut lire « par l'article 175 ».

lades, des vieillards, des enfants ou des incurables, le comité pourra décider qu'une même commission administrera les secours, d'une part à domicile, et d'autre part à l'hôpital ou à l'hospice.

Art. 177. — Le budget du syndicat pourvoit aux dépenses de création et d'entretien des établissements ou services pour lesquels le syndicat est constitué.

Les recettes de ce budget comprennent :

1° La contribution des communes associées. Cette contribution est obligatoire pour lesdites communes pendant la durée de l'association et dans la limite des nécessités du service telle que les délibérations des conseils municipaux l'ont déterminée.

Les communes associées pourront affecter à cette dépense leurs ressources ordinaires ou extraordinaires disponibles.

Elles sont, en outre, autorisées à voter, à cet effet, cinq centimes spéciaux ;

2° Le revenu des biens, meubles et immeubles, de l'association ;

3° Les sommes qu'elle reçoit des administrations publiques, des associations, des particuliers, en échange d'un service rendu ;

4° Les subventions de l'État, du département et des communes ;

5° Les produits des dons ou legs.

Copie de ce budget et des comptes du syndicat sera adressée chaque année aux conseils municipaux des communes syndiquées.

Les conseillers municipaux de ces communes pourront prendre communication des procès-verbaux des délibérations du comité et de la commission de surveillance.

Art. 178. — Le syndicat peut organiser des services intercommunaux autres que ceux prévus au décret d'institution, lorsque les conseils municipaux des communes associées se sont mis d'accord pour ajouter ces services aux objets de l'association primitive. L'extension des attributions du syndicat doit être autorisée par décret rendu dans la même forme que le décret d'institution.

Art. 179. — Le syndicat est formé, soit à perpétuité, soit pour une durée déterminée par le décret d'institution.

Il est dissous, soit de plein droit par l'expiration du temps pour lequel il a été formé ou par la consommation de l'opération qu'il avait pour objet, soit par le consentement de tous les conseils municipaux intéressés. Il peut être dissous, soit par décret, sur la demande motivée de la majorité desdits conseils, soit d'office, par un décret rendu sur l'avis conforme du Conseil d'Etat.

Le décret de dissolution détermine, sous la réserve des droits des tiers, les conditions dans lesquelles s'opère la liquidation du syndicat.

Art. 180. — Les dispositions du présent titre sont applicables, dans les conditions et sous les réserves contenues dans les articles 164, 165, 166 de la loi du 5 avril 1884 :

1° Aux communes de plein exercice de l'Algérie ;

2° Aux colonies de la Réunion, de la Martinique et de la Guadeloupe.

TABLE ALPHABÉTIQUE DES MATIÈRES

Nancy, imprimerie Berger-Levrault et Cie.

BERGER-LEVRAULT & Cie, ÉDITEURS

PARIS, 5, rue des Beaux-Arts. — 18, rue des Glacis, NANCY.

Organisation des Pouvoirs publics. 1re partie du *Précis de droit, à l'usage des candidats aux carrières administratives,* par André THIBAULT, chef de bureau au ministère de l'agriculture, et A. SAILLARD, sous-chef de bureau. Un volume in-12 de 316 pages, broché. . . **4 fr.** — Relié en percaline. . **5 fr.**

Traité des Travaux communaux, à l'usage des maires, par Léon THORLET, chef de bureau à la préfecture de la Seine. 1893. Un volume in-8 de 437 pages, broché . . . . **7 fr. 50 c.**

Traité de la Voirie, par L. COURCELLE, attaché au cabinet du préfet de police. 1900. Beau volume grand in-8 à deux colonnes, broché . . . **7 fr. 50 c.**

Essai sur les Concessions d'éclairage et notamment sur la concurrence électrique, par J. CRUVEILHIER, rédacteur de la *Revue communale.* 1899. Volume grand in-8, broché. . . . . **3 fr.**

Régime légal et financier des Associations syndicales. Étude pratique destinée aux maires, conseillers de préfecture, ingénieurs des ponts et chaussées, etc., par A. AUBERT, ancien secrétaire particulier du préfet de la Seine. 2e édition. 1894. Volume in-12, broché . . . . **3 fr.**

Régime financier et Comptabilité des communes. Traité pratique destiné aux maires, employés de mairies, de préfectures et de sous-préfectures, par Léon THORLET, chef de bureau à la préfecture de la Seine. 1887. Volume in-8, broché. . . . . **5 fr.** — Relié en percaline. . . . . **6 fr. 50 c.**

Pouvoirs des Maires en matière de salubrité des habitations, par Gustave JOURDAN. 3e édition, revue et corrigée. 1900. Vol. in-12, br . . **2 fr.**

Législation sur les Logements insalubres. *Traité pratique,* par Gustave JOURDAN, chef de bureau à la préfecture de la Seine. 5e édition, entièrement refondue, mise au courant de la jurisprudence et augmentée des principaux règlements sur la salubrité publique. 1900. Un volume in-8, broché . . **6 fr.**

Les Accidents du travail. Commentaire de la loi du 9 avril 1898, de la loi du 3 juin 1899 sur les accidents du travail agricole, et des règlements d'administration publique, décrets et arrêtés relatifs à leur exécution, par Ed. SERRE, conseiller à la Cour de cassation. Avec des aperçus sur la législation étrangère. 2e édition, mise au courant de la législation nouvelle jusqu'au 1er octobre 1899. Un volume in-8 de 481 pages, broché. . . . . **6 fr.**

Code annoté de la Réglementation du travail dans l'industrie, par A. DUPRAT, rédacteur au ministère des travaux publics, et A. SAILLARD, sous-chef de bureau au ministère de l'agriculture. 1897. Un volume in-8 de 300 pages, broché. . . . . **5 fr.**

Les Sociétés de secours mutuels. Commentaire de la loi du 1er avril 1898, par J. BARBERET, chef du bureau des institutions de prévoyance au ministère de l'intérieur. Un vol. in-8 de 472 p., br. **6 fr.** — Relié en percal. **7 fr. 50 c.**

Lois sociales. Recueil des textes de la législation sociale de la France, par CHAILLEY-BERT et FONTAINE. 2e édition. 1896. Un volume grand in-8, broché, avec un **supplément** donnant les textes de 1896 à 1898 . . . . **14 fr.**

L'Assistance médicale gratuite. Commentaire de la loi du 15 juillet 1893, par Édouard CAMPAGNOLE, rédacteur au ministère de l'intérieur, secrétaire du conseil supérieur de l'assistance publique. 2e édition. 1896. Volume in-8 de 463 pages, broché. . . . . **6 fr.**

Administration et Comptabilité des Bureaux de bienfaisance. Traité pratique destiné aux membres des commissions administratives des bureaux de bienfaisance, aux receveurs de ces bureaux, aux maires, aux employés des sous-préfectures et des préfectures, par Léon THORLET, chef de bureau à la préfecture de la Seine. Un volume in-8 de xv-333 pages, broché . . . . **5 fr.** Relié en percaline. . . . . **6 fr. 50 c.**

De la Protection du premier âge. Loi du 23 décembre 1874. Commentaire et guide pratique, à l'usage des maires, secrétaires de mairie, médecins inspecteurs, juges de paix et de l'administration préfectorale, par A. LENOIR, juge de paix des 2e et 4e cantons de Reims. (Ouvrage honoré d'une souscription du ministère de l'intérieur.) 2e édition. 1898. Un volume grand in-8 de 312 pages, broché. . . . . **5 fr.**

BERGER-LEVRAULT & Cie, ÉDITEURS

PARIS, 5, rue des Beaux-Arts. — 18, rue des Glacis, NANCY.

DES MÊMES AUTEURS :

De la Comptabilité des Fabriques *ressortissant aux Conseils de préfecture.*
Traité pratique à l'usage des comptables et des tribunaux administratifs. 1901.
Un volume in-12 de 274 pages, broché . . . . **3 fr. 50 c.**
Relié en percaline. . . . . **4 fr. 50 c.**

Quand vous serez Électeurs. Lectures et thèmes de conférences à l'usage
des cours d'adultes et des bibliothèques populaires, par MÉTÉRIÉ-LARREY.
1896. Un volume in-12, broché. . . . . **2 fr.**

Élections municipales. (*Application des lois des 5 avril 1884 et 22 juillet
1889.*) Jurisprudence du Conseil d'État, par Marcel JUILLET SAINT-LAGER.
5e édition, mise à jour par Camille VUILLEMOT, rédacteur principal au ministère de l'intérieur. (Ouvrage honoré de souscriptions du ministère de l'intérieur.) 1900. Un volume in-8, broché. . **5 fr.** — Relié en percaline . . **6 fr.**

Loi sur la liberté de réunion, promulguée le 30 juin 1881, accompagnée
d'extraits des délibérations des Chambres et de notes, par le même. In-12,
broché. . . . . **50 c.**

La Loi municipale. Commentaire de la loi du 5 avril 1884 sur l'organisation
et les attributions des conseils municipaux. Suivi du commentaire de la loi du
22 mars 1890 sur les Syndicats des communes, par Léon MORGAND, chef de
bureau au ministère de l'intérieur. 5e édition, revue, augmentée et mise au
courant de la jurisprudence. 1896. Deux vol. in-8 (1191 pages), brochés. **15 fr.**
Reliés en percaline. . . . . **18 fr.**

Dictionnaire de l'Administration française, par Maurice BLOCK, membre
de l'Institut, avec la collaboration de membres du Conseil d'État, de la Cour
des comptes, de Directeurs et de Chefs de service des différents ministères, etc.
4e édition (1898), refondue et considérablement augmentée, tenue au courant
par des suppléments annuels gratuits. Un volume grand in-8 de 2,358 pages,
broché. **37 fr. 50 c.** — Relié en demi-maroquin, plats toile . . **42 fr. 50 c.**

Traité de la Juridiction administrative et des recours contentieux,
par E. LAFERRIÈRE, vice-président du Conseil d'État. 2e édition. 1896. Deux
forts volumes grand in-8 de 744 et 713 pages, brochés. . . . . **25 fr.**

**Traité de la Procédure administrative devant les conseils de pré-
fecture.** Loi du 22 juillet 1889 et décret du 18 janvier 1890, par M. COMBA-
RIEU, secrétaire général de la préfecture du Calvados. Un beau volume in-8 de
452 pages. 1890. Broché . . . . **6 fr.**

Répertoire de police administrative et judiciaire. Législation et réglementation. Jurisprudence et doctrine. Publié sous la direction de M. LÉPINE,
préfet de police, par Louis COURCELLE, attaché au cabinet du préfet de police.
Avec une lettre-préface de M. Charles MAZEAU, premier président de la Cour
de cassation, ancien ministre de la justice. 1899. Deux volumes grand in-8
(2,800 pages à deux colonnes), brochés . . . . **60 fr.**
Reliés en demi-maroquin, plats toile . . . . **70 fr.**

Traité de police administrative et de police judiciaire, à l'usage des
maires, par Léon THORLET, chef de bureau à la préfecture de la Seine. 1891.
Volume in-8 de 713 pages, broché. **10 fr.** — Relié en percaline . . . **12 fr.**

**Les Arrêts du Conseil supérieur de l'Instruction publique, de 1887
à 1899.** Annotés et précédés de l'exposé de la législation en vigueur, par
Henri SCHMIT, chef de bureau au ministère de l'instruction publique. Un volume in-8 de 404 pages, broché. . . . . **6 fr.**

Les Réquisitions militaires. Commentaire de la loi du 3 juillet 1877 et du
règlement d'administration publique du 2 août 1877, par Henri MORGAND,
docteur en droit, chef de bureau au ministère de l'intérieur. 3e édition, augmentée et mise à jour. 1896. Un volume in-8 de 648 pages, broché. . . **10 fr.**
Relié en percaline. . . . . **12 fr.**

La Loi sur le Recrutement, par Ch. RABANY, chef de bureau au ministère
de l'intérieur. (Ouvrage honoré d'une souscription des ministères de l'intérieur, de la guerre, de la marine, etc.) 2e édition, mise à jour. 1891. Deux volumes in-8 de 1131 pages. . **12 fr.** — Reliés en percaline. . **16 fr.**

Nancy, imp. Berger-Levrault et Cie.

www.ingramcontent.com/pod-product-compliance
Lightning Source LLC
Chambersburg PA
CBHW071632270326
41928CB00010B/1894